特殊儿童
游戏活动设计与指导

洪显利　编著

重庆大学出版社

图书在版编目（CIP）数据

特殊儿童游戏活动设计与指导 / 洪显利编著. -- 重庆：
重庆大学出版社，2022.6
（特殊儿童教育康复指导手册）
ISBN 978-7-5689-3210-3

Ⅰ.①特… Ⅱ.①洪… Ⅲ.①游戏课—儿童教育—特
殊教育—教学研究 Ⅳ.①G76

中国版本图书馆CIP数据核字（2022）第080070号

特殊儿童游戏活动设计与指导
洪显利　编著
策划编辑：陈　曦

责任编辑：陈　曦　　版式设计：张　晗
责任校对：邹　忌　　责任印制：张　策

*

重庆大学出版社出版发行
出版人：饶帮华
社址：重庆市沙坪坝区大学城西路21号
邮编：401331
电话：（023）88617190　88617185（中小学）
传真：（023）88617186　88617166
网址：http://www.cqup.com.cn
邮箱：fxk@cqup.com.cn（营销中心）
全国新华书店经销
重庆华林天美印务有限公司印刷

*

开本：787mm×1092mm　1/16　印张：15.25　字数：250千
2022年6月 第1版　2022年6月第1次印刷
ISBN 978-7-5689-3210-3　定价：58.00元

当今世界，以人为本的精神突出体现为充实每个人的价值，包括重视那些易被忽视的特殊儿童，他们的成长需要被小心呵护，其内心世界也需要被关注。《中国儿童发展纲要（2011—2020 年）》中强调促进儿童发展的总目标为：完善覆盖城乡儿童的基本医疗卫生制度，提高儿童身心健康水平；促进基本公共教育服务均等化，保障儿童享有更高质量的教育；扩大儿童福利范围，建立和完善适度普惠的儿童福利体系；提高儿童工作社会化服务水平，创建儿童友好型社会环境；完善保护儿童的法规体系和保护机制，依法保护儿童合法权益。在"儿童与教育"部分重点强调了保障特殊困难儿童接受义务教育权利。落实孤儿、残疾儿童、贫困儿童就学资助政策。加快发展特殊教育，基本实现市（地）和 30 万人口以上、残疾儿童较多的县（市）建立 1 所特殊教育学校；扩大残疾儿童随班就读、普通学校特教班和寄宿制残疾学生的规模，提高残疾儿童受教育水平。据此，各特殊教育学校、机构积极探索促进特殊儿童教育与康复的途径与方法，但许多学校和机构的老师都为无恰当的方法帮助特殊儿童而苦恼。

对于特殊儿童的教育，我认为，教师一定要有"大特教"的观念，即要认识到特殊儿童和普通儿童、超常儿童一样，都是一个连续不断的智力链条上的个体，我们需要用一种动态的思维来看待人类的智力状态。在胎教、早期教育领域所使用的方法，更多的是训练儿童的感觉、知觉，帮助儿童通过动作促进思维，通过多样化的活动去领悟活动内在的原理，发展粗大动作、精细动作、情绪情感、语言、人际沟通、交往和认知。我们把这种方法称为感悟式游戏教学法，这种方法之所以具有这种通用性，就是因为它是建立在科学的基础之上的，它遵循人的大脑神经发展进程，遵循人的发展阶段的基本原则。

一般的儿童，在三岁之前的发展变化令人应接不暇，短短几个月，甚至几天，在大家都来不及注意时，儿童的某个重要的功能发展阶段就过去了。而特殊儿童却可能会长期滞留在某个功能发展阶段。大多数特殊儿童的心智年龄处于普通儿童六七岁以前的阶段。而这个阶段中，游戏是最主要的活动，儿童可通过游戏获得身心的发展。因此，本书为教师和家长提供七大领域的游戏活动范例，期待大家从范例中获得启发，扩展思维，能根据儿童的需要设计出合适的活动，促进儿童的成长和发展。

"要求一个儿童在游戏之外的某种基础上进行工作，无异于一个蠢人在春天摇晃苹果树而向往得到几个苹果，他不仅得不到苹果，还会使苹果花纷纷落地，本来渴望在秋天得到的果子也就无望了。"可见，游戏是每个儿童的天性，也是了解儿童的一个重要窗口。本书游戏活动设计针对特殊儿童七大领域的发展与康复目标，倡导在发现儿童残疾后尽早在游戏中进行教育和训练，给教师和家长提供科学的游戏活动设计的原理与方法，以期达到特殊儿童最佳的康复水平、减少残疾的不良后果，从而使其得到全面发展，能够适应社会，成为社会平等的成员。

第一、二章，主要阐释游戏、游戏治疗及特殊儿童教育康复的目标与方法；第三章到第九章，根据李宝珍老师等提出的特殊儿童的感知觉、粗大动作、精细动作、生活自理、沟通、认知、社会技能七大领域设计有针对性的活动，为教师和家长提供活动指引与范例。不同障碍类型的特殊儿童，发展需求和个性差异极大，因此针对特定儿童的系统课程，需要教师根据学生的具体情况自行设计。我们认为，从事特殊儿童教育的教师最好打消拿着一套教材教几年的念头，面对特殊儿童间的巨大差异，任何固定的教材都会捉襟见肘，教师只有学会自己设计课程才能保证教学能随机应变，适应学生。

本书是在重庆大学出版社的大力支持下，在重庆师范大学特殊教育系张文京老师、向友余老师和心理系陈小异老师的指导下，艺术教育与康复平台四位老师（周巧、李丹、洪显利、谭雪莲）共同设计和讨论纲要，与心理学和特殊教育专业优秀的学生一起分享、讨论、共同合作的成果。衷心感谢重庆市高等学校特色专业——应用心理学"三特专业建设"项目的支持，感谢重庆大学出版社编辑陈曦的精心组织和编辑，感谢北京联合大学毛颖梅老师精心的审稿及中肯的修改建议。感谢所有参与游戏活动设计与撰写、修改的伙伴：许川勇、何少魁、魏潇潇、祝璐、钱秋宏、秦雪敏、王敏、金之媛、余俊良、羊丽苹、陈方英、李雪梅、祝可、李玉竹、陈小凤、努尔比娅、黄华新、邓开敏、刘晓蝶、李庆琳、程美宁、袁玉萍、蔡卓玲、彭鹏。向所有参与本书写作和修改的老师和朋友道一声，辛苦啦！

经过多次修改，本书终于形成现在的雏形，但每看一次，总会发现不足。我想，本书出版以后，我可能还会逐渐地发现一些需要修改、完善的地方，也希望大家在使用的过程中提出自己的意见和建议，并能有更多的教师提供自己的教学案例，以启发新的教师。欢迎大家批评指正！

洪显利

2021 年 3 月 12 日

目录

第一章 游戏与特殊儿童 / 1

 第一节 游戏概述 / 1

 第二节 游戏与特殊儿童的关系 / 11

第二章 特殊儿童游戏活动设计的目的与方法 / 19

 第一节 游戏活动设计的目的与目标 / 19

 第二节 感悟式游戏教学法 / 24

第三章 特殊儿童感知觉发展与游戏 / 44

 第一节 概 述 / 44

 第二节 感知觉游戏教学范例 / 47

 第三节 感知觉游戏家庭活动范例 / 60

第四章 特殊儿童精细动作发展与游戏 / 71

 第一节 概 述 / 71

 第二节 精细动作游戏教学范例 / 76

 第三节 精细动作游戏家庭活动范例 / 83

第五章 特殊儿童生活自理与游戏 / 91

 第一节 概 述 / 91

 第二节 生活自理游戏教学范例 / 96

 第三节 生活自理游戏家庭活动范例 / 108

第六章 特殊儿童粗大动作发展与游戏 / 118

 第一节 概 述 / 118

 第二节 粗大动作游戏教学范例 / 122

 第三节 粗大动作游戏家庭活动范例 / 135

第七章　特殊儿童沟通发展与游戏 / 139

　　第一节　概　述 / 139

　　第二节　沟通发展游戏教学范例 / 145

　　第三节　沟通发展游戏家庭范例 / 161

第八章　特殊儿童认知发展与游戏 / 169

　　第一节　概　述 / 169

　　第二节　认知发展游戏教学范例 / 174

　　第三节　认知发展游戏家庭活动范例 / 192

第九章　特殊儿童社会技能发展与游戏 / 202

　　第一节　概　述 / 203

　　第二节　社会技能发展游戏教学范例 / 207

　　第三节　社会技能发展游戏家庭活动范例 / 224

参考文献 / 236

第一章

游戏与特殊儿童 ◁▷

　　游戏是每个儿童的天性，也是了解儿童的一个重要"窗口"。认识游戏的本质，了解儿童游戏的发展规律，便于教师和家长明确儿童的发展方向，从而有意识、有目的地陪伴特殊儿童开展游戏活动，促进特殊儿童的发展。

第一节　游戏概述

一、游戏的定义

　　游戏是一种社会文化现象，反映了人的主体精神活动，具有丰富、复杂的内涵。不同的人从不同的角度下定义，每一种解释和定义都预示着一种角度、一种眼光和一种理解。概括起来，关于游戏的定义主要倾向于以下三个方面。

　　（一）游戏是儿童与生俱来的一种倾向

　　席勒、斯宾塞的"剩余精力说"认为，"游戏是由于机体中剩余精力需要发泄而产生的"，"游戏是儿童本能剩余精力加以释放的最好表现形式"。拉扎鲁斯、施太恩的"能力练习说"认为，"游戏是先于劳动，先于童年，对未来生活无意识的准备"。霍尔的"复演说"认为，"游戏是个体呈现祖先的动作、习惯和活动，是重演史前人类的祖先向现代人进化的各个发展阶段"。这些理论发现游戏有利于释放儿童过剩的能量，有利于个体体验人类进化的经验，有利于个体对未来生活做准备。弗洛伊德、埃里克森的"补偿与发泄说"认为，"儿童天生的原始冲动和欲望在现实生活中受到道德规范等的约束，得不到充分表现，使得儿童内心产生各种抑郁。而游戏可以让儿童完全自主地再现自己的经验或精神的创伤，在想象中发泄各种忧郁和烦恼，从而获得快乐"。游戏是自我调节本我与超我矛盾的机制，是儿童完善人格的途径；游戏可以满足儿童在现实中不能实现的愿望，是受"唯乐原则"驱使的；游戏能满足儿童想做大人的愿望；游戏帮助儿童掌握或控制现实中的创伤性事件（强迫重复现象）。

埃里克森认为人格的发展是心理性欲（生物因素）和社会因素相互作用的结果。游戏是自我的一种积极主动的机能，是生物因素与社会因素的协调与整合。游戏的形式随着年龄的增长和自我或人格的发展而有所不同：儿童的游戏形式是使用玩具，而成人的游戏形式是运用创造性想象，表现在艺术、科学和日常生活等活动中。

游戏本能论揭示了儿童游戏产生的生物学因素，同时也说明了游戏是儿童（包括特殊儿童）的本能倾向，任何儿童都有游戏的需要，而且游戏对儿童的心理发展和未来生活都具有重要的作用。游戏具有内在引发性，不是某种求生存的生物驱力导致的，也不是外在社会压力强加于儿童的，而是具有个体主动参与的特性；游戏重视过程而非目的，是不具有工具性或生产性的行为，不以解决问题为目标，是一种无目的的自发性行为。因此，特殊儿童具有与生俱来的游戏内驱力，通过游戏体验对其进行训练，促进其发展较之传统的康复训练更为容易。

（二）游戏是一种主体性行为

20 世纪 90 年代后，关于人的主体性及其发展与培养的问题的讨论，为人们认识游戏的本质、重新审视这种自由自发的活动的价值与意义提供了新的视点与理论背景。主体性是人作为活动主体在对象性活动中与客体相互作用而表现与发展起来的功能特征，包括主动性、独立性和创造性。游戏是儿童主动的活动，独立的活动（由内部控制），创造性的活动（目的在于自身）。把游戏看成儿童的主体性活动，较科学地揭示游戏区别于人类其他活动的本质特征。从游戏主体的角度定义，儿童是游戏的发起者、设计者、参与者、调节者，总能根据自己及游戏情境的需要创造性地运用内外资源，满足身心发展的需求。特殊儿童的游戏活动也是如此，我们不能剥夺特殊儿童的游戏主体性，在游戏中特殊儿童可能需要我们的协助，但是我们要做到留有适当的空间让特殊儿童发挥出主体性，为其提供充足的机会和条件、鼓励和支持，让特殊儿童充分发挥独立性与创造性，以达到发展其身、心、智的目标。

（三）游戏是一种情境

如果从社会学观点去研究、解释儿童的游戏，可以把儿童游戏看成一种社会现象，是人类活动的特殊形式，是对社会现实生活的一种特殊反映的活动。典型代表是活动教育学派，该学派认为"游戏是一种社会性活动，是儿童对周围现实态度的一种表现，是真实之外借助想象、利用象征性材料，再现人与人之间关系的一种活动"。

维果茨基认为活动在儿童心理发展中起主导作用（游戏对学前期儿童而言是主导活动）；强调游戏的社会性本质，反对本能论（儿童的游戏具有社会历史起源）；强调成人的教育影响，认为儿童与成人的交往在游戏的发生、发展过程中起决定性作用。他认为游戏是社会性实践活动，儿童的游戏活动是在真实的实践情境之外创造了一种想象的情境。游戏创造了儿童的最近发展区。

艾里康宁认为角色游戏是儿童的典型游戏，认为角色游戏是在一定的历史发展阶段上，由生产力的发展引起儿童在社会关系中地位的变化而产生的。他认为游戏的结构包括角色、游戏行动、游戏式地运用物体、游戏者间的真实关系。儿童的周围现实对角色游戏有决定性影响。

以伯莱因、艾利斯、亨特等人为代表提出的游戏觉醒理论，也可以称为内驱力理论，这一理论认为环境刺激是觉醒的重要源泉；机体具有维持体内平衡的自动调节机制。在新异刺激—觉醒水平增高的情况下，发生的行为是探索；在缺乏刺激—觉醒水平低下的情况下，发生的行为是游戏。探索和游戏都是在维持中枢神经系统的最佳激活水平，不同的是，探索是由外部刺激控制的行为，游戏是由有机体自身控制的行为。游戏是个人对环境起作用的方式，可以探寻和调节外部与内部刺激的数量，以产生最佳的平衡，从而获得更多的个人满足。游戏是激励探索的手段。游戏觉醒理论认为，儿童的游戏不是本能活动，是受外界刺激的变化而产生的内部需要。

由贝特森提出的元交际理论认为，人类的交际不仅有意义明确的言语交际，也有意义含蓄的交际，这种含蓄的交际就是元交际。元交际不仅发生在非言语交往中，也发生在言语交际中。对于元交际在游戏中的意义，贝特森认为游戏的价值不在于其具体的内容，而是在于学习关于角色的概念。游戏是一种学习活动，让人在事物的关系与联系中逐步学会区分与概括。元交际依赖于双方对隐喻信息的辨识和理解。儿童的游戏隐喻着"假装的""不是真的"，这种言外之意正是元交际的对象。因此，这一理论认为，只有参与者能够携带着"这是玩"的信息的信号达成协议或进行元交际，游戏才能发生。所以，游戏是信息的交际和操作的过程，元交际是其特征。

这些不同代表人物都从环境刺激、人际互动的角度来定义游戏，探究在何种情境下游戏会自然而然地出现。根据这一假设，只要安排了符合条件的情境，就能观察到儿童的游戏行为。这样的条件有二：一是有让儿童感到熟悉的人和物存在，且这些人和物能引起儿童的兴趣；二是在情境中所发生的人际互动可以让儿童感到安全、可以控制，感到自主。所以，在游戏活动中，教师要建立起与特殊儿童之间的关系，让其信赖、感到安全；设计游戏活动时需要评估儿童的现有能力及潜在能力，设定好适宜的最近发展区，引导儿童在游戏中获得成长。此外，设计特殊儿童的游戏活动时，应该在游戏中多融入特殊儿童的生活情境的方方面面，甚至需要养育者的参与和互动。

二、游戏的特性

学者们对游戏的定义虽然不完全一致，但都认同游戏具有以下特性。

（一）主动自发

游戏是非强制性的，被迫的游戏就不再是游戏了。儿童之所以游戏，是因为游戏满足他们自发、自愿的需要，因为游戏给他们带来欢乐，他们在游戏中可以自由选择游戏的内容、玩法及同伴等。游戏的目的存在于主体的内部需要中，游戏是由内部动机引起的。儿童在现实世界中由于不成熟而出现的稚拙、滑稽、可笑的行为，只有存在于属于他们自己的游戏世界中才能被理解和接受，所以，儿童在游戏中将在现实里难以实现的愿望降低到实际能力所能承受的水平，使自己成为游戏的主人，主宰自己的世界，不受别人的支配。因此，儿童在游戏中总是积极主动地参与，表现出极大的主动性。在特殊儿童康复训练的游戏活动设计中，教师应全面观察儿童喜欢的游戏，一方面，全面评估儿童的游戏发展水平；另一方面，对儿童自动自发的游戏进行改编延伸，让儿童从熟悉的游戏中获得新的发展。

（二）心情愉悦

游戏中，儿童可以全身心投入，身体处于最佳、最自然、最轻松的状态，得到快乐的享受。Catherine Garvery 认为"游戏就是一种娱乐"，游戏能给儿童带来快乐。游戏中常常会有不确定因素出现，这种不可预计的偶然性让儿童体验着意想不到的巨大乐趣。自发的行为往往是趋乐的，个体的需要状态随时促使个体为满足需要而运动，以求舒适、安全感和快感，符合快乐的原则。儿童在游戏中因为需要被满足而获得快乐；他们自娱自乐，以不断重复的方式将有趣的情节保持下去；游戏中儿童没有任何心理负担，不担心游戏以外的任何奖惩，不受日常生活的约束，儿童是轻松的、自由的、快乐的。当游戏创造的快乐成为一种必需，儿童对游戏的需要也就变得急切。当儿童游戏时，我们可以很清楚地知道他们是开心的。他们的笑容、笑声、喜悦的哼唱等行为表现，可以很自然地反映出儿童在游戏中的愉悦。注意并非所有的儿童在游戏时都会有喧闹的表现，有些儿童沉浸在游戏的快乐中时看起来可能是严肃的。儿童在游戏中追求快乐，他们借助游戏表达内心的需求与情感，获得身心的满足，他们喜欢游戏过程本身带来的愉悦。因此，在对特殊儿童的康复训练中，将康复训练项目融入游戏之中，使儿童在轻松愉悦的氛围中快乐地、积极主动地训练，训练效果将达到最佳的水平。

（三）弹性灵活

游戏的时间、规则、内容都可以随着游戏者的心愿，做出适当的调整和改变。儿童能够自由地组织出让人意想不到的游戏。他们可以改变游戏规则，做出各种有创意的尝试。若儿童不断改变现有的游戏主题，并且将其精致化、多样化，那么游戏就在变换着。因此，在特殊儿童的康复训练中，我们的游戏设计需要保持一定的弹性，要根据儿童当下的游戏状态以及我们的康复目标，灵活地调整游戏的进程。

（四）虚构性

游戏不是平常的、真实的生活，它让个体走出真实生活而进入一个暂时的、别具一格的活动领域。每个儿童在玩游戏时都清楚地知道"只是玩玩""是假装的"，游戏只是一种愿望和要求的满足，是一种获得愉快体验的手段。游戏不注重结果，它与物质生活无关，不带功利的性质和生产的性质。儿童在游戏中利用模仿、想象来创造性地整合和表现周围生活。儿童可以不受日常生活的约束，也可以把日常生活暂时抛弃。这种虚构的、不真实的情境，给游戏蒙上了一种神秘的色彩，而正是这种神秘而充满幻想的、虚构的色彩深深地吸引着儿童，使儿童在萦绕着这种神秘气息的活动领域中，"神神秘秘""非同寻常"地去玩耍。在特殊儿童的康复训练中，一方面，我们需要跟随儿童的想象进入儿童的虚构世界中；另一方面，我们需要根据儿童的个性和爱好，引导儿童在虚构的情境中进行角色扮演以满足个体需求，实现康复训练的目标。

（五）自我控制感

在儿童的游戏世界里，真实和幻想之间的界限模糊，现实世界里的任何东西都可以想象成自己希望的内容，使他们仿佛成为游戏世界里的主宰者，掌握着游戏世界中的各种变化，随着自己内在的意愿，决定游戏的内容与进程。由于儿童在现实生活中无法控制真实世界，而在游戏中获得的这种可控感可以增加儿童接受现实生活挑战的勇气。因此，在特殊儿童的康复训练中，我们需要充分地尊重儿童的主体性，根据儿童的需求与特点设计游戏，让儿童在参与中有选择权、主体感、控制感、胜任感，引导儿童在游戏中主动地为实现康复训练的目标而努力。

三、游戏的分类

以儿童生长发育中出现明显的重要变化为分界线，以儿童年龄发展特征为依据来划分儿童游戏的类型，是一种被广泛接受的游戏分类方法，是以儿童发展阶段为参照系统的分类方法。

（一）根据儿童认知发展阶段划分的游戏

皮亚杰在其认知发展理论基础上提出"游戏不是独立的活动，它是智力活动的一个方面，是个体把信息纳入原有认知图式的方式，是同化超过顺应的活动"。他把游戏放在儿童智力发展的背景中去考察，认为游戏是智力活动的一个方面，是思维活动的一种表现形式，儿童的认知发展阶段决定了他们不同的游戏方式。皮亚杰认为游戏是随认知发展而变化的，他根据儿童认知发展的阶段，把儿童游戏分为感觉运动游戏、象征性游戏、规则游戏三类。

1. 感觉运动游戏（练习性游戏）

感觉运动游戏，即练习性游戏，是儿童最早出现的一种游戏形式，一般从儿童出生到 2 岁。儿童主要是通过感知和动作来认识环境、与人交往，他们的游戏最初是以自己的身体作为游戏的中心，逐渐地会摆弄与操作具体物体，并不断反复练习已有动作，从简单的、重复的练习中，尝试发现、探索新的动作，从而使自身获得发展。在反复的摆弄和练习中，获得愉快的体验。游戏的驱力就是获得"机能性的快乐"，"动"即快乐。例如，儿童偶然发现别人摇摆一个悬挂着的物体会发出音响，他最初重复这个动作是为了适应它并了解它，但这还不是游戏。在此以后，他一再摇摆这物体，这样的行为就变成了游戏，他重复这种行为模式是为了单纯的"功能性快乐"。该游戏的主要表现形式为徒手游戏或重复操作物体的游戏，发生于认知发展的感知运动时期的游戏形式。游戏的目的是要取得一种机能性的快乐，满足生理上的要求，其形式为重复偶然习得的动作图式。游戏的愉悦来自儿童控制自身和环境的感觉，当这种控制能力被反复证实后，儿童便沉浸于这种能力和自信的情感中。如儿童连续拉绳子以使一个玩具鹦鹉移动，此时更应该注意儿童拉绳子的动作，而不是注意拉绳子的结果。这一类游戏对特殊儿童非常重要。因诸多原因，发育迟缓或能力不足的儿童得不到足够的感官刺激和动作刺激，导致发育更加滞后。在特殊儿童的康复训练中，我们加大和丰富这一类游戏的设计，就可以在游戏中促进儿童基本认知能力的发展。

2. 象征性游戏

象征性游戏是 2 ~ 7 岁儿童最典型的游戏形式。象征即用具体的事物表现某种特殊意义，游戏中出现了象征物或替代物。儿童把一种东西当作另一种东西来使用即"以物代物"，把自己假装成另一个人即"以人代人"，这都是象征的表现形式。例如，把一块积木当作"肥皂"洗手，也可以当作"汽车"驾驶等，儿童根据自己的意愿展开想象。象征性游戏中的主要特征是模仿和想象，角色游戏是其主要的表现形式。儿童在象征性出现游戏中"以物代物"是表征思维的标志之一。皮亚杰还认为，象征性游戏并非一种"货真价实"的模仿性行为，儿童并不是真正在打斗，而是好玩地假装在打斗。所以，象征性游戏也称假装的游戏。

因此，游戏象征不仅具有认知的意义，也是一种幼儿情感的投射。通过象征性游戏，儿童可以脱离当前对实物的知觉，以象征代替实物并学会用语言符号进行思维，体现儿童认知发展的水平。

皮亚杰认为，象征性活动有两个特征：一是象征性活动是儿童在实际情境中习得、运用和练习中分离出来的；二是象征性活动虽然是与原来的情境分开了并且变得不同了，但儿童仍然认为它们属于原来的情境。此外，象征性游戏可帮助儿童解决情感上的冲突。例如儿童经历了一个吃午饭的场面，一般在 1 ～ 2 小时后儿童便会用玩具娃娃重现这个场面，并且会有一个较为愉快的结局，如在游戏中接受了她在吃午饭时所没有接受过的东西，把午饭时她不爱喝的没有喝完的汤，让玩具娃娃喝完。皮亚杰还认为，游戏也可以帮助儿童对未满足的要求得到补偿，实现角色的颠倒（如服从与权威的颠倒）和自我的解放与扩张等。这一类游戏对特殊儿童需求的表达与满足具有重要的作用，也是在特殊儿童康复训练中运用得非常多的一类游戏。

3. 规则游戏

规则游戏是 7 ～ 11 岁的儿童按照一定的规则进行的、带有竞赛性质的游戏，参加游戏的儿童必须在两人以上。它以规则为游戏中心，摆脱了具体情节，用规则来组织游戏。真正的规则游戏，如排球赛、田径赛等，到小学后才能进行。皮亚杰认为，进行这类游戏，更能适应真实环境，服从真实世界的规则和秩序。因此，它表明儿童达到了能更好地将自己的思维顺应真实世界的阶段。皮亚杰认为，游戏的规则来自集体对娱乐活动的组织，从而带有一种社会责任感。同时，儿童不经过推理上的努力是不能制订并应用规则的，有规则的竞赛要求实际参加游戏的儿童具有相应的智力水平。也就是说，如果儿童的智力达不到一定的水平，他们无法理解并遵守规则，更谈不上共同制订规则。也许更重要的是，在有规则的游戏中体现出来的社会性行为的规范化反映了儿童参与有规则的或由规则支配的社会关系的能力，同时，也为儿童积极的交往提供了良好的基础。毫无疑问，有规则的游戏对儿童社会性的发展有着极为重要的意义。规则游戏对部分能力较好的特殊儿童较为适用。

皮亚杰研究发现，儿童认知与游戏发展关系密切，游戏对于儿童适应环境和自我发展起作用。因此，儿童选择游戏受到其认知能力的影响，则会有不同的表现形式，这也启发我们针对特殊儿童设计游戏活动时，要从游戏角度评估特殊儿童认知的发展状态，并考虑儿童自身的认知发展状况，在游戏中更好地引导儿童同化和顺应环境，也为游戏活动的设计提供了方向。

（二）根据儿童社会性行为发展划分的游戏

美国学者帕顿（Parten）从儿童社会行为发展的角度，把游戏分为以下六种。

1. 偶然的行为（无所事事）

儿童不是在玩，而是注视着身边突然发生的使他感兴趣的事情，或摆弄自己的身体，或从椅子上爬上爬下，到处乱转，或是坐在一个地方东张西望。

2. 旁观（游戏的旁观者）

儿童大部分时间是在看其他儿童玩，听他们谈话，或向他们提问题，但并没有表示出要参加游戏。只是明确地观察、注视某几个儿童或群体的游戏，对所发生的一切都心中有数。

3. 独自游戏（单独的游戏）

儿童独自一个人在玩玩具，所使用的玩具与周围其他儿童的不同。他只专注于自己的活动，不管别人在什么，也没有做出接近其他儿童的尝试。

4. 平行游戏

儿童仍然是独自在玩，但他所玩的玩具同周围儿童所玩的玩具是类似的，他在同伴旁边玩，而不是与同伴一起玩。

5. 联合游戏

儿童以自己的兴趣为中心，开始有较大的兴趣与其他儿童一起玩，同处于一个集体之中开展游戏，时常发生许多如借还玩具、短暂交谈的行为，但还没有建立共同目标。儿童个人的兴趣还不属于集体，而是做自己愿做的事情。

6. 合作游戏

儿童以集体共同目标为中心，在游戏中相互合作并努力达到目的。游戏中有明确的分工、合作及规则意识，有 1 ~ 2 个游戏的领导者。

这一分类方法，为我们从游戏角度评估特殊儿童社会性的发展状态提供了重要的参考，也为游戏活动的设计提供了方向。

（三）根据利用的替代物划分的游戏

艾尔德和彼得逊（Elder & Pedeson）认为游戏替代物的变化，体现了儿童游戏中的抽象性、概括性的发展，表现为以下几个阶段。

1. 用与实物相似的替代物

幼小儿童一般用与实物相似的替代物游戏，因为他们的思维带有直觉行动性，思维的抽象性、概括性很差。他们对实物的知觉比对实物所代表的意义在思想上更占优势。所以此时的游戏依赖于与实物在外形、功用上都十分相似的专用替代物，主要是一些特制的玩具，如炊具、餐具、娃娃等。如果给他们与实物相似性低的替代物，他们往往会拒绝。有人观察 2.5 岁组的儿童，给他们一辆玩具汽车，要求他们把它当作铲子来使用，结果许多儿童仅把汽车放在桌上推来推去。还有一些儿童则干脆拒绝："不，我不能，这是汽车。"

2. 用与实物相似性较低的替代物

幼儿中期（4～5岁），随着知识经验的丰富、联想能力的提高，逐渐能脱离专用替代物，选择一些离开原来实物功用的替代物。此时的儿童，思维有明显的具体形象性，虽然不能完全离开实物，但一般来说意义已比实物重要。替代物与实物的相似性减少，通用性增大，可一物多用。如小棒可以分别代替筷子、刀、勺、炒菜铲、擀面杖、注射器、体温表等。儿童年龄越大，使用替代物的范围也越大。有人用相同数量的游戏材料让不同年龄组的儿童来作替代物，结果 3～3.5 岁组代替了 35 种物品；3.5～4 岁组代替了 54 种；而 4～4.5 岁组被替代物数量多达 76 种。

3. 不依赖于实物（用语言、动作等）的替代

幼儿晚期（6～7岁）思维逐渐向抽象性、概括性过渡，对事物的关系、意义有了更深的理解，心理活动的随意机能也进一步发展，在游戏中表现出可脱离实物，完全凭借想象以语言或动作来替代物品。如用斟酒的动作和小心翼翼的端杯动作来替代酒，尽管实际上杯中空无一物，甚至根本不需要"杯"；用朝空中抓一把、撒向小锅的动作配以语言"放点盐"来替代"炒菜时放盐"。

以上不同角度的游戏类型，为我们观察评估儿童的游戏水平、特点和状态，提供了重要的参考。由于特殊儿童千差万别，我们掌握的游戏越多，越能满足特

殊儿童的不同需求。无论是对特殊儿童的当下生活还是未来发展，在游戏活动设计时都应根据儿童的生理、心理特点，科学地将各种类型的游戏有机地结合。

第二节　游戏与特殊儿童的关系

《儿童权利公约》规定：儿童有权享有休息和闲暇，从事与儿童年龄相宜的游戏和娱乐活动，每个儿童均有权享有足以促进其生理、心理、精神、道德和社会发展的生活水平，因地制宜地为儿童游戏的开展提供物质条件，鼓励提供从事游戏活动的适当且均等的机会。

在特殊儿童早期康复与干预中，能否激发儿童的动机是决定有效开展康复干预的主要因素，儿童持续地保持良好的动机才能发挥最大的潜能，从而有效地提升活动和参与能力。Murphy 对脑科学的研究发现，儿童游戏的早期经验在决定大脑回路和儿童智力的广度和质量上起重要作用，在康复训练中贯穿游戏，使治疗活动更有趣味，增加儿童康复训练的兴趣和主动性是当前特殊儿童康复训练师的重要课题。

一、特殊儿童的游戏特点

在特殊儿童的婴幼儿期及童年期，游戏活动几乎构成生活的全部，儿童在游戏中模仿、学习、感知外部世界，一步步完成从动作、语言、认知和人际沟通等各种心理过程的发展。研究者发现，不同类型的特殊儿童的游戏特点不一样。智力障碍儿童的重复性游戏行为较普通儿童多；智力障碍儿童比一般儿童具有更多的非游戏行为或单独游戏行为，而联合游戏或合作游戏行为的比例更少；智力障碍儿童在家中出现的主导游戏的装扮成分比在学校多；智力障碍儿童在游戏中语言表达受教师设计的引发表达的游戏环境的影响较大。自闭症儿童会长时间进行单一玩具、单一玩法的游戏，游戏中满足自我刺激的需要；自闭症儿童较少进行象征性游戏或假装游戏；自闭症儿童也缺少自发性模仿游戏。视觉障碍儿童在玩具使用的数量和方式、游戏行为的多样性等方面较为单一。由以上研究结果可知，特殊儿童的游戏发展水平较低，游戏活动类型单一，依靠儿童自身的自发性游戏很难达到普通儿童的游戏发展水平和身心和谐发展的目标。因此，教师和家长需要根据特殊儿童现有的活动能力水平，有意识地设计出适合特殊儿童的需求和发展的游戏活动，以促进特殊儿童更好地康复与发展。

二、在游戏中早发现、早干预

特殊教育强调对特殊儿童的早发现、早诊断和早干预。早发现是诊断和干预的基础。多数家长和教师就是在儿童的游戏中发现他们身心发展异常的。例如，他们会提到"不看我给他买的玩具""不与小朋友玩""不会玩""不知道遵守游戏规则"等。因为游戏是儿童最放松的时刻，能表现最真实的自我，儿童的问题往往就会暴露在游戏的过程中。有了这些线索，就能早发现特殊儿童的问题所在，从而及早进行诊断和教育，在问题出现的初期进行干预，以利于特殊儿童终身的发展。同时，这里所指的早发现并不仅仅指早发现特殊儿童的问题，还包含了早发现特殊儿童的能力，也是评估他们能力的基线，了解他们可以做什么事情，从而让他们从被动变为主动。

目前，在普通幼儿园就读的学龄前特殊儿童中不少为中、重度残疾儿童，由于受先天或后天某些因素的影响，其在身体、智力、情绪和社会适应等方面存在缺陷，特别是语言发展的障碍使他们很难与教师及其他儿童进行沟通，教师不易了解他们的真实情况。而游戏为教师了解儿童提供了机会，因为在游戏中儿童能很容易表现出他的能力、兴趣和特长。例如，通过游戏教师可了解其认知能力，从魔方游戏中，可了解到儿童精细动作的能力和对事物反应的灵敏度；拼图游戏则能反映儿童的空间知觉的能力和记忆能力；等等。另外，儿童的游戏在某种程度上还能反映其情绪状态，教师发现有些情绪失调的儿童，他们的游戏模式往往比较刻板、混乱；在游戏中常常出现偏差，不受同伴欢迎，或儿童总喜欢一个人玩。以上这些行为表现和能力水平为特殊儿童的早诊断提供依据。

人在早期时大脑正处于飞速发展和变化的阶段，接受信息快，也是动作、认知、语言、沟通、人际互动发展的关键期。根据医学研究，新生儿的脑重量为 370 克，1 岁时几乎是成人脑重的 60%，2 岁时约为成人脑重的 75%，3 岁时脑重就已经接近成人的，所以，0～3岁是感知觉、记忆、思维、个性等多方面能力高速发展的关键期，也是成长、学习的关键期。如果教师和家长在儿童的游戏中能及时读懂儿童的语言，在儿童喜好的游戏中诱导和互动，有利于在儿童成长的关键期矫正儿童的不良行为，促进儿童动作、认知、语言、沟通及人际互动等方面的发展。如发现儿童总喜欢一个人玩、不说话，教师或家长可以观察儿童喜欢玩的玩具或活动，可以跟随模仿儿童，与儿童玩一样的游戏，然后在引起儿童关注后变换游戏的玩法，诱导儿童加入到游戏中，促进儿童对人的关注与互动；也可以用一个儿童喜欢的玩具引起儿童的注意，放在一个儿童可以看见但拿不到的地方，引导他向成人求助，表达需求，促进其语言的发展。

三、游戏是特殊儿童学习与发展的重要途径

游戏是儿童的天性，它伴随着儿童成长。作为儿童的基本活动，游戏是儿童完全自主、自发、全身心地投入的活动，是促进儿童学习与发展的重要途径。儿童游戏具有趣味性、操作性、学习性、创造性等特点，因此蕴含着有益于儿童身心健康发展的隐形教育潜能。《3～6岁儿童教育和发展指南》中明确指出"幼儿的学习是以直接经验为基础，在游戏和日常生活中进行的"，这直接点明了儿童主要是在做中学，在玩中学。儿童在游戏中随心所欲的发挥，为他的独立思维能力、创造能力提供了有利的基础，同时发展了合作能力、审美意识，加深了儿童对世界的理解。在游戏中学习，儿童才能学得有趣，学得有效，学得有用。而在儿童的活动中，我们很难区分什么是游戏、什么是工作。因为儿童所做的事情即使看起来像是严肃的工作，但儿童的心理体验都应是"游戏性"的。儿童就是在主动自愿的活动中严肃认真地工作、学习，同时体验着游戏性。正如蒙台梭利所说的"游戏就是儿童的工作"。对特殊儿童而言，游戏也是他们生活的重要组成部分，但因特殊的康复需求迫使他们花大量的时间待在机构或学校中，如何在日常的教学或训练和生活中以游戏为媒介达成特殊儿童的学习与康复的目标，成为教师与家长面临的重大课题。由于特殊儿童身心的特殊障碍不同，他们喜欢的发展水平及游戏类型差异很大，且他们自主自发的游戏是有限的，需要家长和教师有计划有目的地引导和设计游戏，促进儿童在游戏中实现学习与康复目标，在游戏中"工作"，在游戏中"学习"。

四、游戏能满足特殊儿童的多层次需要

驱使特殊儿童游戏的需要主要有身体活动的需要、认知的需要及社会交往和自我实现的需要，基本的生存需要和安全需要是特殊儿童游戏的前提。多种需要激发了游戏，游戏使各种需要得到满足，满足需要带来了快乐，快乐作为强化物使特殊儿童对游戏活动本身产生兴趣，兴趣和快乐这两种正向因素相互作用、相互补充，进一步支持和促进特殊儿童开展游戏。游戏活动可以发生在特殊儿童活动的任何领域，各领域的活动场构成游戏发生的背景。

（一）游戏能满足特殊儿童生理发展的需要

特殊儿童与普通儿童一样有发展的需要，只是特殊儿童在生理的发展方面会受到感官缺陷的限制或比较迟缓，但是正如鲁宾什坦所说，发展是儿童年龄阶段的一个特点，它可以突破任何机体的严重疾病。研究证明，由于骨骼肌肉和神经系统发育的特点，儿童在生理上要求不断地变换活动。特殊儿童与普通儿童一样有着旺盛的精力，好动也是他们的普遍特点，长时间呆坐不动或保持同一动作、姿势会使他们感到疲劳和厌烦。在游戏中，有各种大小动作和活动，特别是户外体育游戏，能锻炼儿童的走、跑、跳、钻、爬、投掷、平衡、攀登等基本动作。生理学家早已研究发现，人体的各个部位在大脑皮层上都占有相应的区域，其区域的大小与身体该部位活动的精细、复杂程度相关，身体部位的活动越精细、越复杂，它在大脑皮质上所占的区域就越大。精细、灵巧的动作，能把大脑中某些富于创造性的区域激发起来，促进思维能力的发展，思维的发展又反过来使动作更加精确、灵敏。游戏使特殊儿童身体各器官得到活动和锻炼，大到追、跑、跳、跃的游戏，小到拼图、绘画、玩沙等游戏，都可以促进特殊儿童大、小肌肉的运动、促进骨骼和关节的灵活与协调，促进特殊儿童运动能力的提升。特殊儿童在不同的游戏中，变得结实、健康；在与外界环境的多方面刺激中，感官得到多渠道的刺激，反应变得迅速而敏捷；在欢快的游戏中，形成各种技能，增强了对外界环境的适应能力。游戏为特殊儿童身体的正常发育提供了许多必要的动作和运动的机会，锻炼了儿童的身体，增强了儿童的体质。因此，游戏可以使中枢神经系统的技能状态调整到最佳水平，从而释放过剩的精力，并避免厌烦和疲劳，使机体感到舒适和愉快，满足生理发展的需要。但特殊儿童的游戏方式会与普通儿童有

所不同，比如聋生对依赖声音刺激的游戏不敏感，盲生无法进行需要较多视觉的游戏而偏好摆弄玩具以获得较多的触觉刺激，自闭症儿童可能只对某一项游戏或某一种玩具感兴趣，智力障碍儿童只能用一种方式玩某一种玩具等。因此，家长和教师需要根据特殊儿童的动作发展程度及目标，设计恰当的游戏促进儿童粗大动作和精细动作的发展，促进身体的正常发育。

（二）游戏能激发和满足特殊儿童探索外部世界的需要

特殊儿童对周围事物充满了好奇心，这是他们理解环境、影响环境需要的表现。智力障碍儿童缺少主动认识和融入环境的主动性，在成人引发的游戏中，可以激发智力障碍儿童对外部世界的兴趣，从而在探索、操作的游戏活动中，根据自己的兴趣认识环境；依据自己的感性经验开展想象，模仿和表现周围的人和事物；还能在游戏中发现适合自己身心发展特点的活动，从而可能使原本的游戏活动变成今后学习或工作的方向。

（三）游戏能满足特殊儿童社会性发展的需要

社会性发展是特殊儿童心理发展的一个重要方面，也是特殊教育工作的重要内容。游戏是特殊儿童人际交往需要形成与发展的重要途径，也是这种需要寻求满足的途径。

特殊儿童渴望与其他儿童（无论是普通儿童还是同类的伙伴）交往，而游戏为这种交往提供了最自然的条件。儿童在共同游戏时，常常需要交流游戏的主题、情节、规则、玩法。游戏中的这种交往活动，构成了特殊儿童实际的社会关系网络，使儿童逐渐熟悉、认识周围的人和事，了解自己和他人的想法、行为、愿望和要求，理解他人的思想、行为和情感，逐渐掌握人与人之间的交往规则，学习分享、谦让、合作等人际交往技能。特殊儿童由于受到各种残障的影响，可能认知能力较差，对生活、学习中的有关规则不易理解，或者成人对他们过分迁就和溺爱，因此良好的习惯难以形成。游戏，特别是有规则的游戏，使特殊儿童逐渐懂得规则是建立在双方同意的基础上，参加游戏的每个人都应该自觉遵守，否则就会影响游戏活动的顺利进行。通过游戏活动，也使特殊儿童逐步养成了良好的习惯，提高了遵守各种活动规则的自觉性。

此外，游戏也能够帮助他们认识和确定社会角色，从尝试中学习如何扮演老师、母亲、学生、医生等，提供了获得社交能力的大量机会，对他们的社会性发展起重要作用。由于特殊儿童在游戏中都扮演一定的角色，而每个角色所规定的内容和职责要求扮演者在自己角色的范围内去活动，为演好角色，特殊儿童就会努力控制自己的行动、约束自己、主动与他人合作，以保证游戏活动顺利进行，慢慢地特殊儿童就会克服不良的行为和习惯，为良好个性品质的形成产生积极的影响。

要使特殊儿童将来能适应社会生活，从小就要让他们在心理和技能上做好准备。在游戏活动中，教师创设游戏化的生活环境，让特殊儿童在游戏的场景中模仿成人的劳动，获得生活预演的经验。其实，游戏的本身即是模仿成人的生活行动而来的，也就是说，大人把游戏传给特殊儿童，并且和他们一起玩乐，这样就能在欢乐的气氛中使特殊儿童学会生活自理、与人交往，以及认识周围环境等。

（四）游戏促进了特殊儿童语言的发展

游戏能促进特殊儿童听说能力的发展，提高他们表达自己需要、意愿的能力。在游戏中，他们会模仿成人，利用想象扮演成人的角色。即使他们在独自进行游戏时，那些容易刺激特殊儿童说话的玩具，如娃娃、木偶也会引起他们自言自语，以此增进语言的经验；他们还可以通过念儿歌、讲故事等建立语言环境，培养说话的能力。此时，若教师能给以一定的指点，更能促进语言能力的提高。

（五）游戏促进儿童情绪情感的和谐发展

儿童的游戏活动带有情绪色彩，游戏成为特殊儿童表现积极情绪、调整消极情绪的媒介。特殊儿童在游戏中，按自己的意愿自由自在地活动。在轻松愉快的游戏气氛中，容易通过自我的努力而成功，产生愉快和满足。许多特殊儿童难以察觉自己的情绪，更不能常感受到积极情绪，游戏为他们提供体验积极情绪的机会。长期处于紧张或焦虑等不良情绪状态，会造成食欲减退、消化不良、心跳加速、血压和呼吸不正常或其他疾病。游戏可以使特殊儿童情绪轻松愉快，对身体的健康发展有好处。游戏为特殊儿童提供了表达各种情绪的安全场所，能保障他们心理的卫生与健康。游戏可以作为自我表达的通道，是克服情绪紧张、消除愤怒心情、宣泄焦虑、害怕、气愤和紧张等情绪的有效手段。游戏以特殊儿童能接受的情境，再现不愉快的经验，在假扮角色的情况下，特殊儿童消除了紧张、减低了恐惧，从而减轻或克服不良心理，使心理保持平衡。特殊儿童不仅不易察觉自己的情绪情感，也难以表达和克服情绪情感，在游戏中便可以在不知不觉中通过比较妥当的方式表现自己的情绪，并一步步学会设法控制自己的不良情绪。特殊儿童在游戏中，摆脱了外界的压力，享受到充分的自由，用他们对现实世界的理解和自己拥有的能力来操作实物、处理关系，从而体验行为的成功感，产生自豪感，增强自信心。特殊儿童在游戏中，主动地选择和接触各种色彩鲜艳、造型生动的玩具，主动反映现实生活中美好的东西，在游戏中感知美、体验美、创造美，游戏促进儿童的美感。特殊儿童在游戏中积累经验，发现知识，又体验到理智感。游戏同样通过人物关系的处理、角色情感的体验，发展特殊儿童的同情心和道德感。在表演游戏和角色游戏中，重组的那些使其困惑、失败或受创伤的活动，使儿童逐渐学会适应和应付环境的变化。

五、游戏教育、游戏治疗与特殊儿童游戏活动设计

（一）游戏教育

游戏教育是指教师以游戏的形式开展教学，并营造一个轻松愉快的课堂氛围，让学生在欢快的活动或在激烈的竞争中学习，以激发学生的积极性和主动性，使学生通过游戏获得进步与发展。福禄贝尔在《人性教育》中强调了游戏在儿童生活中的重要意义，以及游戏在儿童自我表达中的作用。他观察到，"游戏是童年时代最重要的发展，因为游戏是儿童心灵的自由表达……游戏对儿童来说，不仅仅是一个活动而已。游戏充满意义，能为儿童带来很多收获"。游戏是幼儿时期的主导活动，游戏教育已成为幼儿教育的基本手段。游戏教育具有趣味性、娱乐性、竞争性、目的性和教育性等特点，可以更好地激发幼儿的学习兴趣，促进幼儿认知、情感、能力、运动等全面发展，提高幼儿教学成效。

（二）游戏治疗

游戏治疗是系统性地使用理论模式建立的一种人际历程，受过训练的游戏治疗师使用游戏的治愈性力量，来协助案主预防或解决心理的困扰，以及达成正向的成长与发展。游戏治疗强调以游戏作为沟通媒介，凡是运用游戏作为沟通媒介的心理治疗都可称为游戏治疗，根据心理治疗师不同的理论取向，发展出个人中心游戏治疗、认知行为游戏治疗、格式塔游戏治疗、阿德勒游戏治疗、结构式游

戏治疗、亲子游戏治疗、心理动力游戏治疗、生态系统游戏治疗等不同流派。游戏治疗不是某一学派的特有方法，而是任何一种心理治疗中均可使用的工具，它以游戏作为诊断和治疗的中介。游戏治疗的突出特点是心理治疗中应用游戏作为沟通媒介，在游戏治疗中重点不是"游戏"而是"治疗"，游戏本身不是治疗的目的，而仅仅是治疗的一种手段或方式。表面上，治疗师只是在陪儿童玩，看似很简单，实际上，治疗师需要学习跨领域和跨学科的专业技能，接受全面的专业培训，才能在实践中逐渐领悟游戏治疗的精髓。

（三）特殊儿童游戏活动设计

在特殊教育领域，许多教育工作者和专家都认为特殊儿童教育和康复治疗是不可分的，而游戏是将特殊儿童教育与康复治疗融为一体的重要媒介。而多数特殊儿童的游戏重复、单一、固着，需要特教教师和家长积极地引导或扩展其游戏，促进其更好地成长与发展。因此，我们提出了特殊儿童游戏活动设计主题。特殊儿童游戏活动设计，就是根据相关教育学、心理学的经典理论，借鉴游戏教育、游戏治疗的理念和方法，根据特殊儿童的生理、心理特点，以特殊儿童的兴趣和需求为出发点，设计恰当的游戏，以促进教师或家长与特殊儿童建立良好的关系、有针对性地诱导、循序渐进地教学，实现促进特殊儿童感知觉、粗大动作、精细动作、语言认知、人际沟通、社会适应、生活自理等领域的发展与成长的目的。由于特殊儿童生理、心理的特殊性，需求的多样性，需要教师及家长根据其发展的现有水平及需求，合理地使用游戏教育与游戏治疗的理念，将二者有机地结合使用，创造性地使用游戏，设计出适合特殊儿童的游戏课程。在本书中，我们的特殊儿童游戏活动设计主要遵循感悟式游戏教学法的原则进行的。

第二章

特殊儿童游戏活动设计的目的与方法 ◁▷

特殊儿童游戏活动设计是根据特殊儿童全人发展的理念，针对特殊儿童障碍程度、身心发展特点及其在感知觉、粗大动作、精细动作、生活自理、沟通、认知、社会技能七大领域上的发展目标而设计的一套适用于学校、家庭和康复机构的游戏活动方案。

本章将系统介绍特殊儿童游戏活动设计的目标、原则与方法。

第一节　游戏活动设计的目的与目标

特殊儿童像普通儿童一样享受生存、发展、受保护和参与的权利，有身心全面发展的需求，细化到具体内容上有感知觉、粗大动作、精细动作、生活自理、沟通、认知、社会技能七大领域的发展目标。

一、特殊儿童游戏活动设计的目的

游戏活动的目的也是我们的出发点，即促进特殊儿童实现自身潜力的最大化发展，达到其自身的最佳发展水平。

（一）全人发展观

人的全面发展最根本是指人的劳动能力的全面发展，即人的智力和体力得到充分、统一的发展。同时，也包括人的才能、志趣和道德品质等多方面发展。著名教育家蔡元培指出，教育是帮助被教育的人，让他能发展自己的能力，完善他的人格，于人类文化上能尽一份责任。

由全人发展观而衍生出来的全人教育指的是在教学过程中教师要充分了解学生的心理需求、能力、经验、性格、意愿等主观需要，并科学地融入教学活动中，以不断激发学生的求知欲、提高学生的学习动机并使其能快乐学习为目标，以"学生这个人"为教学对象，施教历程包含知、情、意、行四个既不同又相互联系的层面。全人教育理念的核心是教育过程要促进人的整体发展，即促进人的全面发展；培养目标是"全人"，塑造全面发展的人，使人在身体、知识、技能、道德、创造性等方面和谐发展，成为一个完整的人。

一般人需要全人的发展，而特殊儿童也一样，他们只是需要我们以特殊的方式加以教育、引导。我们一样可以并有必要以全人教育课程理念、以内驱为主的全身心学习理论以及多元化的评价理论为基础，通过对教学内容、教学目标、教学资源、教学情境、教学策略以及教学评价的重新设计，促进特殊儿童的全面和谐发展。

（二）多元智能理论

霍华德·加德纳于 20 世纪 80 年代提出多元智能理论，定义智能是人在特定情境中解决问题并有所创造的能力。他认为我们每个人都拥有八种主要智能：语言智能、逻辑—数理智能、空间智能、运动智能、音乐智能、人际交往智能、内省智能、自然观察智能。这一理论为特殊教育开启了新的视角。

1. 每个特殊儿童都有发展的潜力

在人才观上，多元智能理论认为每个人几乎都是聪明的，但聪明的范畴和性质呈现出差异。"天生我材必有用"，特殊儿童的差异性不应该成为教育上的负担，相反应该是一种宝贵的资源。我们要用赏识和发现的目光去看待特殊儿童，认识到每位特殊儿童都有发展的潜力，他们有的记忆力超常，有的数字推理能力超常，有的图像记忆能力超常，有的颜色感知超常，有的音乐敏感性超常等。只要我们正确地引导和挖掘他们，每个儿童都能达到其自身的最佳水平。

2. 根据特殊儿童的差异，运用多样化的教学模式

多元智能理论强调应根据每个特殊儿童的智能优势和弱势选择最适合儿童个体的教学方法。教师在备课、上课时不能再像以往那样仅仅为了完成教学大纲的要求，而应该更多地关注儿童差异，开发儿童潜能，促进儿童全面发展。我们要

采用多种方式和手段呈现用"多元智能"的教学策略，改进教学形式和丰富教学环节，努力培养儿童的多元智能。

3. 根据特殊儿童的差异确定每个儿童最适合的发展道路

在教育目标上，多元智能并不主张将所有人都培养成全才，而是认为应该根据特殊儿童的差异确定每个儿童最适合的发展道路。简单而言，多元智能理论不是让儿童千军万马过独木桥，也不是简单地给儿童多架几座桥，而是主张给每个儿童都铺一座桥，让"各取所需"成为现实。教育的价值除了为社会培养有用之才，更在于发展和解放人本身。

（三）特殊儿童发展的七大领域

在素质教育的背景下，借鉴全人教育的理念及加德纳儿童发展的八大智能理论，我们认为特殊儿童的教育与全人教育界定一样：以特殊儿童为核心，以学校为主导、家庭共同参与实施的、整体的、系统的教育。该教育面向全体儿童，通过课程建设、师资培训、课堂教学、综合实践活动、家长学校等途径，致力于儿童的心智与体魄得到全面发展、和谐发展、持续发展。具体到 6～12 岁的特殊儿童的发展内容，我们要兼顾感知觉、粗大动作、精细动作、生活自理、沟通、认知、社会技能这七大领域，最重要的还要做到各大领域下的各项技能协调发展。

综上所述，特殊儿童游戏活动设计的目的就是基于"全人发展"和"多元智能"的理念，尊重特殊儿童自身的兴趣和爱好，根据自身的能力水平和潜质，设计适合特殊儿童的感知觉、粗大动作、精细动作、生活自理、沟通、认知、社会技能这七大领域的游戏活动，促进特殊儿童达到其自身的最佳水平。

二、特殊儿童游戏活动设计的目标

（一）儿童发展总目标

本书游戏活动设计的总目的就是针对特殊儿童，倡导在发现残疾后尽早在游戏中进行教育和训练，给教师和家长提供科学的游戏活动设计的原理与方法，促进特殊儿童达到其最佳的康复水平，减少残疾的不良后果，使特殊儿童得到全面发展，能够适应社会，成为社会平等的成员。

（二）3～6 岁儿童发展目标

《3～6 岁儿童学习与发展指南》，从健康、语言、社会、科学、艺术五个领域描述幼儿学习与发展，分别对 3 ~ 4 岁、4 ~ 5 岁、5 ~ 6 岁三个年龄段末期幼儿应该知道什么、能做什么，大致可以达到什么发展水平提出了合理期望。经整理，3 ~ 6 岁儿童发展目标如表 2-1 所示。

表 2-1　3 ~ 6 岁儿童发展目标

健康	身心状况	具有健康的体态；情绪安定愉快；具有一定的适应能力
	动作发展	具有一定的平衡能力，动作协调、灵敏；具有一定的力量和耐力；手的动作灵活协调
	生活习惯与生活能力	具有良好的生活与卫生习惯；具有基本的生活自理能力；具备基本的安全知识和自我保护能力
语言	倾听与表达	认真听并能听懂常用语言；愿意讲话并能清楚地表达；具有文明的语言习惯
	阅读与书写准备	喜欢听故事，看图书；具有初步的阅读理解能力；具有书面表达的愿望和初步技能
社会	人际交往	愿意与人交往；能与同伴友好相处；具有自尊、自信、自主的表现；关心并尊重他人
	社会适应	喜欢并适应群体生活；遵守基本的行为规范；具有初步的归属感
科学	科学探究	亲近自然，喜欢探究；具有初步的探究能力；在探究中认识周围事物和现象
	数学认知	初步感知生活中数学的有用和有趣；感知和理解数、量及数量关系；感知形状与空间关系
艺术	感受与欣赏	喜欢自然界与生活中美的事物；喜欢欣赏多种多样的艺术形式和作品
	表现与创造	喜欢进行艺术活动并大胆表现；具有初步的艺术表现与创造能力

这五大领域的发展目标是一般 3 ~ 6 岁儿童的发展预期水平，经过适当的教育，绝大多数普通儿童能实现这一目标。本书中的特殊儿童是指幼儿及小学生阶段（3 ~ 12 岁）的特殊儿童，由于多方面的限制，只有少部分特殊儿童的发展水平能够达到一般儿童的正常水平，所以表 2-1 中 3 ~ 6 岁普通儿童五大领域的发展目标仅仅是 3 ~ 12 岁特殊儿童教育的重要参考。

（三）特殊儿童发展培养目标

目前，针对特殊儿童发展的培养目标有多种分类，本书以"双溪个别化教育课程"里特殊儿童发展培养目标作为游戏活动设计的依据，形成感知觉、粗大动作、精细动作、生活自理、沟通、认知、社会技能七大领域目标，并把每一个领域细化成具体可行的任务，对特殊儿童进行个体化训练和培养（表 2-2）。

表 2-2　特殊儿童发展培养目标

感知觉	视觉	视觉敏锐、视觉追视、视觉辨别、眼手协调、形象背景的区分、视觉记忆、空间关系、视动统整
	听觉	听觉敏锐、听觉辨别、听觉记忆、听觉顺序
	触觉	触觉敏锐、触觉辨别、触觉记忆
	味觉	味觉敏锐、味觉识别、味觉记忆
	嗅觉	嗅觉敏锐、嗅觉识别、嗅觉记忆
粗大动作	姿势控制	头部控制、坐姿控制、站姿控制、跪姿控制、蹲姿控制
	移动力	翻滚、四肢爬行、跪行、臀行、走、上下楼、跑、跳
	运动与游戏技能	球类运动、垫上运动、游乐器材、绳类游戏、轮胎游戏、投掷游戏、循环体能、大道具游戏、体操、溜冰、游泳
精细动作	抓放能力	拇食指抓放物品、腕部旋转、双手协调
	作业能力	堆叠能力、嵌塞能力、顺序工作能力、顺序套物能力
	工具的使用	开关容器、使用文具、仿画线条、黏土造型、折纸、使用剪刀
生活自理	饮食	咀嚼和吞咽、拿食物吃、喝饮料、用餐具取食、做饭前准备及饭后收拾、适当的用餐习惯
	穿着	穿脱鞋子、穿脱裤子、穿脱衣服、穿戴衣饰配件、使用雨具、依天气场合及需要适当穿着
	如厕	上厕所小便、上厕所大便
	身体清洁	洗手、洗脸、刷牙、梳头、洗澡、洗头发、擤鼻涕、使用卫生棉、刮胡子、剪指甲
沟通	内在语言	注意力、学习动机、静坐等待、模仿能力、遵从指示、适应能力
	听的能力	听的基本能力和听前准备、对名词适当反应、对动词适当反应、对短句适当反应、对形容词和副词的短句适当反应、对否定句适当反应、对疑问句适当反应、对两个以上句子适当反应
	说的能力	说的基本能力和说前准备、说出常用名词、说出常用动词、说出简单的短句、说出有形容词副词的短句、说出简单否定句、说出简单疑问句、说出两个以上句子、表达技巧
	读的能力	阅读的基本能力和读前准备、认读环境中常见视觉字、认读常用名词/代名词、认读常用动词、认读简单短句、认读简单否定句、认读简单否定句、认读两个以上的句子、认读其他重要文字或符号、有正确的阅读技巧
	写的能力	书写的基本能力和写前准备、仿画汉字部首、仿画简单汉字、默写常用名词/代名词、默写常用动词、默写简单句子、默写简单否定句、默写简单疑问句、默写两个以上的句子、默写其他重要文字或符号、有正确的书写技巧
	非语言沟通	依别人的动作/手势行事、以动作/手势表达需求、依别人手语行事、以打手语表达需求、依图/照片的指示行事、能以图/照片表达需求、依符号行事、以出示符号表达需求、依文字的指示行事、以文字表达需求、以其他方式与人沟通

续表

认知	物体恒存性	物体恒存性
	记忆力	经历事件的记忆能力、物品操作的记忆能力、地点位置的记忆能力、物品所属的记忆能力
	配对和分类	相同物品配对和分类、立体形状配对分类、依大小配对和分类、依颜色配对和分类、依质料配对和分类、配对和分类不同条件物品、图片配对和分类、比较 x 项 y 项、依功能分类
	程序	顺序排列物品、依序完成活动
	解决问题	设法取得物品、寻求帮忙、应用所学、自我修正错误、了解因果关系
社会技能	数的应用	数的概念、数数、认识数字、运算、测量、金钱概念、时间概念
	人际关系	打招呼、团体活动、介绍、尊重别人、约会、求助与助人
	家事技能	打扫、清洗器具、清洗衣物、整理物品、烹饪、缝纫
	社区技能	认识社区、交通设施、商店、参与社区活动
	休闲活动	音乐、阅读、绘画、手工艺、运动、旅游、影视、写作
	身心健康	生理健康、心理健康
	安全	交通安全、电器安全、用火安全、药剂安全、食物安全、提防陌生人、灾害安全
	职业技能	工作意识、工作态度、工作品质、处理薪资

三、特殊儿童游戏活动方案设计的整体设想与规划

儿童的大部分时间是在家庭和学校里，而儿童的发展是一个连续的过程，所以，我们主张教师与家长应协同起来，根据儿童当下的发展目标，用多样化的游戏活动促进特殊儿童的康复和发展。因此，我们将在第三章到第九章，根据感悟式游戏教学的理念和原则，分别设计以感知觉、粗大动作、精细动作、生活自理、沟通、认知、社会技能七大领域目标为导向的学校教学游戏活动和家庭游戏活动范例，为特殊教育教师和家长提供参考。

第二节　感悟式游戏教学法

在多年实践的基础上，我们提出了感悟式游戏教学法的理念，在本书中我们将根据这一教学理念设计特殊儿童七大发展领域的游戏教学活动。因此，本节重

点介绍感悟式游戏教学法的理论基础及其教学原则。

在特殊教育中，我们大多数特殊儿童的心理年龄处于普通儿童的 0 ~ 6 岁的水平，认知处于感官动作发展阶段或前运算阶段，少数达到具体运算阶段，他们需要大量的感官动作经验促进动作技能、具体思维、形象思维的发展，体验、感悟对他们尤为重要。过分依靠训练、忽视感悟是传统的以教师为中心的特殊教育的弊端之一，也是特殊儿童的主体性、创造性被压抑的重要原因。在游戏中感悟，有利于特殊儿童在快乐中学习与康复。为此，我们在前人研究的基础上，根据相关理论，提出感悟式游戏教学模式。

一、感悟式游戏教学法的理论基础

（一）教育心理学理论

1.格式塔学习理论

格式塔学派的心理学家认为，学习即知觉重组或认知重组，注重的是要认清事物的内在联系、结构和性质。学习是一种智慧行为，是一种顿悟过程，需要有理解、领会与思维等活动的参与，它也是一种突现、速变、飞跃的过程。顿悟学习的核心是把握事物的本质，而不是无关的细节。顿悟学习具有如下特点：①问题解决前尚有一个困惑或沉静的时期，表现得迟疑不决，有长时间停顿；②从问题解决前到问题解决之间的过渡不是一个渐变的过程，而是一个突发性的质变过程；③在问题解决阶段，行为操作是一个顺利的不间断的过程，形成一个连续的完整体，很少有错误的行为；④由顿悟获得的问题解决方法能在记忆中保持较长的时间；⑤由顿悟掌握的学习原则有利于适应新的情境，解决新的问题。顿悟学习可以避免多余的试误，也有助于迁移，而且是不会遗忘的。学习者通过顿悟学习，了解到有意义的关系、理解了一个完形的内在结构、弄清了事物的真相，会伴有一种令人愉快的体验。所以，顿悟学习常常会伴随着一种兴奋感，其本身就具有奖励的性质。韦特默强烈反对由试误说和条件反射说所引发出来的在教育领域中所采用的死记硬背和机械训练的方法。因为它容易导致极端机械化的行为习惯，导致盲目性和奴隶式地操作的倾向，从而让学生不肯动脑，不能够自由地对待问题。教师在教学中的首要任务是帮助学生通览问题情境，让他们明白怎样解决问题，为什么这样解决问题，争取在理解、领会问题的前提下，产生顿悟。学生也不能过分依赖教师和权威，机械地记住一些法则和解决问题的方法。

根据上述观点，我们可以发现，格式塔学习理论过分强调顿悟，但他们强调学生通过自己的感悟（顿悟）认清事物的内在联系、结构和性质，有助于学生知识的保持与应用；有助于学生认知的发展；有助于学生主体性和创造性的发展；同时感悟（顿悟）时所产生的愉悦感、兴奋感，有助于学生学习情感的发展，更进一步产生新的学习需要，从而促进儿童不断学习。

2. 斯金纳的程序教学思想

20 世纪 50 年代，斯金纳完成了程序教学的一系列研究。斯金纳认为，教学就是安排可能发生强化的事件以促进学习。他担心教师在课堂情境中不能提供适当又系统的强化，因而不足以引起理想的学习效果。所以他建议，利用操作条件反射的理论安排程序教学，以便更有效地呈现学习材料。程序教学的目的是通过使用机器装置来提高儿童在算术、阅读、拼写和其他学科的学习效率，希望机器能做出超过普通教师能力的一些事情。这样可以使教师腾出时间，从事那些他们能做得更好的工作。斯金纳程序教学的基本思想是对学生的正确学习效果必须给予及时的强化，以鼓励儿童继续进行学习。程序教学的基本要求是：①小步子逻辑序列。即把学习内容分为许多具有内在联系的小单元，编为程序，每次只给一小步。最初的步子很容易，之后逐渐增加难度。教师要编写一系列刺激（问题）→反应（答案）框面，这些框面由易到难地小步子呈现教学内容。②要求学生必须主动地学习。即要求他们对每个框面所呈现的内容（问题）作出积极的反应。程序教学呈现给儿童的知识一般以问题的形式出现。这些问题都要求儿童通过填空、解题或书写答案作出积极的反应。③及时反馈。给儿童的每个反应（答案）提供即时的反馈（指出正确答案）。每一小步都附有正确的答案，使儿童知道自己做得对不对，这就是强化。强化越及时越快，效果越好。④低的错误率。尽量安排好问题，使儿童能经常作出正确的反应并得到及时强化。⑤儿童自定步调。让每个儿童按照自己的进度完成整个教学程序。⑥给勤奋和学习效果好的儿童提供大量支持性强化物。

这种程序教学的思想适合特殊儿童的身心发展水平，特别是智力落后儿童。在感悟式游戏教学中，游戏活动设计的各环节层层深入，循序渐进地增加学习难度，在前一步基本达到要求后再进入下一步的教学。

3. 布鲁纳的认知发现说

教育心理学家布鲁纳认为，学习是学习者以他原有的认知结构为基础，主动地形成新的认知结构的认知过程。学生不是被动的知识接受者，而是积极的信息加工者。人的认知过程正是主动地对进入感官的事物进行选择、转换、储存和应用，才得以向环境学习并适应，以致改造环境。布鲁纳很重视学生的学习过程，认为重要的不是铭记多少事实，而是获取知识的过程。布鲁纳认为，学生的学习不仅要掌握学科的基本结构，还要掌握学习该学科的基本方法，其中发现的方法和发现的态度是最为重要的。他认为，教师对学习的最好的激发是对所学材料的兴趣，即主要是来自学习活动本身的内在动机，而不是那些外部因素（等级、奖赏、竞争等）。使学生对学习产生兴趣的最好途径就是使学习者主动地"卷入"学习并从中体验到优胜感。发现学习的方法是激发学生内部动机的有效途径。发现学习是以培养探究性思维为目标，以基本教材为内容，通过教师的引导、启发，让学生从已知的材料中概括出应有的原则和规律，发挥聪明才智，从而获取新知识的学习。学生通过发现学习，不仅可以获得知识的体系（基本结构）、发现的方法，还能获得学习的自信心和内部动机及发现和创造的态度。

由此可见，发现过程的实质是一种体验、感悟。通过这种发现感悟，有助于学生获得知识的体系（基本结构）、学习的方法、积极的学习情感和态度。在感悟式游戏教学中，我们通过设计一环扣一环的教学体验活动，促进学生在参与活动的过程中，感悟游戏本身的快乐，感悟人际合作的美好，感悟自己创新的成就感。

4. 人本主义心理学的学习观

人本主义强调学习的基本原则是尊重学生，重视他们的意愿、情感和观念；相信人能教育自己，并认为学习就是个人潜能的充分发展，是人格的发展。其教育目标是学生个人的创造性、目的和意义，是培养积极愉快、适应时代变化的心理健康的人。人本主义的代表人物罗杰斯认为，在自我的发展过程中，如果外界对学习者"无条件地关怀"，那么他就会不断发挥其潜能，并最终达到"自我实现"；否则就会出现对自我的威胁，造成学习者的恐惧和适应不良。他认为，教育的目标应该是促进变化和学习，培养能够适应变化和知道如何学习的人。要实现这一教育目标，必须采用意义学习的方式。他所谓的意义学习，不是指仅涉及事实累积的学习，而是指一种使个体的行为、态度、个性在未来选择行动方针时发生重大变化的学习；不仅是指一种增长知识的学习，而且是一种与每个人各部分经验都融合在一起的学习。这种学习包括四个要素：第一，学习具有个人参与的性质，即整个人（包括情感和认知两个方面）都投入学习活动；第二，学习是自我发起的，即便推动力或刺激来自外界，但发现、获得、掌握和领会的感觉仍应是来自内部的；第三，学习是渗透性的，即它会使学生的行为、态度，乃至个性都会发生变化；第四，学习是由学生自我评价的，因为学生最清楚是否满足自己的需要、是否有助于导致他想要知道的东西、是否明了自己原来不甚清楚的某些方法。因此他认为，在教学中，教师应充分地尊重、信任学生，为学生创造一种真诚、关心、理解的气氛，起到"助产士"与"催化剂"的作用。

因此，我们认为，创设游戏情境，引导儿童全身心投入学习，感悟知识内在的含义、联系、规律，获得成功的体验，有利于促进儿童真正的意义学习。在感悟式游戏教学中，我们设计的活动从热身、发展到总结回顾或安静活动，从动作的模仿到自己的创意，都是在引导儿童全身心参与，所以儿童的体验感受都很深入，能从心底真正感受到游戏本身的内涵和快乐。

5. 建构主义的学习观

建构主义心理学家认为，学习是学习者主动地建构内部心理表征的过程，是学习者原有的认知结构——已经储存在长时记忆中的事件和脑部信息加工策略，与从环境中接受的感觉（信息）相互作用，主动地选择信息和注意信息，以及主动地建构信息意义的生成过程。生成是学习中的基本认知过程，它是对学习材料中各部分关系以及学习内容与知识、经验关系的积极建构；学习中的建构一方面是对新信息意义的建构，同时也包含对原有经验的改造和重组。信息意义的生成过程就是一个"知识建构"的过程。"知识建构"是学生从自身已有的知识和经验出发，对所要"理解"和"消化"的知识作出自己的解释，从而获得知识的意义。因此，学生获得知识的过程，实际上是一种有意义的发现过程，意义的赋予过程，也是一种意义的创造过程。"知识建构"的过程是学生的认知结构与认知策略、经验方式与情感态度发生积极变化的过程，也就是一种发展和提高的过程。知识建构的主体是学生，教师是学生学习的辅导者和合作者。

在感悟式游戏教学中，教师常常会根据学生的喜好与能力，诱导儿童主动参与、积极体验，引导学生感悟游戏中蕴含的知识、技能与情感，充分地发挥教师的引导和儿童的主动建构的作用。

6.心流体验

投入某项活动或是任务时，有时候人们会达到一种完全融入其中，乃至废寝忘食的状态，直到活动或者是任务完成才发现时间已飞逝。Csikszentmihalyi最早关注这种现象，把这种独特的心理体验称为心流（flow experience，也称作optimal experience）。心流是指可以意会不能言传的全神贯注、乐此不疲、孜孜不倦、沉浸、专注、入神等心理过程，是一种积极的情感体验，带给我们学习、生活和工作的动力，这是一种积极的内在激励机制，激励我们不断挖掘潜能，挑战自我，进而获得个体技能自我完善和发展。

心流体验包括九个要素：清晰的目标、及时的反馈、挑战与技能的平衡、行为与意识的融合、意识中排除干扰、无惧失败、自我意识的消失、忽略时间的流逝和专注于活动本身价值。而 Novak 和 Hoffman 把以上九个元素分为三类：前提条件、认知特征和体验结果。其中，清晰的目标、及时的反馈和挑战、技能的平衡是心流体验产生的前提条件；行为与意识融合、意识排除干扰是心流体验过程的认知特征；无惧失败、自我意识消失、忽略时间流逝和专注于活动本身价值是心流体验结果。Chen 则把以上三类作为心流体验过程的三个阶段：事前、经验和效果。

Kiili 认为，在教育游戏中，如果学习者感觉到心流体验，那么该游戏将对学习者产生积极影响。邓鹏和 Kiili 分别通过实验发现，前提条件类别中的三个要素对学习者的心流体验获得有着重要影响。陈欣得出心流的产生需要三个基本条件：目标明确、即时反馈、技能与挑战相平衡。在这三个条件都具备的情况下，个人的注意力开始凝聚，逐渐进入心无旁骛的状态，即有可能产生心流。在身心合一、注意力高度集中的情况下，个体的能力与技能终将得到极致的发挥。

由于我们设计的游戏是根据特殊儿童的兴趣、能力与发展目标的，特殊儿童只要稍稍努力即可参与，很容易获得心流体验，从而进一步激发儿童的学习热情。

同时，这一理论也启发我们在设计游戏活动时，应注意目标明确、及时反馈、技能与挑战相平衡。

（二）教学理论

1. 体验式教学

美国学者 Kolb 在 1984 年提出了体验式学习模型，该模型认为学习、转变、成长是"积极尝试—亲身经历—观察反省—总结领会"不断循环整合的过程。体验式教学是指让学生通过体验进行学习，在这一过程中，学生以自身需求为动机，积极投入与体验环境的互动，在亲身经历的过程中，通过肢体活动和大脑思维，在个体反思和集体交流中建构知识的意义。作为体验式教学发生的空间，体验式教学必须能引发学生体验，包含学生体验的方法和指导，尊重学生体验差异，帮助学生在开放的环境中验证、交流体验，允许学生不断完善体验结果。具体来说，体验式教学的环境具有促发性、指导性、包容性、反馈性、合作性、连续性。根据这一理论，我们设计游戏活动应充分重视体验在学生学习中的意义，通过多种途径促进学生"积极尝试—亲身经历—观察反省—总结领会"，不断体验，促进感悟的生成。

2. 游戏教学观

福禄贝尔在《人性教育》中强调幼儿教育是由幼儿游戏来辅导的。玩耍、游戏是幼儿时期发展的最高阶段。游戏，把个人内部本质的要求由内表达于外；游戏是一种喜悦的、自由的、平静的，能够和外界平和共处，同时有第三者能与之共鸣和同享的活动。游戏是善的来源。幼儿很专心地玩，在游戏中可以体会帮助别人、协力合作，也能增进自己的幸福，培养稳定、耐心。福禄贝尔创设幼儿园，主张游戏的重要性，是教育史上第一位提倡者。游戏对儿童身心发展的促进作用不是自然实现的，需要教师和家长积极组织和正确引导。游戏教学既不是简单的游戏，也不是纯粹的教学，它是在游戏中教学、在教学中游戏，教学过程充分利用游戏的形式和特点，将其引入到课堂教学之中，与教学内容紧密结合，借以调动学生学习的积极性，使学生不知不觉地就学到知识。游戏教学具有教学性、趣味性、合作性、纪律性，形成性和终结性评价相结合。游戏教学有利于激发学习者的学习动机；有利于培养学习者的创新精神；有利于提高教学效果，构建融洽的师生关系；有利于师生形成"教是为了不教，学是为了会学"的教育理念。

根据福禄贝尔游戏教学的思想，只有给教学赋予主动积极、参与开放、生成对话及感悟体验等游戏精神，才能使教学与游戏从对立走向真正的融合。由于特殊儿童的心理年龄大多处于普通儿童0~6岁水平，游戏成为儿童的主要活动，因此对特殊儿童的教育应围绕发展目标，以游戏为媒介开展教学活动，促进特殊儿童发展。

（三）皮亚杰认知发展阶段

皮亚杰将儿童和青少年的认知发展划分为四个阶段：感知运动阶段（0~2岁）、前运算阶段（2~7岁）、具体运算阶段（7~12岁）和形式运算阶段（12~15岁）。他认为所有的儿童都会依次经历这四个阶段，新的心智能力出现标志着每个新阶段到来，而这些新的心智能力使人们能够以更为复杂的方式理解世界；虽然不同的儿童以不同的发展速度经历这几个阶段，但是都不可能跳过某一个发展阶段。同一个个体或许能同时进行不同阶段的活动，这明显地表现于从一个阶段进入到一个新阶段的转折时期。

第一个阶段就是感知运动阶段。在这一阶段中（从出生到大约2岁），婴幼儿通过发展中的感知觉和身体活动来认识自己和世界。婴儿从一个只会简单反射和随机行为的个体，变成了有行动目标的幼儿。这个阶段的儿童的主要认知结构是感知运动图式，儿童借助这种图式可以协调感知输入和动作反应，从而依靠动作去适应环境。通过这一阶段，儿童从一个仅仅具有反射行为的个体逐渐发展成为对其日常生活环境有初步了解的问题解决者。

进入第二阶段即前运算阶段，儿童开始能运用言语或较为抽象的符号代表他们经历过的事物。但这一阶段的儿童还不能很好地掌握概念的概括性和一般性。他们认为外界的一切事物都是有生命的，即所谓的"泛灵论"。这一阶段儿童在思维方面存在自我中心的特点，认为别人眼中的世界和他所看到的一样，以为世界是为他而存在的，一切都围绕着他转。自我中心主义在儿童的言语中也存在。即使没有一个人听，年龄小的儿童也高兴地描述着他正在做什么。这种情况可能发生在儿童独处的时候，甚至更多地发生在儿童群体中，每个儿童都热情地说着，彼此之间没有任何真实的相互作用或者交谈，皮亚杰称之为集体的独白。本阶段的儿童的思维具有不可逆性、刻板性，尚未获得物体守恒的概念。

在具体运算阶段，儿童只能利用具体的事物、物体或过程来进行思维或运算，不能利用语言、文字陈述的事物和过程为基础来运算。而当儿童智力进入形式运算阶段，思维不必从具体事物和过程开始，可以利用语言文字在头脑中想象和思维，重建事物和过程来解决问题。这种摆脱了具体事物束缚，利用语言文字在头脑中重建事物和过程来解决问题的运算就叫作形式运算。除了利用语言文字外，形式运算阶段的儿童甚至可以根据概念、假设等为前提，进行假设演绎推理，得出结论。因此，形式运算也称为假设演绎运算。由于假设演绎思维是一切形式运算的基础，包括逻辑学、数学、自然科学和社会科学；同时，感知运动阶段、前运算阶段、具体运算阶段的经验越丰富，越有利于形式运算阶段的发展。在感悟式游戏教学中，我们以游戏的方式大量地唤醒儿童前三个阶段的经验，鼓励儿童多样化地感受，最终促进儿童悟出游戏的内涵，发展认知和语言。

（四）表达性艺术治疗理论

表达性艺术治疗是一种新兴的心理治疗方法，它通过游戏、绘画、音乐、舞蹈、戏剧等艺术媒介，用一种非口语的沟通技巧来介入，释放被言语所压抑的情感经验，处理当事人情绪上的困扰，帮助当事人对自己有更深刻的对不同刺激的正确反应，重新接纳和整合外界刺激，达到心理治疗的目的。在心理学上，这种治疗方式有助于儿童在治疗过程中开放自己、降低防卫心理，让儿童更清楚地认识自己，促使洞察、学习和成长的产生。同时，艺术的表达也比较能够将一个人内心的情绪或意念具体地表现在作品上，帮助其认知这些情感和意念的存在，最终促使其进行自我整合。此外，作品制作及呈现本身也有利于儿童获得控制感、成就感、胜任感。艺术作品具有一定的持久性，并且可以保持原状，比较不容易被记忆扭曲，可以让儿童经过一段时间后仍然可再次完整地回顾或比较它，从中产生新的发现及洞察，触动更深一层的感觉。

感悟式游戏教学融入了表达性艺术治疗中的各种艺术媒介，引导儿童使用多样化的艺术媒材表达对世界、对自己的认知与感受，处理情绪上、生活上的困扰，帮助儿童对自己有更深刻的认识，对不同刺激作出正确反应，在潜移默化中处理问题。

（五）游戏治疗理论

有研究者认为，凡是以游戏为主要沟通媒介者都可以称为游戏治疗，但真正产生效果的是所使用的心理学方法。游戏治疗主要通过游戏协助儿童表达他们的感受和困难，如恐惧、憎恶、孤独、自责等，从而达到治疗效果，适用于 4 ~ 13 岁儿童的攻击行为、焦虑、抑郁、注意力难以集中、违纪行为、社会适应障碍、思维障碍、应激综合征等。

游戏治疗诞生以来，先后形成了许多不同的治疗流派。以个人为中心治疗取向的游戏治疗认为儿童才是能够真实、完整知道这个世界的个体，治疗师应保持放松的心态，保持立场中立，更多地"用我的眼睛听"，完整接纳儿童，营造可令儿童自由表达情绪的环境，在此过程中治疗师不指导，仅跟随。心理动力学取向的游戏治疗认为儿童在游戏中使用自我的运作能解决本我与超我的冲突，于是儿童在游戏中克服自己对世界无法控制的感觉。游戏是一种扮演，特别是当与现实环境分开时，能让儿童的自我屈服于本我和超我的需求，游戏能有效地处理儿童丧失控制感的负面影响。结构式游戏治疗遵循精神分析理论中人格发展的基本原则，采用了目标导向的方法，控制游戏的导向，达到宣泄情绪的目的，帮助儿童重新建构并继续发展。亲子游戏治疗强调培训家长，让家长成为游戏治疗中最重要的促进者，治疗师应成为父母非指导性游戏技能的培训师和督导者，帮儿童更好地向父母表达想法、感受和需求的能力，增强儿童的自尊、自我价值和自信，让儿童更好地了解父母对儿童的感受、态度和行为。发展游戏治疗强调通过亲子结构化的游戏活动，促进儿童与看护者之间建立积极的情感联系，从而改变儿童对自我的看法，认为自己有价值、值得被爱，亲子关系也会变得积极。认知行为游戏治疗是以目标为导向的一种结构化的、指令性的、针对问题的方法，强调通过游戏的学习体验如模仿、角色扮演、讲故事等带来特定的认知和行为改变；认为治疗师应积极介入，有时会扮演"教育者"角色。格式塔治疗取向的游戏治疗强调帮助儿童觉察自己的心路历程，使儿童学会自己做选择，实现自主。阿德勒游戏治疗是一种综合性方法，将非指导性和指导性游戏结合起来，以鼓励、教导儿童和家长，让双方共同努力，培养平等的关系和社交兴趣，探索生活方式，获得洞察力，教授新技能；治疗师无条件接受儿童，并关注儿童的长处，认为儿童有一种天生的愿望和能力来与其他人保持联系，需要获得来自他人的引导，包括父母、其他家庭成员、在学校以及生活中遇到的其他人。生态系统游戏治疗强调观察儿童与家庭、学校、同伴和法律体系等系统之间的相互作用，评估儿童的"生态系统"的组成部分，协助儿童适当地与该系统的各个组成部分互动。

可见，各种游戏治疗具体操作技巧有不同，但其出发点都是帮助儿童更好地表达情绪及内心的想法，促进儿童更好地适应及发展为目的，各派都有可取之处，为感悟式游戏教学设计提供了重要的理论借鉴，是教师和家长应学习和具备的基础理念。针对不同的个体需要设计具有针对性的游戏治疗方案，在具体实施过程中需要以一定的游戏及游戏治疗理论为基础而做到随机应变。

由于特殊儿童身心发展的特殊性，生活中会遭遇众多沟通障碍、适应困难等，产生心理压力与不良情绪，在感悟式游戏教学中，我们会根据儿童当下的情绪状态调整教学，为他们的情绪提供一个重要的宣泄和表达途径，促进特殊儿童身心平衡。感悟式游戏教学法借鉴游戏治疗的理念，从最初的评估到具体教学设计，再到实施都是以特殊儿童的兴趣和需求为出发点的，通过恰当的游戏设计，与特殊儿童建立关系，有针对性地诱导、循序渐进地教学，实现促进特殊儿童成长的目的。

二、感悟式游戏教学法的内涵及其特点

根据上述理论及相关研究结果，我们提出了感悟式游戏教学法。

（一）感悟式游戏教学法的界定

感悟式游戏教学是以一定的游戏治疗理论为基础，以儿童的起始能力为起点，教师围绕特殊儿童发展的目标进行的环环相扣、层层深入的多样化游戏教学方案，并在教师创设的环境中引导特殊儿童主动积极参与体验，促进特殊儿童身心协同发展的教学方法。感悟式游戏教学既是一种教学思想、教学精神，也是一种教学方式。作为一种教学思想，首先意味着教学不仅是实现既定的明确目标，也是内化成人世界赋予的定论，教学过程也是主体（特殊儿童）建构认识对象个体意义的过程，是生成、提高学生持续发展素质的过程。其次意味着儿童的发展是主体生命意义的不断扩充，它充盈着自主、探索、建构、生成、创新等词汇所蕴含的

生命活力与发展态势。作为一种教学方式，感悟式游戏教学通过多样化的游戏促进儿童的感悟学习与发展，并以儿童感悟学习的状况衡量教师教学手段的合理性。这种教学的目标针对特殊儿童发展的长短期目标而定，需要教师掌握游戏评估的方法，确定个别化教育目标；这种教学要求教师以特殊儿童的发展为中心，遵循特殊儿童心理发展的规律，围绕目标设计层层深入的多样化游戏；这种教学要求教师及时观察并反馈特殊儿童在游戏中的反应，及时做出调整，保持一定的弹性，引导特殊儿童在愉悦的游戏操作中获得发展。这种教学理念不仅适合教师，也适合家长。

（二）感悟生成的心理分析

所谓感悟，简言之，是有所感触而领悟。具体地说，"感"是对具体形象的捕捉和留存，是学生对材料的占有；"悟"是思维对事物精髓的提炼和升华，是学生对材料独到而深刻的见解。可以说，感悟是感知的事物、知识在头脑中的重新组合、选择和建构，是主体对外部知识、信息的深层次的内化。感悟是人的一种特殊的心理活动，主要由感受、理解、情感、联想、领悟等诸多心理因素构成，它一般是从对事物的亲身感受开始，在对事物的真切感受和深刻理解的基础上，产生情感，引发联想，并生成意义。感悟是头脑中对各种作用于感官的事物的重新组合、选择和建构，是人的智慧和品格发展的一种重要的方式，是人进行深入学习、开展实践活动和创造活动的前提和基础，是实施素质教育、创新教育、主题教育的有效途径。淡化形式，注重实质，鼓励感悟，是最优化的学习之道，也是我们不断形成自己的风格，使之与众不同，享受我们自己存在的一种行动方式。这也是以儿童为主体的教育的深层意义之一。所以，感悟在教育教学中具有核心地位。

其过程如下：①感物。当客观事物呈现在认识主体面前时，主体就会以已有的经历、经验和心理结构，调动多种感官全方位地接触它、感知它，最直接、鲜明而强烈地受到刺激，由此形成对客观事物的鲜活、具体、深刻而丰富的印象和感受，引发内在的心理反应。②生情。情感依赖于认识。主体一旦对客观事物产生真切实在的心理感受，就必然引起一系列的情感起伏和波动。如果客体符合主体的心理需要和审美倾向，就会产生积极的情感，"入乎耳，箸乎心，布乎四体，行乎动静",实现主体对客体的心领神会。如果客观事物不是主体所渴求和需要的,就会产生厌弃、排斥、否定或远离等消极情绪,难以产生"入境始以亲"的体验。③立"象"。在情感状态下,人的思维被大大地激活,变得异常兴奋、活跃而灵敏,会主动地从当前一事一物联想到他事他物,或将大脑中储存的处于潜伏状态的诸多相关的观念或表象串联起来,形成新的观念、表象或感受,而且激情越丰富,联想和想象就越活跃,思维创造性也越能得到充分发挥。④得"意"。随着主体情绪、想象、联想的调动与相互作用,主体已完全介入到深切的体验之中。当体验的广度不断拓展,并达到一定程度时,便出现一种飞跃,从而产生认识的突破、情感的升华、价值观的提升。

（三）感悟式游戏教学法的特征

1. 以促进学生的发展为教学活动的最终目标

感悟是一种精神经验,感悟式游戏教学关注个体精神世界的拓展与提升,注重个体内在的自主发展,自觉地规定了教学活动的追求目标:学生的发展。所以,儿童的游戏活动的取舍、设计与开展都是以促进学生的发展为核心,教师教学的效果评估也是通过考查学生发展变化的程度来进行。因此,感悟式游戏教学以儿童为主导和中心。儿童是整个游戏课程的中心,以儿童为主导,提高了儿童在游戏活动中的主动参与性和兴趣。游戏是所有儿童最感兴趣的事情,用儿童最喜欢的事情激发儿童的内在动机,则可让他们集中注意力、探索并解决问题、乐于思考。要改变儿童的行为,最重要的是抓住儿童的兴趣并从其内部动机入手,必要时给予外部的奖励和支持。

2. 以多样化的游戏体验为媒介促进学生的感悟

首先,多样化的游戏活动是特殊儿童直接经验的源泉。它赋予特殊儿童掌握人类种族经验(类经验)基础的个体性与时代性,为具有个人意义的精神世界的形成奠定了有效经验的基础。其次,多样化的游戏活动为特殊儿童提供了丰富、广阔的体验世界。体验赋予认识对象个体意义,是客观世界通向精神世界的桥梁,也是产生感悟的一种有效的情境。最后,多样化游戏活动是特殊儿童运用已有经验认识、改造世界的过程,实现了经验由理论形态向实践形态的过渡。在这个过渡过程中,形成有助于解决问题的经验组合体系,并得到检验与更新,为特殊儿童精神世界的改造提供更多的契机。

多样化游戏体验是过程和结果的统一，作为一种过程，特殊儿童在游戏中经历从观察、思考、反思到实践的流程；作为一种结果，它使体验者从对事物的感性认识飞跃到理性认识，形成对事物的独特看法，并且使体验者的大小肌肉得以协调发展、认知得以深化、情感得以升华、自信得以建立。游戏体验是特殊儿童生命存在的一种方式，也是生命发现自己的一种途径，只有在体验中，特殊儿童才能获得真正的心智的成长。游戏体验包括多感官的感受、理解、情感、领悟等心理活动，最终实现主客经验融合，实现感悟。个体内化体验之后，这种体验会对个体形成持续性影响，使其更加积极愉悦地投入下一步的游戏中，在游戏体验中获得发展与成长。

3. 游戏教学中强调"读和做，缓说破"

感悟式游戏教学最根本的环节是儿童自身的感悟过程，而这一过程需要足够的时间和空间。因此，在教学活动中，教师应以儿童为主体，引导他们在游戏活动中观察、活动、思考，鼓励他们感受自己身体的感觉、头脑中的图像、操作的结果，给予儿童足够的时间和空间，而不要过早把结论说破（可能最后也不必说）。通过自己的感悟及与教师、同学的交流和对照，儿童不仅可以获得知识、学习方法，还可以体验探究知识本身的乐趣，体验自己成长的乐趣，并迸发进一步学习的需要，真正实现认知与情感的协调发展。

4. 教学目标体现个性化并贯穿在发展过程中

每次教学确定的目标是适合特定儿童的，并且目标并非一个形式，而是融入课程之中的，通过不断循环的观察，儿童的干预目标会在需要的时候进行调整或者重新制订。目标不仅是就技能而制订，还揭示发展的过程。例如某个儿童有写自己名字的愿望，但笔画太多，不能自己完成，我们就在每次儿童完成了自己的作品后，用铅笔轻轻地写出他的名字，让儿童描红；儿童会描红后，我们又将名字写出虚线，让儿童连笔画；然后，我们留特定笔画让儿童写，从一笔、两笔、三笔到一个字、两个字、三个字，一点点增加难度；最后一步是让儿童独立写完自己的名字。这个活动可能在每次教学中都会一点一点地渗透，在重复当中一步一步地增加难度，在多个活动中得到促进。当儿童在不同场合都能够将动作连接成一个前后相连的序列，他的注意持续时间、问题解决的技能、言语能力都会有所提高。游戏的时间越长，变化越多，就有越多的可能促进同伴之间的互动。

5. 强调日常生活中的感悟体验

特殊儿童主要接触的生活环境是家庭、学校和社区，除了教师外，接触最多的人就是日常看护者。儿童与看护者交往的过程中，接触的时间是最长的，日常生活重复的次数也是最多的，看护者的素养对儿童的学习和成长影响非常大。在日常生活体验中，有大量重复的生活经验，引导家长记录儿童的表现，适当地诱导与强化儿童的生活经验，渗透认知、语言、人际沟通、动作技能、生活自理的学习和训练，在大量的体验中感悟。因此，结合生态系统游戏治疗和亲子关系游戏治疗的原理，为了更有效地贯穿感悟式游戏教学的理念，根据儿童的能力和发展目标，我们积极地指导家长合理地利用与儿童相处的时间，适时地渗透感悟式游戏教学的原则，积极地创设条件，引导儿童在日常生活中感悟生活知识和经验，促进儿童的认知、人际沟通、语言、粗大动作、精细动作、生活自理能力的发展，尽可能在日常生活中满足儿童的发展需求。

三、感悟式游戏教学的过程

结合特殊儿童发展的特殊性，感悟式游戏教学的实施步骤如下：

（一）收集资料，评估现有发展水平，确定目标

首先，通过家访与座谈，深入地与家长沟通，了解特殊儿童的家庭背景、身心发展状况、医院诊断结果、接受康复治疗的具体情况、家长的期望、儿童的兴趣爱好、家长教养方式等，帮助发现儿童的问题、康复目标以及可以利用的康复资源。

其次，采用"双溪课程评量表"及对儿童的观察，全面地对特殊儿童现有能力进行评量，画出特殊儿童七大领域发展曲线，大致规划特殊儿童的康复发展领域。

再次，多学科专家（如动作治疗、语言治疗、艺术治疗领域的专家）从不同领域对同一特殊儿童进行观察和评量，全面评估特殊儿童的现有能力、潜力，拟

订个别化教学的长期目标与短期目标。

（二）围绕目标，设计游戏活动方案

根据全面评量的结果、家庭资源、学校资源、儿童潜力和兴趣，以及教师所长，确定感悟式游戏教学目标。教师根据感悟式游戏教学的原则设计有针对性的康复治疗方案。

（三）循序渐进地开展感悟式游戏教学

第一步，建立关系。在教学的初期，注重让特殊儿童根据自己的兴趣和能力选择喜欢的游戏，教师跟随，无条件地关注、支持、接纳儿童的自由游戏及情绪表达，耐心陪伴，发现特殊儿童的兴趣点、关注点及潜力，促进特殊儿童获得自由感、安全感、控制感、胜任感，逐步建立和谐、互助、信任的关系。

第二步，循序渐进、层层深入地引导特殊儿童体验游戏。教学的中期，根据特殊儿童的潜力及发展目标，小步子分解教学，层层深入地实施编制好的游戏环节，在行动中体验与感悟。

第三步，回顾反思。教师在引导特殊儿童参与游戏的过程中和教学后，需要不断地观察、评估、反思，并为下一次教学做好相应的准备。

（四）家校沟通，在家庭日常生活中的渗透和指导

教师需要积极与家长沟通，讨论儿童在家和在学校的表现、儿童的变化、儿童最近的兴趣点、儿童的生活作息、儿童的进步及存在的问题，教师教学的方法及理念，以及在家庭生活中如何继续渗透与引导。这个过程非常重要：一是便于教师理解儿童在课堂的反应，及时调整教学，设计更有针对性的游戏，满足儿童成长与发展的需要；二是便于家长将儿童课堂所学的知识与技能迁移到生活中；三是弥补学校课堂教学内容的不足，充分发挥家庭环境的优势，促进儿童全面的发展。这个步骤，需要教师和家长充分地记录儿童的生活及学习表现，充分地沟通，将感悟式学习贯穿生活。

四、感悟式游戏教学活动设计与实施的原则

为了真正做到以游戏为媒介，促进特殊儿童的感悟，实现个体的发展，我们提出游戏教学活动的设计与实施必须遵循以下原则。

（一）循序渐进原则

循序渐进原则就是将特殊儿童的发展目标进行逐层分解，直到儿童能达到，然后由儿童的起点能力开始逐级设计游戏活动，一步一步增加难度，引导儿童参与，逐步朝着目标前进。特殊儿童本身的年龄和生理心理特征要体现在游戏设计之中，不能提出过高的发展要求，可以适当地在最近发展区内设立一些目标。特殊儿童的发展不是一蹴而就的，他们的一个技能发展目标需要在纵向、横向或时序上被分解成数个小目标。如嗅花的游戏，在纵向上，可以嗅不同程度的花香来提高辨别能力；横向上可利用花瓣作画、不同的花瓣触感、食用花三方面发展视觉、触觉和味觉方面的能力。循序渐进、层层深入是指对特殊儿童的技能训练或是游戏设计都不可过于心急，需要根据目标分解的难度、层次深浅来设计游戏活动。在实施时也需要做到层层深入，游戏活动由浅入深，从身体接触、体验深入到内心感受、表达；从具体形象的活动到抽象性活动，有步骤地进行。配合儿童个体差异设置合适的活动起点，将多个肢体或心理等技能进行分解，将难点逐个击破，降低了整体训练的难度。这个原则在一般教育课堂上适合基础薄弱的学生，而对于特殊儿童来说更具有人本主义理念。从他们的认知水平、躯体活动能力等方面出发，更能提高他们参加游戏活动的信心，使他们保持在活动过程中注意力集中；让他们在一次活动中多次动手动脑，积极参与活动、体验情绪。

（二）趣味性原则

趣味性原则强调游戏设计时注重游戏的玩耍性、多样性、互动性，让儿童充分地参与。只有在具有玩耍性的活动里，特殊儿童的本性与创造性才能得到最大程度的发挥。所以，游戏设计与开展，需要教师和家长充分考虑特殊儿童的兴趣和水平，为其创设一个愉快、自由的环境，引导特殊儿童积极参加游戏活动，让他们尽情地玩耍和娱乐，促进本性和潜能的呈现，达到个人情绪的愉悦。游戏不是让特殊儿童一板一眼地坐在那里，听着老师或者家长的指导语言完成任务，因为他们对刻板性的动作要求会有逆反情绪。所以，教师与家长需要围绕同一个目标从多角度设计不同的游戏，如嗅觉游戏可以从家庭的油盐酱醋茶中取材，也可以从超市、菜市场等外部环境中寻找嗅觉刺激，引起儿童的探索兴趣。

（三）多感官整合原则

多感官整合原则是指教学游戏设计中尽可能充分调用特殊儿童的多种感官参与，综合运用多种感官，丰富对事物的感知，促进多感官的协同与整合，实现对事物的整体认知及身心的和谐发展。特殊儿童的感官能力或多或少都有一定的缺陷，这一点有时候会限制其某个感官功能在游戏中的运用，所以我们要尽可能统合多个感官参与活动，或者利用游戏帮助特殊儿童发挥其他感官能力的作用来弥补缺陷。如设计水的主题活动，就可以利用水作画（视觉）、听水的声音（听觉）、玩水的感觉（触觉）、闻不同气味的水（嗅觉）、尝水（味觉）等多个游戏来协调发展所有感官的能力。此外，同一刺激物，使用不同的感官渠道，有助于特殊儿童多种感官的协同，从不同角度感知事物，促进其感悟能力的提升。另外，多感官的游戏设计也有诊断鉴别作用，可以发现特殊儿童的优势感官能力和缺陷感官能力，这对游戏的设计方向和对特殊儿童的个体理解都有指导意义。

（四）具体可行原则

具体可行原则是指教师和家长的教学游戏要做到内容全面细致，可操作性强。教学范例和家庭活动范例应尽可能地考虑到学校生活和居家生活两个环境。比如精细动作在儿童日常生活中扮演重要的角色，在学校学习中儿童要掌握写字、涂颜色、折纸等精细动作技能；在居家生活中儿童需学会系鞋带、解扣子等常用的精细动作技能。

活动范例可操作性强，活动步骤明确。每一项活动都有清晰的步骤分解，帮助老师和家长发展和训练特殊儿童的特定能力。在每一项活动之后都设有评估表，有明确的评估标准，帮助老师家长检验游戏训练的效果；每一项家庭游戏活动中都设有反思环节，帮助家长观察评估儿童的活动状态。此外，活动项目简单易学。活动中需要准备的都是生活中常见的物品，整个活动过程也易于操作，便于家长、老师、儿童接受。

五、感悟式游戏教学活动室的构造与布置

感悟式游戏教学活动的实施需要一个特定的空间和环境才能顺利开展，这要求在学校或家庭有一个空间，方便游戏活动的进行。

（一）活动室的构造

活动室的面积以 25 ~ 30 m² 较为适宜，一般不超过 40 m²。活动室太小，儿童心理感觉压抑，容易引发同伴之间的肢体冲突；活动室太大，容易导致同伴各自占据独立玩耍空间，彼此疏离，还容易产生不安的感觉。其他应注意的还有：

（1）确定这个空间是不会被干扰的，成为心理和生理都安全的空间（电源接口封闭、家具安稳、无突起、风扇和空调稳妥、防护栏结实、远离闹市）。

（2）要考虑地板、墙壁的清洁便利程度、耐用性和更换维修的费用。

（3）活动室内壁与装饰色彩应力求柔和，不宜太刺激。

（二）活动室的设施与器具的布置

1. 准备丰富多样的玩具备用

尽可能收集代表各类自然存在的物品的玩具，种类越丰富，越有助于个案表达。①家庭类，娃娃屋（半剖面）及相关家族、家具用品，另外各种烹饪食器与食材也不可缺。②情绪类，如打击乐器鼓、铃等，让儿童在游戏活动中发泄攻击性和其他情绪。③内在世界表达类，如绘画手工媒材以白纸为主，也可用报纸及其他材质的纸，用于表现儿童的自我情感。④积木，至少包括原木及彩色各一组，以及其他玩具，如玩偶、车子等。

兰德雷斯认为具有治疗意义的玩具应该具有以下特点：

（1）能够帮助儿童来访者表达各种各样的思想感情。

（2）能够帮助儿童来访者发挥个人创造性。

（3）能够让儿童来访者产生兴趣。

（4）能够在游戏过程中促进表达和挖掘。

（5）能够实现非言语沟通。

（6）在事实上不受固定的规则或传统限制。

（7）允许儿童来访者使用不具有确定含义的游戏材料。

（8）可以被以各种形式不间断地使用。

2. 玩具的陈列方式

通常根据玩具所属的类别将玩具摆放在具体的架子或位置上（如攻击性玩具、

厨房用品、家居用品等）便于寻找和用后归位。也可按游戏类型分区的方法布置游戏室（如家庭区、艺术区、音乐区、沙土游戏区等）。避免将所谓的"男孩的玩具"放在一处，将"女孩的玩具"放在另一处。

注意：玩具的陈列方式本身不是治疗，陈列方式不变和有规律可循才具有治疗意义，透露给儿童来访者的敏感信息是玩具位置的稳定性以及游戏治疗过程中的安全感受。

家长在家里可以根据特殊儿童发展的需要购置一些相应的玩具，在家里设置游戏区。在专门的时间与区域，在家里供儿童玩，促进儿童在玩耍中获得发展。

每次教学活动前，教师或家长需要根据儿童当下的发展目标准备适合的特定玩具材料。

第三章

◁▷ # 特殊儿童感知觉发展与游戏

心理学家皮亚杰把儿童出生到两岁称为认知发展的"感知运算阶段"，认为这是认知发展的第一阶段。在这个阶段，儿童依靠从感官得来的信息对环境刺激做出反应。儿童基本上依靠自己的直接感觉来认识事物，儿童的记忆直接依赖于感知的具体材料，儿童的思维常为感知觉所左右，儿童的情绪和意志行动，也受感知的影响。特殊儿童的感知觉发展能力或多或少存在一些缺陷，通过感知觉游戏的方式可以更主动性地发掘特殊儿童感官能力的潜力，或者利用其他感官能力来代偿缺陷的感官能力。

本章主要包括感知觉的基本内容、游戏与特殊儿童的关系、感知觉游戏的目标与设计思路，以及感知觉游戏的教学范例与家庭范例。

第一节　概　述

感知觉能力是所有心理能力的起始和源泉。人所有的认知能力都是以感知觉为基础的，没有感知觉过程的发生，人将失去一切信息加工的资源。一旦失去了对于感知觉的认识，那么人就不可能产生记忆、思维以及想象，同时我们的情感、意志等复杂的心理活动也与感知密切相关。在儿童的认知过程中，感知觉占据重要地位。

一、感知觉的定义

感觉是人脑对直接作用于感觉器官的客观事物的个别属性的反应。知觉是人脑对直接作用于感觉器官的事物的整体（或综合）反映。这两种心理方式都是我们认识理解世界的基本途径，日常生活中我们无时无刻不在利用我们的感知觉。例如，当我们对一个苹果的感知觉效果进行分析时就会知道，苹果的颜色是红色，苹果的基本形状是圆形，苹果外表摸上去是光滑的，苹果的味道是甜的，苹果具有香味，这几个方面分别代表了我们视、触、味、嗅几个感觉类型。听觉也属于感觉的一种，这些仅仅是外部感觉，还有身体活动时所产生的动觉，反映头部运动速率和方向的平衡觉，反映内脏器官活动状况的内脏觉等内部感觉。但是，红色为什么被命名为"红色"呢？苹果为什么不能叫"香蕉"呢？这就涉及我们的知觉信息了，把感觉信息转化为有意义的、可命名的信息的过程就是知觉，我们借助过去经验对来自感觉器官的信息进行处理和解释：以往的"红色"经验告诉我们苹果是红色的，苹果之所以成为"苹果"的名称也来源于此。

感知觉是人生最早出现的认识过程。感觉是最初级的经验，但是它在人的心理活动中起着十分重要的作用，在动物心理进化过程中和儿童心理发展的初期，它都独立地存在过，用来反映单纯的物理属性，而人随着社会经验的增长和思维的变化，一般情况下不会仅仅反映个别属性。按照种类划分，感觉可以分为外部感觉和内部感觉，外部感觉是个体对外部刺激的觉察，主要包括视觉、听觉、嗅觉、味觉、皮肤觉；内部感觉是个体对内部刺激的觉察，主要包括机体觉、平衡觉和运动觉。

知觉可对感觉的信息进行组织，这种组织有赖于过去的经验，所以知觉需要记忆和思维方式作为支撑。知觉划分的种类比较多，有空间知觉、时间知觉、运动知觉，也可按照五种主要感觉分为视知觉、听知觉、嗅知觉、视听知觉和触摸知觉。

各种感觉器官协同工作解决事物个别属性的问题，知觉按事物的相互关系整合成事物的个别属性，从而形成事物的完整印象。在现实生活中，人们一般都是以知觉的形式直接反映客观事物，感觉只是作为知觉的组成部分而存在于知觉之中，很少有孤立的感觉存在。总之，感知觉是人心理活动的基础，也是其他心理活动发展的必要条件，尤其对于处于发展阶段的儿童来说，有一个良好的感知觉发展能为其他心理功能提供坚实的基础，而对于某些感知觉功能有缺陷的特殊儿童，通过发展其他感知觉能力来补偿未发展的感知觉能力，或者尽力挖掘缺陷感知觉的潜能就是特殊儿童感知觉教育最重要的任务。

二、游戏与特殊儿童感知发展的关系

游戏可以作为儿童的一面镜子，反映他们的身心发展状况以及行为倾向。游戏是幼儿与周围环境相互作用的基本形式，在游戏过程中自然而然就会利用视觉、听觉、触觉，偶尔也会有嗅觉的参与，所以游戏也是训练儿童感知觉能力，尤其是发展动作技能的一种方式。

特殊儿童在感知觉上存在着不同程度的缺陷，这些感知觉障碍严重地阻碍着特殊儿童的发展。由于特殊儿童的感知觉障碍类型不同，其感知觉能力的局限性也不同。

智力障碍儿童感受性较差，感知速度慢，范围窄，容量小；感知分化较弱，主动选择性差；感知恒常性、整体性差，感知水平和质量都低于普通儿童；在感知动作协调方面也比普通儿童差，空间知觉、时间知觉发展较落后。

自闭症儿童对感官刺激的反应过激或者冷漠，过分注意光源如手电、彩灯的光线移动；对除自己外其他人的声音充耳不闻，有的对耳语或某些声音敏感；对痛觉、寒冷、烫伤等表现或过于敏感或极其迟钝；有些还会出现严重的自伤行为，如咬手指；不断嗅东西，吃东西时还会先闻后舔，最后吞吃；手眼协调、精细动作能力较低；感知现实能力差。

阿斯伯格综合征儿童注意力涣散，上课不听讲，几乎不与其他人交流，眼神接触时茫然空洞；不会玩游戏，动作笨拙不协调，精细动作差，步态不稳；行为重复刻板、兴趣狭窄特殊、性格固执、脾气不稳定等；生活自理能力差。

学习障碍的儿童感官完好，但是不能精细地区分各种刺激。他们难以从背景中觉察出对象，在视觉识别或听觉理解方面有困难；空间知觉发展很差；在判断距离、方向和大小方面有困难；难以区别部分和整体、左与右等；肢体动作笨拙，运动迟缓，统合作用欠佳，容易跌倒；走、跑姿势不佳，动作协调性差，不自然，常常表现为同手同脚；运动技巧差，不灵活，动作或快或慢，常跌倒及碰伤自己；眼手不协调，常打翻东西，弄脏损坏作业本；本体感较差，身体或肩部肌肉僵硬，

不能放松。

　　此外，还有脑瘫、视力障碍、听力障碍、情绪障碍、言语障碍等类别的特殊儿童存在着或多或少的感知觉问题。感知觉在其他心理活动中占重要地位，尤其与认知发展密切相关，所以只有有效地训练感知觉，才能进一步开发特殊儿童的感知能力，为其他能力的发展奠定基础，最终让特殊儿童拥有融入社会的基本能力。然而，传统的感知觉训练具有任务式的完成程序，而且目标较单一，不能很好地激发特殊儿童的兴趣。融入感知觉训练技巧的游戏，可以激发儿童的主动性和创造性，寓教于乐。同时，最重要的是可以在游戏中结合社会适应，发展儿童在社会实践与交往中的感知觉能力。

三、感知觉游戏的目标

　　感知觉游戏的发展目标是提高感知能力，扩大感知面，在游戏活动中给予丰富的刺激环境，训练儿童的注意、比较、观察和判断能力，使儿童的视、听、触、味、嗅觉变得更加灵敏精确，进而促进认知潜能的发展，为更高阶段的心理能力发展做好准备。

表 3-1　特殊儿童感知觉发展目标

	基本目标	发展目标
视觉的运用	视觉敏锐、视觉追视、视觉辨别、眼手协调、形象与背景的区分、视觉记忆、空间关系、视动统整	1.发展感知觉能力的协调性，形成综合感官能力 2.感知觉能力运用的生活化，成为特殊儿童基本社会技能，实现社会适应
听觉的运用	听觉敏锐、听觉辨别、听觉记忆、听觉顺序	
触觉的运用	触觉敏锐、触觉辨别、触觉记忆	
味觉的运用	味觉敏锐、味觉辨别、味觉记忆	
嗅觉的运用	嗅觉敏锐、嗅觉辨别、嗅觉记忆	

第二节　感知觉游戏教学范例

　　特殊儿童的感知觉游戏教学范例主要是根据儿童现有能力评估及目标设计以

学生为中心、以教师引导为主的游戏，涉及人际交往与合作的因素，相对于家庭活动要稍微具有规则性一些，但是教学游戏活动更能利用团体动力帮助个体成长，而且在提高特殊儿童感知觉能力的同时，也能发展社交技能。在本节中，根据儿童身心发展的规律，结合特殊儿童身心发展特点，我们设计了以下活动，活动形式会根据不同能力的学生而有所不同，教师可根据自己学生的情况，适当调节教学内容。

一、吹泡泡

（一）活动目标

1. 学生能运用视觉能力追视泡泡。

2. 学生能眼手协调地抓到泡泡。

3. 学生能在活动中区分出泡泡。

（二）适用对象

1. 适合具有视物能力，需要发展眼手协调能力的儿童。

2. 适用于 10 人以内班级的团体形式，也适用于一对一的个体形式。

（三）活动准备

1. 儿童歌谣《吹泡泡》：吹泡泡，吹泡泡，吹了一个大泡泡；吹泡泡，吹泡泡，吹了一个小泡泡。也可以用另一个歌谣：小妹妹，吹泡泡，大泡泡，小泡泡，一个一个天上飘，要太阳公公抱一抱。

2. 吹泡泡的玩具：泡泡水，前有圆圈的塑料棒（可用吸管代替）。

3. 扇子。

（四）重点与难点

1. 学生能在游戏中集中注意力。

2. 学生能眼手协调地抓到泡泡。

（五）活动过程及策略

阶段	活动流程	活动目标	活动建议
热身	1.教师动作示范： （1）教师用夸张的动作表演吹泡泡的动作。 （2）教师抓泡泡。 2.教师声音示范：教师示范吹泡泡的吹气声和抓破泡泡的声音。 3.教师唱儿童歌谣《吹泡泡》。 4.教师在歌唱中，示范鼓腮吹的动作，学生模仿。 5.教师用身体模仿吹泡泡，吹了一个大泡泡。 动作：双手张开围成大大的圆；吹了一个小泡泡。 动作：用手围成一个小小的圆。	1.学生能看教师吹泡泡。 2.学生能看教师抓泡泡。 3.学生能模仿吹泡泡动作。 4.学生能抓泡泡。 5.学生能用身体模仿吹泡泡。	1.教师吹和抓的动作要夸张，吸引人。 2.教师结合音乐节奏做动作，可引导学生多模仿几次动作。
发展	1.教师示范吹泡泡：由教师演示如何吹泡泡。 2.模仿：教师教学生吹泡泡，引导儿童与教师一起吹泡泡。 3.泡泡追视：由教师吹泡泡，在很多泡泡中，引导学生注视其中一个，观察它飞了多高，落在了哪里…… 4.泡泡动作：教师引导学生一起去触摸泡泡，问问学生观察到了什么？ 5.教师用扇子扇动吹出来的泡泡，让学生观察泡泡会有什么变化？ 6.由教师吹出泡泡，学生在泡泡落地前把所有泡泡抓到。	1.学生能够追视极小或极大的泡泡。 2.学生能注视泡泡飞了多高和落到了哪里。 3.学生能追视两个及以上泡泡。 4.学生能用手去触碰泡泡。 5.学生能说出用扇子扇动时泡泡的不同。 6.学生能抓住教师吹出的泡泡。	1.如果学生与教师合作，学生拿泡泡瓶子，教师吹，然后轮换。直到学生学会吹泡泡，就可进入下一阶段。 2.刚开始教师可以选择一些泡泡中最大或者最小的一个，特征比较明显，让学生容易追视，熟练以后可以选择一般的泡泡。 3.抓泡泡的环节，教师不宜一次吹出太多泡泡，5个以内为宜。若学生成功在泡泡落地前抓到所有泡泡，给予适当奖励。
结束	教师放儿童歌谣《吹泡泡》，与学生一起，一边吹泡泡一遍跳舞、唱歌和欢呼，结束游戏。	学生能和教师一起在泡泡中唱歌欢呼。	推荐音乐：儿童歌谣《吹泡泡》《小铃铛》《我爱我的小动物》。
活动延展	1.教师让学生观察在室内和阳光下泡泡有什么区别，让学生描述出来。 2.教师吹一个大的泡泡，用吹泡泡棒接住，让学生透过泡泡来观察一个物体（如花、杯子、人脸），让儿童把观察到的场景尝试用画笔画下来，锻炼学生的视觉记忆能力。 3.为泡泡配声音：教师吹泡泡，引导学生在泡泡飞起来就模仿发"a"音，随着泡泡的高低变化声音大小也跟着变化；泡泡破时发"p"。教师先示范，学生再模仿或跟做；然后可以换学生吹泡泡，其他人为泡泡配音。锻炼学生视觉与听觉的协调，促进学生的发声练习。 4.为泡泡配乐器：教师吹泡泡，引导学生泡泡飞时敲三角铁，泡泡破时拍鼓。然后可以换学生吹泡泡，其他人为泡泡配乐器。锻炼学生视觉、听觉与动作的协调。		教师可根据学生的能力水平，在前面活动的基础上选用恰当的延展活动，拓展学生的能力。

（六）教学活动效果评量 [*]

姓名：　　　　　　　　　学号：　　　　　　　　　出生年月：
实施时间：　　　　　　　　　　　　　　　　　　　负责教师：

阶段	活动	目标	形成性评量					评量方式	评量结果	通过与否	教学决定	备注
			1	2	3	4	5					
热身	吹泡泡	1. 学生能看教师吹泡泡。										
		2. 学生能看教师抓泡泡。										
		3. 学生能模仿吹泡泡动作。										
		4. 学生能抓泡泡。										
		5. 学生能用身体模仿吹泡泡。										
发展	泡泡追视	1. 学生能够追视极小或极大的泡泡。										
		2. 学生能注视泡泡飞了多高和落到了哪里。										
		3. 学生能追视两个及以上泡泡。										
	泡泡动作	4. 学生能用手去触碰泡泡。										
		5. 学生能说出用扇子扇动时泡泡的不同。										
		6. 学生能抓住教师吹出的泡泡。										
结束	结束	学生能和教师一起在泡泡中唱歌欢呼。										

评量方式：a. 操作；b. 纸笔；c. 问答；d. 观察；e. 指认；f. 其他
评量标准：1. 完全未达到；2. 达到 25%；3. 达到 50%；4. 达到 75%；5. 完全达到
教学使用：P1. 大量协助；P2. 少量协助；M. 示范提示；V. 口头提示；G. 手势提示
教学决定：C. 继续；S. 简化；P. 扩充
通过与否：√ 通过；× 不通过

---

[*]　教学活动效果评量表的基本信息和注释内容见此处完整版，后面不再呈现。

二、铃鼓叮咚响

（一）活动目标

学生能用听觉辨别声源的位置。

（二）适用对象

1.适合具有基本听觉能力，需要发展听觉辨别能力的儿童。

2.适用于 10 人以内班级的团体形式，也适用于一对一的个体形式。

（三）活动准备

1.音乐《铃儿响叮当》。

2.铃鼓。

（四）重点与难点

1.学生能在活动中集中注意力。

2.学生能用听觉辨别声源的位置。

（五）活动过程及策略

阶段	活动流程	活动目标	活动建议
热身	播放音乐《铃儿响叮当》，随着音乐的节奏，教师带领学生跟着音乐舒展身体。 1.教师示范： （1）捶腿； （2）拍肩膀； （3）扭脖子； （4）扩胸； （5）蹦跳。 2.让学生模仿教师的动作。 3.重复。 4.教师引导加入学生的自发动作。	1.学生能做出捶腿的动作。 2.学生能做出拍肩膀的动作。 3.学生能做出扭脖子的动作。 4.学生能做出扩胸的动作。 5.学生能做出蹦跳的动作。	尽量选择节奏较慢的音乐，教师可以给学生示范动作，也可以让学生自由动作。
发展	1.铃鼓辨位：教师用眼罩或者丝巾把学生的眼睛蒙上，让学生坐在椅子上。 （1）教师拿着铃鼓在学生的前方敲铃鼓； （2）教师在后方敲铃鼓； （3）教师在左侧敲铃鼓； （4）教师在右侧敲铃鼓。 2.铃鼓动作：规则约定，教师用铃鼓拍出不同节奏，学生做出不同的对应的动作。 （1）教师示范—学生模仿（请你跟我这样做）：拍一下铃鼓摸一下耳朵； （2）教师拍铃鼓，一长一短两声对应拍手； （3）教师示范连拍三下对应跳跃，学生模仿教师动作； （4）重复； （5）教师加入学生的自发性或创造性动作。	1.学生能转向铃鼓所在的方位。 2.学生能用手指出铃鼓所在的方位。 3.学生能用手指出并说出铃鼓所在的方位。 4.学生能拍一下铃鼓摸一下耳朵。 5.学生能做出一长一短两声对应拍手动作。 6.学生能做出连拍三下对应跳跃动作。	1.如刚开始学生不能准确分辨铃鼓所在的方位，教师可以拉近与学生的距离或者加大敲击的声音。 2.重复几次，直到学生可以准确辨认方位，可以让学生在游戏后谈谈感受。 3.可以让学生决定对应的动作，增加参与性，教师给予适当建议。
结束	播放音乐，如《铃儿响叮当》，教师用铃鼓敲节奏，学生跟着节奏跳舞和唱歌。	学生能跟着铃鼓节奏跳舞。	尽量尝试节奏稍慢、内容欢快的音乐。
活动延展	1.在团队活动里面，每个学生为自己选择一个铃鼓节奏，然后闭上眼睛用铃鼓声识别自己认识的小伙伴，可结合听觉辨别与记忆，以及视觉辨别能力进行活动。 2.教师利用铃鼓的声音引导学生走迷宫，可以选择真正的迷宫，或者迷宫游戏进一步锻炼听觉能力和空间关系及统整能力。 3.在保证安全的情况下，铃鼓声可作为捉迷藏的引导工具，但一定要注意安全。		针对不同层次水平的学生选择延展性教学，一些学生在观察学习过程中也能够提高参与兴趣及学习能力。

（六）教学活动效果评量

阶段	活动	目标	形成性评量					评量方式	评量结果	通过与否	教学决定	备注
			1	2	3	4	5					
热身	铃鼓节奏	1.学生能做出捶腿的动作。										
		2.学生能做出拍肩膀的动作。										
		3.学生能做出扭脖子的动作。										
		4.学生能做出扩胸的动作。										
		5.学生能做出蹦跳的动作。										
发展	铃鼓辨位等	1.学生能将头能转向铃鼓所在的方位。										
		2.学生能用手指出铃鼓所在的方位。										
		3.学生能用手指出并说出铃鼓所在的方位。										
		4.学生能拍一下铃鼓摸一下耳朵。										
		5.学生能做出一长一短两声对应的拍手动作。										
		6.学生能做出连拍三下对应的跳跃动作。										
结束	结束阶段	学生能跟着铃鼓节奏跳舞。										

三、万能水

（一）活动目标

1. 学生能综合运用触觉辨别水温。

2. 学生能运用嗅觉辨别不同液体的味道。

3. 学生能运用味觉辨别液体的味道。

（二）适用对象

1. 适合具有基本触觉、嗅觉、味觉能力，需要发展触觉、嗅觉、味觉辨别与记忆能力的儿童。

2. 适用于 20 人以内班级的团体形式，也适用于一对一的个体形式。

（三）活动准备

1. 有流水声的音乐。

2. 杯子、温水和冰水、全开宣纸、调料（醋、白砂糖、食盐等）、水彩笔。

3. 水枪、盆或者桶，里面装满清水。

（四）重点与难点

1. 学生能维持游戏兴趣和注意力。

2. 学生能在生活中综合运用触觉、嗅觉、味觉。

（五）活动过程及策略

阶段	活动流程	活动目标	活动建议
热身	1. 教师播放音乐。 2. 示范—模仿：教师示范动作，引导学生模仿山和水的动作。 3. 角色扮演：教师扮演山，学生扮演水，水围绕山流动。	1. 学生能集中注意力。 2. 学生能模仿做山和水的动作。 3. 学生能围绕教师走动。	建议音乐：《高山流水》《阳关三叠》《平沙落雁》
发展	1. 触水辨温： （1）教师让学生坐在桌前，给他一杯冰水，看他的反应如何，若无反应则鼓励他摸一摸并问他"冷吗"； （2）教师再给他一杯适中的温水，看他的反应如何，若无反应则鼓励他摸一摸并问他"热吗"； （3）教师可以给予示范并反复练习。 2. 尝水辨味： （1）教师在水中加入不同味道的调料（如醋、白砂糖、食盐），进行嗅觉和味觉的训练； （2）闻一闻：教师让学生闻闻不同液体的味道； （3）尝一尝：教师让学生尝尝不同液体的味道； （4）教师示范说明每一种调料的味道； （5）教师询问学生感受和区别。 3. 神奇水印： （1）示范—模仿（请你跟我这样做）：教师在全开宣纸上，用手指沾水撒； （2）教师用手或者笔在纸上滴； （3）教师用笔描画水印的轮廓； （4）教师让学生观察纸上的变化，然后让学生模仿教师的动作。	1. 学生能说出对冷水的感受。 2. 学生能说出对温水的感受。 3. 学生能说出冷水和温水的区别。 4. 学生能辨别酸的味道。 5. 学生能辨别甜的味道。 6. 学生能辨别咸的味道。 7. 学生能做出不同的玩水动作。 8. 学生能描画水印的轮廓。 9. 学生能够自主做水印。	1. 一步一步慢慢引导学生，不可心急，不可强迫学生去触摸，注意倾听学生的感受。 2. 控制好学生过于偏好或者厌恶某种口味的问题。 3. 可以加上颜料，让学生感受不同颜色、不同浓度的液体。
结束	小型泼水节：如季节允许，教师和学生一起用水枪吸事先准备的水，往对方身上喷射水，可以放一些欢快的音乐，一起进行欢乐的泼水节。	学生能利用水来进行泼水节的游戏。	建议音乐：《欢乐的泼水节》《泼水节》
活动延展	1. 味觉大不同：教师准备三个杯子，里面分别放了水、果汁和果浆，引导学生去尝尝它们的味道，问学生有什么不同？ 2. 触觉大不同：教师准备三个杯子，里面分别放了水、果汁和果浆，引导学生去闻闻它们的味道，问儿童有什么不同？引导学生触摸，可以先触摸杯子，再触摸杯内液体，让学生比较三个杯子里的感受（浓度）有什么不同。 3. 触水写字：对能力强点的儿童，教师可以在纸上写字，让学生猜是什么字，如果猜不出来可以换简单的字或者图形，然后引导学生写字给教师猜，如此轮流进行。		在练习的初期阶段，教师可以只选择识别与感受这种较简单的活动，当熟悉到一定程度之后，就可以结合起来训练并深入到辨别运用阶段。

（六）教学活动效果评量

阶段	活动	目标	形成性评量					评量方式	评量结果	通过与否	教学决定	备注
			1	2	3	4	5					
热身	热身活动	1.学生能集中注意力。										
		2.学生能模仿做山和水的动作。										
		3.学生能围绕教师走动。										
发展	触水辨温等	1.学生能说出对冷水的感受。										
		2.学生能说出对温水的感受。										
		3.学生能说出冷水和温水的区别。										
		4.学生能辨别酸的味道。										
		5.学生能辨别甜的味道。										
		6.学生能辨别咸的味道。										
		7.学生能做出不同的玩水动作。										
		8.学生能描画水印的轮廓。										
		9.学生能够自主做水印。										
结束	小型泼水节	学生能利用水来进行泼水节的游戏。										

四、美味果浆

（一）活动目标

1.学生能用味觉辨别果浆的味道。

2.学生能用味觉记忆尝过的味道。

（二）适用对象

1.适合有基本味觉能力，需要发展味觉辨别能力和味觉记忆能力的儿童。

2.适用于 10 人以内班级的团体形式，也适用于一对一的个体形式。

（三）活动准备

1.3 ~ 5 种口味的果浆，透明容器。

2.面包。

3.《葡萄娃娃》《香蕉》《果宝宝》等儿歌。

（四）重点与难点

1. 学生能用味觉辨别果浆的味道。

2. 学生能在游戏中集中注意力。

3. 学生能将游戏中学到的味觉运用能力，迁移到生活技能。

（五）活动过程及策略

阶段	活动流程	活动目标	活动建议
热身	1. 教师唱有关水果的歌曲：《葡萄娃娃》《香蕉》《果宝宝》。 2. 教师引导学生回忆日常生活中的水果，并激发课堂兴趣。	1. 学生能说出儿歌中的水果。 2. 学生能集中注意力进入课堂。	教师要把热身活动往水果主题上引导，形成一堂联系紧密的课。
发展	1. 品尝果浆： （1）教师准备不同口味的果浆，装在透明的容器中。 （2）看一看：每种果浆有不同的颜色。 （3）尝一尝：教师引导学生去品尝，问问是什么味道？尝起来什么感受？喜欢不喜欢？ 2. 分辨果浆：教师拿起不同颜色的果浆容器，让学生通过颜色来分辨这是什么味道的果浆，比如，绿色是什么味道的果浆？它是甜的还是酸的？ 3. 制作面包：教师和学生一起用之前的果浆制作面包。 4. 教师和学生在不同口味的面包上印上不同的图形。	1. 学生能分辨出每种颜色的果浆是什么味道。 2. 学生能够品尝出果浆的品种。 3. 学生能和教师一起制作果浆面包。 4. 学生能在不同口味的面包上印上不同的图形。	1. 教师尽量选择学生熟悉的、味道区别较大的果浆，耐心引导学生品尝，倾听学生表达。 2. 学生可能不能一开始就分辨出来，教师可以让学生多试几次，每次都给予一定的指导和鼓励。 3. 教师要在制作过程中引导儿童发挥想象力，还要注意食用卫生和安全问题。
结束	教师和学生一起品尝制作出来的面包，并为自己的成果欢呼。	学生能和教师一起品尝成果。	教师可以把面包赠送给学生作为礼物。
活动延展	1. 加入嗅觉元素，教师可以设置一个猜猜水果的游戏，第一步闭上眼睛去嗅，如果猜不出再用视觉判断，最后用味觉判断，根据猜测结果可以给予一定的奖励或者惩罚。 2. 教师为各种水果设计一个动作，如苹果是捧住脸蛋，香蕉是弯腰，让每个学生代表一种水果，是同一种水果的可以组成一个小组进行团队游戏。 3. 教师播放水果和营养有关的小视频，或者是教师讲解，教导学生们多吃水果，促进身体成长。		教学活动讲究一定的可操作性，所以教师在课程进行过程中，对于每个活动都可以进行演示和示范，并选择表现好的学生，作为小助手和榜样进行示范。

（六）教学活动效果评量

阶段	活动	目标	形成性评量					评量方式	评量结果	通过与否	教学决定	备注
			1	2	3	4	5					
热身	水果儿歌	1.学生能说出儿歌中的水果。										
		2.学生能集中注意力进入课堂。										
发展	品尝果浆等	1.学生能分辨出每种颜色的果浆是什么味道。										
		2.学生能够品尝出果浆的品种。										
		3.学生能和教师一起制作果浆面包。										
		4.学生能把不同口味的面包上印上不同的图形。										
结束	结束仪式	学生能和教师一起品尝成果。										

五、美丽的花儿

（一）活动目标

1.学生能用嗅觉辨别不同香味的花。

2.学生能用嗅觉记忆不同花香的味道。

（二）适用对象

1.适合具有基本嗅觉能力，需要发展嗅觉辨别能力和嗅觉记忆能力的儿童。

2.适用于 20 人以内班级的团体形式，也适用于一对一的个体形式。

（三）活动准备

1.各种各样的花朵（也可去花园）。

2.白纸、双面胶、彩笔。

（四）重点与难点

1.学生能用嗅觉辨别不同香味的花。

2.学生能运用嗅觉记忆不同花香的气味。

（五）活动过程及策略

阶段	活动流程	活动目标	活动建议
热身	1. 采花：教师和学生一起去花园或大自然中采集花朵。 2. 回到游戏治疗室中，教师自己准备一些不容易采到的花，如栀子花、荷花、玫瑰等。 3. 闻花香：教师让学生闻花的香味。	1. 学生能和教师一起采集花朵。 2. 学生能感受不同的花香。 3. 学生能够在指导下记忆和识别一些花朵。	为防止学生受伤，教师要去掉花上的刺等，选择味道差别大的花朵，这样比较容易分辨。
发展	1. 摸一摸：教师让学生触摸花瓣。 2. 尝一尝：品尝可以食用的花朵。 3. 闻一闻：教师选择不同的花瓣捣碎，让学生闻一闻。 4. 辨一辨：教师问问学生味道有什么不同？ 5. 花朵画：教师和学生一起用花瓣来粘贴一幅画，按照学生的想法，教师辅助学生完成。	1. 学生能触摸花瓣。 2. 学生能品尝可食用花瓣。 3. 学生能闻混合花瓣的味道。 4. 学生能制作出花朵画。 5. 学生能在制作过程中锻炼创造性、动手能力和分享精神。	1. 教师可以做出不同的变化，来让学生分辨味道，扩展味觉辨别的范围。 2. 教师配合学生的想法，让学生充分表达自己。
结束	在音乐中，教师和学生把画作一起贴在游戏治疗室的墙上，并在音乐中跳舞欢呼。	1. 学生能和教师一起把花朵画贴在墙上。 2. 学生能体验到成就感。	推荐音乐：《牵牛花》《水灵灵的花》
活动延展	1. 教师给学生蒙上眼睛，用一个辨识度高的气味，如奶香，让学生根据味道来辨认方位。可以给学生设立一个目标，如让学生顺着面包香味找到面包，进一步锻炼嗅觉能力。 2. 在收集花朵的时候，可以收集不同颜色的树叶，教师引导学生发挥自己的想象力，结合动手能力，合作或者单独利用不同的花朵和不同的树叶组合成新的花朵，并且自己命名。		这是一个综合性非常强的活动，在大自然中，视听触味嗅觉都是可以利用起来的，除基本能力训练外，教师引导学生发挥创造力、爱护大自然等也非常重要。

（六）教学活动效果评量

阶段	活动	目标	形成性评量					评量方式	评量结果	通过与否	教学决定	备注
			1	2	3	4	4					
热身	闻花香	1. 学生能和教师一起采集花朵。										
		2. 学生能感受不同的花香。										
		3. 学生能够在指导下记忆和识别一些花朵。										
发展	感花香等	1. 学生能触摸花瓣。										
		2. 学生能品尝可食用花瓣。										
		3. 学生能闻混合花瓣的味道。										
		4. 学生能制作出花朵画。										
		5. 学生能在制作过程中锻炼创造性、动手能力和分享精神。										
结束	结束仪式	1. 学生能和教师把花朵画贴在墙上。										
		2. 学生能体验到成就感。										

第三节　感知觉游戏家庭活动范例

感知觉游戏的教学既可以在游戏治疗教师的带领下进行，也可以在家长的带领下进行。家长在家庭环境通过一些游戏来提高特殊儿童的感知觉能力，利用家庭的亲密关系、家庭活动的便利与及时的特点，使整个过程更具操作性。

康德曾说手是身体的大脑，苏霍姆林斯基也曾说儿童的智慧在他的手指尖上。对于婴幼儿来说，手指的活动，是大脑的体操。活动的是手，得到锻炼的是大脑。手的动作与人脑的发育有着极为密切和重要的关系，对语言、视觉、听觉、触觉等的发展也有极大的助益。

一、快乐手指

（一）活动目标

1. 儿童能用手部感觉能力模仿手部动作。

2. 儿童能使用身体触觉能力模仿身体动作。

3. 儿童能和家人增进亲子感情。

（二）适用对象

适合具有基本感知觉能力，需要发展触觉灵敏度的孩子。

（三）活动准备

1. 清洗双手，衣着宽松。

2. 手指谣：

一个手指点点点（妈妈伸出一个手指点儿童）；

两个手指敲敲敲（妈妈伸出两个手指在儿童身上轻敲）；

三个手指捏捏捏（妈妈伸出三个手指在儿童身上轻捏）；

四个手指挠挠挠（妈妈伸出四个手指在儿童身上轻挠）；

五个手指拍拍拍（妈妈两个手对拍）；

五个兄弟爬上山（妈妈的手在儿童身上做爬山状）；

叽里咕噜滚下来（妈妈在儿童身上从上往下挠）。

（四）重点与难点

1. 儿童能模仿手指动作。

2. 儿童能做到语言与动作的配合。

（五）活动过程及策略

阶段	活动流程	活动建议	家长反思
主体活动	1. 妈妈与儿童面对面坐在地垫上或床上，妈妈边念手指谣边做动作。 2. 妈妈一句一句教儿童念手指谣，并示范动作，引导儿童模仿动作。重复多次，直到儿童听到手指谣能在空中做出相应的动作。 3. 妈妈与儿童面对面坐着，边念手指谣边在对方身上做动作。	注意动作不要太重，以儿童舒服为宜。	1. 儿童是否能接受妈妈的触碰？ 2. 儿童是否愿意模仿妈妈的动作？
活动延展	变换手指谣玩，步骤与上同： 一根棍，梆梆梆（妈妈在宝宝身上轻轻敲打）；二剪刀，剪剪剪（妈妈用食指、中指在宝宝身上轻轻夹）；三叉子，叉叉叉（妈妈用食指、中指、无名指分开伸出，轻触宝宝）；四板凳，拍拍拍（妈妈拇指弯曲，四指并拢，轻打）；五小手，抓抓抓（妈妈五指分开，然后做抓的动作）；六口哨，吹吹吹（妈妈用拇指和小指伸开做口哨状）；七镊子，夹夹夹（妈妈的拇指、食指、中指捏一起，妈妈在宝宝身上捏捏）；八手枪，啪啪啪（妈妈的拇指和食指做手枪状，啪啪啪射击）；九钩子，钩钩钩（妈妈的食指弯曲做钩状，在宝宝胸前钩钩）；十麻花，转转转（妈妈的中指搭在食指上，食指伸直，双手转动）。	注意动作不要太重，以儿童感觉舒服为宜。	

二、玩具主题活动

（一）活动目标

1. 儿童能运用听觉辨别能力指出发声玩具的位置。

2. 儿童能运用形象背景区分的能力找出指定玩具。

（二）适用对象

适合具有基本感知觉能力，需要发展形象背景区分能力的孩子。

（三）活动准备

1. 儿童、家长的一些日常用品如衣服、毛巾、枕头等。

2. 儿童的毛绒玩具一个，可发声，具有明显的色彩、五官、四肢特征，如熊猫、狗、老虎等。

（四）重点与难点

儿童能运用形象背景区分的能力找出指定玩具。

（五）活动过程及策略

阶段	活动流程	活动建议	家长反思
主体活动	家长把毛绒玩具放在儿童面前，和儿童一起玩耍，帮助儿童用手、脸和其他部位感觉。	儿童喜欢的毛绒玩具有温暖、安全、顺滑的特征，使儿童专注于触觉享受。所以家长选择玩具一定要注意感受性。	1. 为什么毛绒玩具能够得到儿童的认可？ 2. 儿童能通过其他什么方式来提高触觉能力？
	家长把发声的毛绒玩具放置在儿童的前后左右不同方位，可让儿童自己去寻找，也可让儿童判定方位，成功即给玩具让其玩耍。	要使游戏有效地发展儿童的视觉记忆能力，并且与听觉辨别相结合，如何把容易混淆的玩具放置在不同方位。	1. 儿童是怎么注意到玩具发声的？ 2. 在听声辨位的过程中，儿童成功或者失败的原因是什么？如何改善？ 3. 活动中发展视觉或者听觉能力最主要的是什么？
	家长给儿童讲毛绒玩具的特征（以熊猫为例），并且在人的身上找一一对应的位置，或者给儿童几个玩具，总结它们都有的特征。	熊猫的黑白色，五官肢体与人类的相似性都可以培养儿童视觉识别、记忆能力。另外可以加入其他动物的识别特征，以帮助儿童总结和提炼相关概念。	1. 讲解过程要怎么样做才能吸引儿童的注意力，并且成功完成视觉能力的提高？ 2. 当儿童完成具有思维性的视觉任务有难度时，应该怎样达到目标？
	家长将儿童的玩具和日用品混在一起，让儿童识别出自己的玩具。识别出可给予奖励。	可以让儿童视觉不停地在物品之间来回搜索，并且集中注意力在自己的玩具上。	1. 让儿童选取的物品能否引起儿童的注意？ 2. 是否达到视觉识别，提高视觉敏锐度的目的？ 3. 儿童视觉注意成功或失败的原因是什么？
活动延展	1. 如果用玩具吸引视觉注意力失败，家长可以舞动其喜欢的玩具锻炼视觉追视能力。 2. 家长也可以让儿童闭着眼睛触碰玩具来猜是哪个玩具，提高触觉敏锐度和辨别力。 3. 家长可以尝试给不同的玩具喷上一点花露水、香水等，让儿童根据不同的气味来识别自己的玩具，锻炼嗅觉辨别能力。 4. 家长挑选儿童偏好的几个玩具，让儿童和家长合作为这些玩具设计一个故事,在故事的讲述过程中训练儿童视觉记忆、辨别能力,以及在动作场景中发展眼手协调能力。	在儿童进行玩具活动的过程中，家长根据实际情况（如儿童的兴趣点）进行调整，加入拓展活动。尤其要采取能够利用多感官能力帮助发展视觉能力的活动。	

三、趣味公园行

（一）活动目标

1. 儿童能使用听觉感受不同事物的声音。

2. 儿童能运用听觉辨别不同事物的声音。

3. 儿童能使用听觉记忆周围事物的声音。

（二）适用对象

适合具有基本感知觉能力，需要发展听觉敏锐能力的儿童。

（三）活动准备

1. 活动时前往家庭周围的一个公园。

2. 眼罩。

（四）重点与难点

1. 儿童能运用听觉辨别不同事物的声音。

2. 儿童能使用听觉记忆周围事物的声音。

（五）活动过程及策略

阶段	活动流程	活动建议	家长反思
主体活动	角色扮演：如果儿童不愿意蒙眼，家长可以让儿童当小天使在旁边观看或牵着家长的手，家长扮演盲人，另一位家长用声音引导前一位家长行走。 1.示范：家长给儿童示范蒙眼扮盲人，在儿童熟悉活动后，再尝试给儿童蒙眼睛。 2.角色交换：家长给儿童蒙上眼睛，让小孩扮演盲人，亲人扮演小天使，牵着儿童的手。 3.另外一个儿童熟悉的人在前面唱儿童喜欢的歌，让儿童跟着声音走。然后，可以寻找那个人的脚步声、笑声、音乐等声音以及辨别方向。	如果公园草地比较开阔，且儿童畏惧心理不大，可以让亲人站在不同的位置由近及远地用声音引导儿童蒙眼前进。	1.儿童喜欢被蒙上眼睛吗？ 2.儿童最喜欢的声音是什么？ 3.儿童听觉识别以及辨别的目标是否达成，成功或失败的原因是什么？
	摸一摸：家长带蒙眼的儿童去草地边触摸花草的感觉。 1.家长让儿童先触摸最熟悉的花或草，并让他辨别出来。 2.儿童熟悉后，家长可增加难度，让儿童感受不同质地的叶子。 3.家长带着儿童触摸不同纹路的树皮。	1.家长应给儿童充分的安全感。 2.对不同花与草的辨别难度较大，从儿童熟悉的花和草入手，需要一步一步增加难度。	1.儿童最喜欢的花或草是什么？ 2.儿童喜欢触摸花或草吗？ 3.儿童能辨别出自己喜欢的花或草吗？ 4.儿童在摸花或草时，有哪些反应？
	家长让蒙眼的儿童用听觉判定鸟的位置，然后慢慢揭开眼罩陪儿童一起追视小鸟的飞翔轨迹。家长逐渐增加鸟的种类，让儿童辨识不同鸟叫的声音，观察不同鸟的颜色和大小。	带儿童到鸟儿比较多的地方，去听不同鸟儿的声音，看不同鸟儿的颜色、大小。	1.儿童喜欢听鸟叫吗？ 2.儿童喜欢看鸟吗？ 3.哪些活动，儿童最喜欢？ 4.下一次类似活动，家长需要注意什么？
活动延展	1.家长让儿童捡各种树叶，与儿童一起区分出不同类别的树叶。 2.家长用树叶连接成一条通往儿童喜欢的乐园的路。 3.家长用笔描画树的轮廓。 4.家长用树叶做拼图，拼出儿童喜欢的图形，如蛋糕、笑脸、房子等。 5.家长把树叶用线串起来做项链或服饰，走时装秀。 6.家长与儿童将树叶打包，互相扔向对方，练习视觉与大肌肉的协同。 7.家长用树叶拼图编故事，并扮演故事里的角色。		家长可以根据儿童的能力水平及参与情况，适当重复相关活动，并在重复中增加一点延展活动，增加活动的趣味性，拓展儿童的能力。

四、和面团

（一）活动目标

1. 儿童能用触觉去感受面团。

2. 儿童能用触觉记忆来记忆面团的触感。

3. 儿童能协调运用其他感官能力，如视觉、听觉、嗅觉、味觉的基本感官能力来进行面粉活动。

（二）适用对象

适合具有基本感知觉能力，需要发展触觉记忆能力的孩子。

（三）活动准备

1. 面粉、水、盆、各种调料。

2. 各种简单形状的模具。

（四）重点与难点

1. 儿童能用触觉记忆来记忆面团的触感。

2. 儿童能协调运用其他感官能力，如视觉、听觉、嗅觉、味觉的基本感官能力来进行面粉活动。

（五）活动过程及策略

阶段	活动流程	活动建议	家长反思
主体活动	面粉准备： 1.家长先把面粉装小盆里，让儿童感受摸面粉的感觉，可以摸、捏、撒、抛。 2.家长加入适量的水。 3.家长和儿童一起揉，感受黏黏的感觉。	要在感受过程中仔细观察特殊儿童的反应，并描述触感。	1.儿童是否愿意去摸面粉或面团？ 2.儿童的面部表情是怎样的？ 3.儿童是否喜欢这个揉面团的动作？
主体活动	面团＋模具： 1.家长和儿童一起用不同动作玩面团，可以拍、压、捏、揉、打、锤、抛、搓等。 2.家长和儿童一起用模具压面团，看到面团的变化。 3.儿童自己用模具做成自己喜欢的动物、形状、交通工具、植物等。 4.家长也可以让儿童随意扭捏面团，做出自己喜欢的作品。 5.完成后小孩和家长对自己作品的特征进行分享。	1.要时刻与儿童交流感受，如制作一个人物就可以一边讲解特征一边制作，提高视觉记忆的能力；拍打声音可以引导不同的声音是怎样发出来的，提高听觉辨别能力。 2.家长制作时用不同方式拍打发出不同的声音（拍打软体、拍打桌面、加入水拍打等），用自己的兴趣感染儿童，吸引儿童的注意力。	1.制作的主要过程是触觉能力的运用，儿童的其他感官怎么加进这个过程中？ 2.制作过程儿童是不是以触觉能力锻炼为主要目标？哪些事件干扰了这个进程？ 3.儿童是否喜欢这个活动？活动中哪些地方是儿童的兴趣点？
主体活动	1.黏土做的作品，撒上醋、香水、酒、糖等，家长让儿童用嗅觉辨别不同的味道。 2.面团做的作品，家长加入不同味道的调料（酸甜苦咸），蒸熟之后让儿童品尝辨别。	这个活动可以提高味觉和嗅觉能力，在嗅、味觉辨别和记忆方面有很大的作用，也兼具趣味性。	1.最后一项活动主要分享的是触觉游戏的结果，儿童其他能力是否得到一定程度的发展？ 2.游戏的目标过于复杂，家长怎么根据儿童的具体需要加以改进以达到目标？ 3.游戏过程中家长引导儿童的能力发展主要侧重在哪个方面？
活动延展	1.前两项游戏完成之后的洗手环节，家长可以加入热水或冷水的温度辨别活动（触觉辨别能力）。 2.在儿童理解能力与感官能力许可的基础上，触觉游戏可以包括对形状的判断、对痛觉的感受，家长要让儿童躲避尖锐物的使用，保证安全。 3.家长在面团与黏土等各种物品中加入各色颜料，用其制造不同的物品，在锻炼触觉能力时提高视觉辨别能力。 4.家长可陪同儿童一起在陶艺班进行这个活动，把完成好的作品烧制成纪念品，也可做玩具使用。 5.家长带儿童在文化街观察手艺人如何制作陶人。	软体物品是本次活动的主题，活动中适当加入坚硬物品，如分辨各种家具、电器等，对比之中能提高分辨软硬物及感受性。	

五、厨房一览

（一）活动目标

1. 儿童能使用味觉去感受不同的食品。

2. 儿童能用味觉辨别不同食品的味道。

（二）适用对象

适合具有基本感知觉能力，需要发展味觉辨别能力的孩子。

（三）活动准备

1. 各种气味的家庭食品：八角、辣椒、大蒜、醋、料酒等。

2. 各色的家庭食品：黑色可乐、黄色橙子、绿色黄瓜、紫色茄子、红色辣椒等。

3. 各种味道的家庭食品：如醋、盐、白糖、辣椒粉等。

（四）重点与难点

1. 儿童能使用味觉去感受不同的食品。

2. 儿童能用味觉辨别不同食品的味道。

3. 儿童能主动参与家庭活动。

（五）活动过程及策略

阶段	活动流程	活动建议	家长反思
主体活动	家长在厨房中带领儿童进行。 1.闻一闻：家长让儿童利用嗅觉找出辛辣味辣椒，茴香味八角，酸味醋，有酒香味的料酒等。 2.尝一尝：然后家长取一点点让儿童品尝。	儿童可能对一些气味有厌恶感，可以通过奖励或者言语鼓励尽量促成儿童的识别过程。	1.厨房里还有哪些食品可以作为这种活动的对象？ 2.儿童的嗅觉和味觉能够匹配起来么？怎么可以做到匹配？
	家长带领儿童在家庭中进行。 1.找一找：家长让儿童寻找出黑色可乐、白色梨、黄色橙汁、绿色黄瓜、紫色茄子、红色辣椒五种食品。 2.辨一辨：家长带领儿童识别颜色。 3.尝一尝：家长带领儿童品尝味道。	把各色的糖果与各色的任务物品组合起来，如果能够辨别就给儿童一个同色的糖果。	1.儿童识别和记忆颜色做到了几种？是什么原因导致失败的？ 2.儿童通过颜色和味觉记忆食品的方式有什么优缺点？可以怎样改进？ 3.其他可利用的食品有哪些？儿童感兴趣的食品有哪些？
	家长准备好苦瓜汁、醋、盐水、白糖水、辣椒粉，摆放在桌上同儿童一起分享各种味道，识别并且辨别食品的名称。	如果儿童尝不出味道，可能是儿童的味觉敏锐度稍低，也可以多尝试几次。尝出正确的味道后就可以与儿童分享日常生活中有哪些相同味道的食物，增加味觉记忆的能力。	1.能够分辨多少种味道，未分辨出的味道是否是儿童之前接触过的？ 2.可以拓展生活中哪些味觉食品作为补充？
活动延展	1.味觉游戏可以从嗅味觉结合、视味觉结合，到味觉分辨和记忆结合，其他感官游戏也可以参照这种层层深入的方式。 2.家长可带着儿童在厨房中做饭时，结合味觉信息做一次味觉游戏。 3.根据儿童选择的调料，以及各种口味的菜，家长为儿童做一桌可口的饭菜，并在吃饭过程中分享学习到的东西。 4.家长带着儿童在农贸市场来一场味觉辨别的旅行。 5.家长带领儿童用厨房的各色、不同浓稠程度的物品做颜料，在宣纸上画画，如用酱油写毛笔字。	家长把儿童偏好的食材及调料作为活动物品，那么加入其厌恶的物品也非常有必要，还可以利用这个契机培养对蔬菜等的喜好，如大力水手爱吃菠菜。活动中也要结合其他感官能力。	

六、日常生活感官游戏活动

生活中的点点滴滴都能转化成感官游戏活动，家长要善于发现并结合上述方法在日常生活中促进儿童感知觉能力的发展。

时间	活动流程及策略	活动目标	家长反思
早上	1.起床：家长用美妙的音乐叫儿童起床。 2.穿着：家长让儿童闭上眼睛，让他用手触觉分辨出衣服、裤子后再给儿童穿上。 3.洗漱：家长把儿童的手放在盆中，让其感受和分辨冷水或温水后洗脸，也可玩水。刷牙时分享牙膏的味道，同时教育儿童不可吞食。 4.早餐：家长带领儿童先用嗅觉感受牛奶（橙汁、豆浆）、包子、油条、鸡蛋（或其他早餐）的味道，再让儿童用视觉分辨颜色，之后再用味觉感受。	1.儿童能运用触觉辨别能力分辨出衣服和裤子的形状。 2.儿童能用触觉辨别冷水和温水。 3.儿童能用嗅觉记忆能力记忆早餐的味道。 4.儿童能用视觉辨别不同食物的颜色。	1.每一次的小游戏中涉及的主要感官能力是什么，次要感官能力是什么？ 2.完成了多少感官能力的目标？ 3.怎么利用更有效的方式在日常生活中锻炼感官能力？
中午	做饭的过程中锅碗瓢盆敲击的声音、各种菜的色香味都是视觉、味觉和嗅觉游戏的灵感来源，家长应多加利用。 1.做饭：家长在厨房中带领儿童进行游戏，让儿童利用嗅觉、味觉、视觉感受和分辨各种作料和食材，如黑色咸味的酱油、白色咸味的盐、红色辛辣的辣椒、绿色甘甜的黄瓜、紫色的茄子等。另外，家长可陪儿童一起听敲打各种厨具的声音。 2.午餐：家长带领儿童在吃菜过程中进行嗅觉、味觉、视觉游戏。 3.午睡：家长带领儿童用身体感受床、椅子、沙发等家具带来的感觉，让儿童在家长拍打抚摸的节奏中入睡。	1.儿童能用味觉辨别不同食品的味道。 2.儿童能用视觉辨别不同食品的颜色。	
晚上	动漫时间儿童需要学会的感官能力和认知能力结合较多，难度稍大。而洗澡时间可以作为一个主题活动，发展视、听、触、嗅等感官能力。 1.动漫：动漫时间无疑是激发特殊儿童想象力和创造力的重要机会，家长可以在生活中带领儿童模仿动漫人物的行为（角色扮演），练习对话口语、识记人物、动物等。 2.洗澡：家长在浴盆中吹泡泡，让儿童用身体感受泡泡；家长让儿童闭上眼睛触碰玩具，猜对了玩具后玩玩具；家长让儿童听拍打水的声音；家长让儿童感受沐浴乳和水的触感；家长带领儿童嗅各种香味（花露水、沐浴露、洗发液等）。 3.入睡：睡觉时候儿童可以听着家长讲的故事，或者家长唱的摇篮曲入睡，可以让儿童手里抱着柔软的枕头、玩具等。	1.儿童能模仿动漫人物的动作。 2.儿童能模仿动漫人物语言。 3.儿童能运用视觉记忆能力识记人物动物。 4.儿童能用触觉辨别能力区辨不同玩具。 5.儿童能用触觉去感受沐浴乳和水的触感。 6.儿童能用嗅觉闻各种香味。	1.结合紧密的感官能力是否都得到了锻炼（如视触结合的泡泡游戏）？怎样做可以改善？ 2.感官能力如果需要发展到更高的阶段，和认知、动作技能等结合起来（如角色扮演），怎样实践？
活动延展	1.日常生活中有很多主题游戏活动，如厨房主题、洗澡主题、动漫主题、蔬菜主题、水果主题、豆类主题等各种类型活动，家长需要有意识地去发现和运用。主题活动能帮助儿童多感官协调发展。 2.除了多感官发展的目标需要达成以外，在儿童现有能力的基础上，结合感官能力向认知、动作技能发展，最重要的是感官能力运用的生活化。 3.家长可以阅读有关行为训练的书籍。		

第四章

特殊儿童精细动作发展与游戏 ◁▷

本章内容主要包括特殊儿童精细动作游戏教学范例与家庭范例两个部分。每个部分的范例都会详细描述游戏的设计思路和活动的步骤，每个教学范例后面都会有一个评估量表，供教师评估使用；也可以作为家庭范例评估的模板。

第一节　概　述

儿童获得知识的最好的方式是动手操作。幼儿精细动作的发展程度是反映幼儿神经系统发育成熟度、评价儿童智能发展的重要指标之一，也是对儿童进行教育的基本依据。对于发展早期的儿童而言，身体动作的发展是第一位的，这个时期的儿童面临多种发展任务（如写字、画画和取放物体等），这些精细动作的执行，需要意识的计划、参与，然后依靠肌肉的协调以及力量的控制，同时加之感知觉的参与协调完成。我们要在儿童的不同生长发育阶段，创造条件让他们进行精细动作训练，掌握抓、握、拍、打、写、画等动作，从小培养精细动作的灵活性、准确性，提高手眼协调能力，为将来生活自理打好基础。

一、精细动作的定义

精细动作是指较小的动作，如用大拇指和食指捏起东西、转动脚趾或用嘴唇咬和舌头品尝等。个体手部的精细动作能力，指个体主要凭借手以及手指等部位的小肌肉或小肌肉群的运动，在感知觉、注意力等多方面心理活动的配合下完成特定任务的能力，它对个体适应生存及实现自身发展具有重要意义。一个简单的精细动作的执行，需要意识的参与，大脑中的计划，依靠肌肉的协调以及力量的控制，同时加上感知觉的参与协调完成。对处于发展早期的儿童而言，他们面临多种发展任务，精细动作能力既是这些活动的重要基础，也是评价儿童发展状况的重要指标。

儿童的精细动作发展开始于先天性条件反射，如抓握反应，然后经过一系列的过程逐渐发展到握笔书写。随着大脑的成熟及年龄的增长，精细动作技能出现渐趋提高的现象。在 3 ~ 6 岁期间，出现"操作技能"的飞速发展，如双手技能、手的灵巧性、手眼协调能力、物品操作能力等迅速提高；对个体大脑及相关骨骼、肌肉的发育分析表明，4 ~ 8 岁是个体生理发展成熟最快的时期之一，神经细胞髓鞘化在这一时期内基本完成。这说明动作能力与认知的关系早在 6 岁前就已经建立了。

二、游戏与特殊儿童精细动作发展的关系

（一）精细动作的意义

精细动作对个体的发展有重要的意义，研究者多从心理学、行为学、脑科学等多学科领域探讨精细动作与个体各方面能力发展的关系。综合国内外研究成果，我们将个体精细动作发展的意义归纳如下。

1. 精细动作与认知发展

动作与认知之间存在密切的关系，精细动作能力是儿童认知提高与进一步发展的基础，精细动作也是其他高级认知活动的前提。足够的动作经验积累，形成了高级的认知活动，同时精细动作的发展与认知的发展相互作用，提高精细动作可以改善注意力，提高大脑的执行功能。皮亚杰指出动作图式是婴儿认知结构的基石，个体心理既不起源于先天遗传，也不起源于后天环境，而是源于主体对客体的作用，在这一过程中个体的认知结构不断复杂化、高级化。神经行为学者在对脑瘫、癫痫、中风、脑外伤等颅脑疾病患者进行精细运动训练时，发现患者学习、言语等认知水平都有不同程度的提高，这表明精细动作能力的发展促进了脑功能的恢复。还有研究发现，手指的灵巧度是预测阅读成绩的良好指标。

2. 精细动作与学校适应

研究者发现，粗大动作能力和精细动作能力发育良好的儿童入学第一年表现

出良好的社会交往技能和课堂任务导向的行为。

精细动作技能是许多学习活动的基础（如书写）。书写能力的欠缺直接影响儿童的学业成就。在小学阶段，儿童一天中的大部分时间都是在完成精细动作任务，如重复地写字、画画、折纸，精细动作活动是初级教育阶段中非常重要的部分。

精细动作水平影响学生在校的情绪状态。精细动作技能水平低的学生难以完成学校的许多活动，导致教师对他们多消极评价。另外，这类学生由于在完成各类精细动作任务方面存在困难，往往需依赖他人，使得他们更容易成为同伴嘲笑的对象，这导致他们经常处于负面情绪中。

3. 精细动作与社会性情绪

研究表明，不良的动作协调能力与社会性情绪问题有直接的联系，动作协调能力不良的儿童与不存在协调问题的儿童相比，前者的个性更内向，在运动和社交方面对自我的评价更低，而且更容易焦虑。设计精细动作游戏，可以在活动中潜移默化地增加儿童的成就感、自信心，以及自我认同感，减少不良情绪的出现。

（二）特殊儿童精细动作发展研究现状

特殊儿童与同龄的普通儿童相比，在精细动作发展方面有很大差异，这里简单介绍智力落后儿童、自闭症儿童、注意缺陷多动症儿童、阅读障碍儿童、脑瘫儿童和视力障碍儿童的精细动作发展。

智力落后儿童在粗大动作方面接近普通儿童，但精细运动能力差，如写字、描画都显得笨拙。可能的解释是精细运动能力的组成元素，如精确的抓握、使用工具等，对中枢神经系统的成熟和整合要求更高。Michiel 等人的研究则进一步指出智力障碍儿童的精细动作发育迟缓具体表现在手指的灵活度及双手协调能力方面。罗苏群将智力障碍儿童精细动作的特点总结为五点：一是肌肉张力异常，肌张力过高或过低，手指不能自如张合；二是精细动作发展缓慢，动作能力的发展时间明显比普通儿童漫长；三是双手协调能力差；四是手眼协调能力差；五是本体感觉差，部分精细动作活动需要过多的视觉辅助。

自闭症儿童在运动能力方面存在障碍，运动障碍甚至被视为自闭症的伴随症状。研究发现自闭症儿童的精细动作能力发育迟缓表现在伸手、拍手、指点、搭积木、转动门把手方面，研究者还推测自闭症者精细动作能力的欠缺与其语言发育迟缓有关。Jasmine 等人的研究也指出自闭症儿童的精细动作能力影响他们其他能力的发展，比如精细动作能力与独立生活能力呈高度相关。

注意缺陷多动症儿童的认知和行为特点非常突出，他们多数有良好的大运动能力，少数儿童的精细动作能力及动作的协调性略显不足。所以，在进行感觉统合训练时，训练人员可以很好地利用其优势发展的大运动能力，设计相对复杂的游戏，进行较高整合度的感觉统合训练，提高各感觉系统的统整水平，并提高动作的精细度，而精细动作任务可以减少注意力缺陷儿童在解决数学问题时注意力不集中的行为。

阅读障碍是学习障碍的一种，常用来形容阅读能力不良。有阅读障碍的儿童在判断运动物体的大小与速度，做精细动作如扣纽扣、系鞋带等方面也会有些异常。在实践中，家长和教师都可以通过游戏的方式训练他们的精细动作，提高他们的生活自理能力。

脑瘫儿童由于脑组织的损伤，导致患儿肌力、肌张力、运动姿势的异常，包括大运动发育的异常和精细运动的发育异常。对这些在生长发育阶段受到损伤的患儿来说，康复进行得越早，效果越好。

视力障碍儿童与普通儿童相比，受视力障碍、环境和教养方式的影响，视力障碍儿童发展大运动能力的机会要少于发展精细运动的机会。视力障碍儿童的活动方式多采用静止的，坐着做手部抓握动作的活动。视力障碍儿童由于缺少手眼协调的管理能力，只能用耳手协调来代替，因此，尽管他们的精细运动的发展优于大运动的发展，但与普通儿童相比仍显滞后。有些视力障碍儿童掌握自己用勺吃饭技能的时间要比普通儿童晚两年左右。

（三）游戏与特殊儿童精细动作训练

在全纳教育理念下，普通教育机构也开始接纳和安置特殊儿童，游戏治疗在特殊儿童康复训练中正逐步发挥着重要的作用。

游戏活动能创设良好的游戏环境、学习环境和训练环境，这些良好的环境创设可改善特殊儿童教育训练的效果，促进特殊儿童各方面的发展。

游戏一方面具有趣味性，可以调动儿童学习的兴趣；另一方面具有多样性，各种各样的游戏形式可以帮助特殊儿童锻炼精细动作能力。

三、精细动作发展目标

精细动作的游戏发展目标是提高精细动作能力，在游戏活动中使儿童的抓放能力、作业能力和工具的使用能力变得更加精确灵敏，进而促进肌肉协调能力的发展，为将来生活自理打好基础。具体目标如表 4-1 所示。

表 4-1　精细动作目标

基本目标		发展目标
抓放能力	拇、食指捡取和释放物品、腕部旋转、双手协调	1.精细动作能力的协调性、灵活性、准确性 2.精细动作能力运动的生活化，成为特殊儿童基本社会技能，实现社会适应
作业能力	推叠能力、嵌塞能力、顺序工作能力、顺序套物能力	
工具的使用能力	开关容器、使用文具、仿画线条、黏土造型、折纸、使用剪刀	

四、特殊儿童精细动作游戏活动设计思路

我们从特殊儿童的实际情况出发，以游戏为载体，遵循内容的全面性、切实性和可操作性原则设计了一系列提高特殊儿童精细动作能力的活动。

（一）内容满足需要

应充分考虑特殊儿童的实际需要。手是人认识事物某些特征的重要器官，通过手的运动，可使幼儿认识事物的各种属性和联系，发展知觉的完整性和具体思维能力。特殊儿童由于大脑损伤造成诸多问题，如精细动作发展不良、空间知觉不足、手眼协调能力差等，以至于长大后不能用筷子吃饭、写字、穿衣服、系鞋带、叠被子等，影响了他们的生活，所以对特殊儿童进行精细动作训练很有必要。

充分考虑到不同的特殊儿童精细动作发展水平不一致，设计有针对性的游戏活动。脑瘫儿童的精细动作发展可能比自闭症儿童更加缓慢，而多动症儿童的精细动作发展可能会好于自闭症儿童。我们每一个活动设计都是针对某种特定的特殊儿童和特定的目标的，能够满足特定对象在生活中和学习中的精细动作训练。

（二）内容全面细致

尽可能地考虑到学校生活和居家生活两个环境中可能会用到的精细动作技能。精细动作在个体日常生活中扮演重要的角色，比如在学校学习中个体要掌握写字、涂颜色、折纸等，在居家生活中个体需学会系鞋带、解扣子等。特殊儿童

由于自身的缺陷，精细动作能力水平低，在学校和居家生活中适应困难。因此我们既设计了针对学校的活动，也设计了可在家庭中操作的活动。

训练的内容全面多样。比如手工，手工制作需要具备的前提是儿童会剪、贴、折、撕等能力；书写对儿童的以后也较重要，大概包括涂色、仿画、描红、写字；橡皮泥对发展幼儿的小肌肉作用非常大，并且大多数儿童比较喜欢玩。兴趣是学习的动力，橡皮泥对儿童发展的作用主要是练习抓、捏、压、搓、揉、拧、卷、仿等基础动作，在教学时可教特殊儿童利用橡皮泥做一些简单的物品，如麻花、饺子、项链等。

训练形式动静结合。既有让儿童安静地操作的活动，例如剪纸、串珠、做拼盘等；也有让儿童和老师、同伴一起合作完成的游戏，如走走停停、套物等。

（三）内容可操作性强

步骤明确：每一项活动都有清晰的步骤分解，帮助老师和家长训练特殊儿童的精细动作能力。

有明确的评估标准：在每一项活动之后都依据可观察、可操作、可评量的原则设有评估表，帮助教师、家长检验游戏训练的效果。

活动项目简单易学：活动中需要准备的都是生活中常见的物品，如杯子、衣服、食物、纸等。整个活动过程也简单易学，便于家长、老师、儿童接受。

第二节　精细动作游戏教学范例

本节内容从特殊儿童的实际情况出发，以游戏为载体，设计了一系列帮助特殊儿童训练精细动作能力的活动，教师可根据学生实际情况选取活动。

一、装豆豆

（一）活动目标

1. 学生能够双手协调地操作物品。

2. 学生能够使用双手灵活地抓握物品。

3. 学生能用拇指和食指捡取小物品。

（二）活动对象

具备一定精细动作能力（若存在视力障碍，也可以进行一些训练尝试），需要增加学习持续性、应用能力等的学生。

（三）活动准备

1. 铺有地毯或塑料板的教室。

2. 瓶口大小不一的瓶子若干。

3. 蚕豆、大米粒、小黄豆若干。

4. 盒子若干。

（四）重难点

1. 让学生用听、看等方式理解教师的引导语，能够按照教师的指令完成各个活动。

2. 注意学生在活动过程中的安全，避免误食等。

（五）活动过程及策略

阶段	活动流程	活动目标	活动建议
热身	1.传递动作模仿。教师播放豆豆丁音乐，随着音乐节奏教师示范"拍地板四下+传"的动作，学生模仿。 2.教师将事先准备好的装有大米粒、小黄豆、蚕豆的瓶子，由老师开始，配合着手上节拍、步子等有韵律的动作，在学生们之间依次传递……由双手传递到单手传递……传递速度由慢到快。	1.学生能主动模仿教师传递。 2.学生能主动模仿教师传递瓶子。	1.准备的瓶子瓶口要小，有三四个蚕豆那样大就好，瓶口过大，有些学生可能会手抓放进去，影响活动的目的。 2.蚕豆的数量要根据教师安排的活动时间和学生的智力水平以及年龄而定，要尽可能多准备一些，将蚕豆装在盒子里发给每个学生，防止蚕豆落地，影响教学秩序。 3.事先告诉学生这个不能吃，防止有些学生吃到嘴里卡住。 4.发给学生们的瓶子的瓶口的大小，根据学生的实际情况而定。 5.考虑用合适的音乐、节拍来配合"装豆豆"游戏，避免枯燥重复动作。
发展	1.蚕豆装瓶： （1）教师先把装有蚕豆的盒子和空瓶子发给学生。 （2）让学生感受瓶子、豆子，可以轻敲瓶子、触摸蚕豆…… （3）教师示范用不同方式把蚕豆装到瓶子里去，让学生模仿。从双手抓取豆子，到一手拿瓶子一手抓豆子装进去；由一把抓……到用拇食指捡豆豆进瓶子。瓶口由大到小。 （4）教师示范用勺子舀蚕豆装小瓶里，学生模仿。 （5）教师示范用筷子夹蚕豆装小瓶里，学生模仿。 2.黄豆装瓶：教师先把装有黄豆的盒子发给学生，并给学生示范，让学生把黄豆也装到瓶子里去（步骤如上）。 3.大米粒装瓶：教师先把装有大米粒的盒子发给学生，并给学生示范，让学生把大米粒也装到瓶子里去。	1.学生能模仿教师的动作。 2.学生能用一只手抓握起蚕豆。 3.学生能用一只手将瓶子握稳。 4.学生能把蚕豆准确地装入小口瓶子。 5.学生能用拇指和食指捡取豆子。 6.学生能用勺子把蚕豆装入瓶子。 7.学生能用筷子把蚕豆装入瓶子。 8.学生能用手将黄豆装入瓶子。 9.学生能用手将大米装入瓶子。	
结束	教师给学生示范，双手抱着瓶子，伴着或一起哼着调子，哄蚕宝宝睡觉。	学生能安静坐下来。	
活动延展	1.进行装豆豆比赛，看谁先装满瓶子。 2.学生的抓握能力发展较好后，进行瓶子抛接游戏：学生面对面站成两列，一列抛给另一列（距离由近到远）；然后伴随音乐左右走动，音乐停则一列抛给另一列。		根据学生的能力发展，照顾到一些提升较慢的学生，适当给予评比、奖励。

（六）教学活动效果评量

阶段	活动	目标	形成性评量					评量方式	评量结果	通过与否	教学决定	备注
			1	2	3	4	5					
热身	豆子传递	1.学生能主动模仿教师传递瓶子。										
		2.学生能跟随规则做动作。										
发展	蚕豆装瓶等	1.学生能模仿教师的动作。										
		2.学生能用一只手抓握起蚕豆。										
		3.学生能用一只手将瓶子握稳。										
		4.学生能把蚕豆准确地装入小口瓶子。										
		5.学生能用拇指和食指捡取豆子。										
		6.学生能用勺子把蚕豆装入瓶子。										
		7.学生能用筷子把蚕豆装入瓶子。										
		8.学生能用手将黄豆装入瓶子。										
		9.学生能用手将大米装入瓶子。										
结束	蚕豆睡觉	学生能安静坐下来。										

二、彩圈套人

（一）活动目标

1.学生能够保持注意力。

2.学生能够依序套入物品。

3.学生能配对分类相同颜色的物品。

（二）适用对象

具备基本的粗大动作能力，需要进一步发展精细动作，持续较长时间集中注意力，以及安抚儿童的情绪。

（三）活动准备

1. 六种不同颜色的呼啦圈若干。

2. 六种不同颜色的彩色丝带若干。

3. 六个塑胶凳子。

（四）重难点

学生的注意力集中时间很短，吸引学生的注意力，使学生的注意力集中时间延长，将成为活动的重难点。

（五）活动过程及策略

阶段	活动流程	活动目标	活动建议
热身	1. 两人一组，教师将不同颜色的呼啦圈发给每个组，然后两人各拉住呼啦圈一边（或者用大呼啦圈，两个学生站在呼啦圈里面）合作走动，所有小组前后排列走动。 2. 若学生辨色能力发展正常，可给学生一人一个呼啦圈，分散站开，然后找到与自己同色的呼啦圈伙伴。	1. 学生能听指令。 2. 学生能与同伴协作。 3. 学生能配对相同颜色的相同物品。	1. 在颜色归类的过程中，可以根据学生的认知发育水平，设计不同难度的游戏，比如不仅可以让学生进行颜色分类，而且要按照一定的顺序套上去。 2. 准备的凳子要根据学生的身高状况，一般来说，学生抬手或者轻微抬脚可以套进去最好。 3. 场地要有足够的空间供学生玩耍。 4. 如有多动症的学生在活动空间里，除了与活动有关的物品以及一些必备品，其他的东西最好收起来。
发展	1. 呼啦圈按颜色归类。教师先将六种不同颜色的丝带绑在六个凳子上，让学生把呼啦圈套在有相同颜色丝带的凳子上。 2. 两种颜色呼啦圈归类。教师将六种不同颜色的丝带分成三组，分别绑在三个凳子上，同样让学生把与丝带相同颜色的呼啦圈套在同一个凳子上。 3. 三种颜色呼啦圈归类。教师先将六种不同的丝带分成两组，分别绑在两个凳子上，让学生把和丝带颜色相同的呼啦圈套在同一个柱子上。 4. 学生熟练掌握上述的规则后，教师可以让学生们边走边滚着呼啦圈去放置。	1. 学生能配对分类相同颜色的两个物品（同色的丝带和呼啦圈）。 2. 学生能依序套入呼啦圈。	
结束	1. 教师让学生选择自己喜欢的颜色的丝带，然后将丝带绑在相同颜色的呼啦圈上。 2. 学生举着呼啦圈全场绕圈展示。	学生能主动选取自己喜欢的丝带。	
活动延展	1. 让学生面对面站成两排，将自己手里的呼啦圈滚动到对面和自己拿同色呼啦圈的学生手中。 2. 教师将不同颜色呼啦圈换成相同颜色而不同大小的呼啦圈进行游戏：将手中的呼啦圈滚到有相同大小呼啦圈的儿童那里去交换，距离慢慢加大。		对于有视觉障碍的学生，可以设置轨道，让学生触摸着轨道进行（呼啦圈的区别设置为"大小"）。

（六）教学活动效果评量

阶段	活动	目标	形成性评量					评量方式	评量结果	通过与否	教学决定	备注
			1	2	3	4	5					
热身	呼啦圈找朋友	1.学生能听指令做事。										
		2.学生能与同伴协作。										
		3.学生能配对相同颜色的相同物品。										
发展	呼啦圈回家啦	1.学生能配对分类相同颜色的两个物品。										
		2.学生能依序套入呼啦圈。										
结束	漂亮的呼啦圈	学生能主动选取自己喜欢的丝带。										

三、我们一起画

（一）活动目标

1.学生能正确使用笔。

2.学生能仿画线条和简单图形。

3.学生能在活动过程中与他人沟通互动。

（二）活动对象

具备一定的粗大动作能力，需要发展精细动作：手部力量、协调性及灵巧度、手眼协调能力的儿童（对于视力障碍学生，开展起来会有困难，需要专用材料）。

（三）活动准备

1.水彩笔和纸张若干。

2.纸张，包含三种类型：空白纸张、画有线条的纸张以及画有各种平面图形和简单图案的纸张。

3.音乐《我是一个粉刷匠》。

（四）重难点

1.学生能够画出清晰、完整的线条，促进学生拿、握笔的正确方式形成。

2.学生能与他人交流。

（五）活动过程及策略

阶段	活动流程	活动目标	活动建议
热身	**身体线条** 1.教师播放音乐《我是一个粉刷匠》，一边做身体的伸展、弯曲动作，做出在墙上刷线条的动作；一边引导学生模仿动作。 2.带着学生沿着直线、斜线走，用身体感受线条。 3.笔传递：所有学生站一列，由教师示范、引导，用正确的握笔方式在学生右手中传递笔，从一端传到另一端。	1.学生能模仿教师的动作。 2.学生能正确按照线条走动。 3.学生能正确握笔。	1.一张纸上最好只画一条线条，可以是直线、射线、曲线等。 2.在确保每个学生都会画的时候，教师再换别的线条，直到学生学会画所有的线条。
发展	**画线条** 1.教师可以先给学生一人一张空白的纸张，以及每人一盒水彩笔，让学生随意涂画。 2.当教师观察到所有的学生都可以拿笔并且能够随意涂画的时候，就可以将事先准备好的画有实线条的纸张发给学生，然后让学生用不同颜色的彩笔在那条线上描绘，可以多次重复。 3.教师将画有虚线的纸张发给学生，让学生用不同颜色的彩笔将虚线描实。 4.教师给学生示范用正确的握笔方式进行涂画。	1.学生能用笔随意涂鸦。 2.学生能用笔描画线条。 3.学生能用笔沿虚线画直线。	1.教师们要有足够的耐心，多多鼓励他们，给予学生足够的时间，让学生自己去摸索，教师可以示范，但不可以代替学生去画。 2.用笔有时候也会有意外发生，所以学生之间最好有一定距离，教师也要随时观察。
	画平面图形 1.教师把画有一个圆的纸张发给学生，让学生用不同于原颜色的笔在已画好的圆上描。 2.教师把印有虚线圆形的纸张发给学生，让学生沿虚线画。 3.教师把印有用点绘成的圆的纸张发给学生，让学生连点成圆。 4.教师可引导学生用彩色笔进行色彩填充。 5.在学生画圆的时候，教师可以鼓励学生互相交换画，也可以学生和教师一人画一次，增加彼此的互动。 6.教师按照上面的流程可以让学生画正方形、长方形等常见的平面图形。	1.学生能沿圆边线描红。 2.学生能沿虚线画圆。 3.学生能用颜色笔填涂规定区域。	3.准备的原图形，可以大小不一样，也可以用不同的颜色和线条，增加学生的兴趣。 4.学生之间的互动，以及学生和教师之间的互动一定不要急于求成，要循序渐进，不能强迫学生。
结束	**作品分享** 1.教师引导学生有序地将作品贴墙上展览。 2.教师点评，引导学生欣赏作品，互相表示感谢。	学生能主动分享自己的作品。	教师注意发现每个学生的亮点，肯定学生画画的动作的自然流畅、作品线条对得整齐、颜色和谐等。
延展活动	1.教师可以拿具体的实物（球、长方体）给学生，让其在白纸上沿着实物轮廓描画。 2.教师可以拿画有简单图案的白纸发给学生，如太阳、月亮、饼干、牙刷、茶杯、钢笔、小刀等；然后根据学生所画情况适当加大图形的难度，如教画小动物、人、房子、桌子、凳子等。		1.一开始所画图形不要太难，要尽量简单。 2.教师可以鼓励学生用自己的方式学会画这些生活中常见的简单图案，可以是描画，也可以照着画。

（六）教学活动效果评量

阶段	活动	目标	形成性评量					评量方式	评量结果	通过与否	教学决定	备注
			1	2	3	4	5					
热身	身体线条	1. 学生能模仿至少三个老师的身体动作。										
		2. 学生能正确按照线条走动。										
		3. 学生能正确握笔。										
发展	画线条	1. 学生能用笔随意涂鸦。										
		2. 学生能用笔描画线条。										
		3. 学生能用笔沿虚线画直线。										
	画平面图形	1. 学生能沿圆边线描红。										
		2. 学生能沿虚线画圆。										
		3. 学生能用颜色笔填涂规定区域。										
结束	作品分析	学生能主动分享自己的作品。										

第三节　精细动作游戏家庭活动范例

家庭游戏活动的设计、选取，主要是看其方便性、实用性，家长可根据自身需求选取活动。

一、拧瓶盖

（一）活动目标

1. 儿童能锻炼腕关节的灵活性。

2. 儿童能双手协调地操作物品。

3. 儿童能掌握基本的生活技能。

（二）适用对象

有一定听觉能力，粗大动作能力有基本发展，需要进一步发展精细动作与生活技能的儿童。

（三）活动准备

1. 各种生活中常见的杯子若干。

2. 筷子两双。

3. 儿童感兴趣的物品。

（四）重点与难点

儿童能够掌握拧瓶盖的技能，提高双手协调的能力。

（五）活动过程及策略

阶段	活动流程	活动建议	家长反思
	1. 家长先把各种杯子摆在桌子上或者地上，和儿童一起用筷子敲出不同的声音，吸引儿童的兴趣（家长可以学习一些很简单的音乐，最好能敲出来，比如两只老虎等）。 2. 难度变化：由单手拿一根筷子敲打到双手各拿一根敲打；熟练掌握前面的动作后，和儿童一起用拇指、食指捏着筷子敲击。	准备的杯子无论是在颜色上还是在形状上都可以多种多样，或者是杯子上有儿童喜欢的图案，这样更能引起儿童的兴趣。	1. 家长敲打的声音是否吸引了儿童的注意？如果没有是因为什么？ 2. 如何让儿童保持对这个活动长久的兴趣？
主体活动	1. 家长先在四个杯子里放着不同的东西，把杯子的盖子都盖上，装在里面的东西最好是儿童比较喜欢的，而且大小适宜。 （1）家长可以制造一些能激发儿童好奇心的悬念，或者用讲故事的方式让儿童去探索杯子里面的东西。 （2）先拿给儿童的杯子可以是没有盖子的那一种，儿童可以一眼看到并且拿到里面的东西。 （3）第二个可以是能揭开盖子的那种杯子，可以一步步地来。 （4）第三个可以是需要稍微用点力揭开的那种杯子，增加难度。 （5）第四个可以是需要拧几圈才能打开的杯子。 （6）当儿童完成时，给予拥抱、亲吻等奖励。 2. 家长和儿童一起将杯子放回原处。	1. 玻璃杯比较容易摔碎，家长可以和儿童坐在地上进行，可以更随意、更轻松。 2. 盖子的难易程度要根据儿童的具体状况而定，要循序渐进，不能急于求成，可以一次只训练一种杯子。 3. 杯子里装的东西要根据儿童的喜好而定，要能给儿童惊喜。	1. 这个活动还可以得到怎样的提升？ 2. 儿童在游戏过程中打不开杯子时出现了怎样的情绪？自己有没有进行恰当的应对。
活动延伸	1. 家长引导儿童一起给大洋娃娃穿裙子、戴帽子、穿鞋子；之后加大难度，用小洋娃娃。 2. 儿童打开所有的杯子之后可以让儿童独立尝试打开易拉罐的拉环，但是要注意安全。		

二、黏土的故事

（一）活动目标

1. 儿童能双手自如地抓、放物品。

2. 儿童能用黏土做出简单的图形。

（二）适用对象

具有一定的粗大动作能力，需进一步发展使用工具、手部灵活性的儿童。

（三）活动准备

颜色不一的黏土一盒，立体物品（长方体、球等）若干，以及一些简单可爱的黏土作品或者图片。

（四）重点与难点

儿童能够捏出一些简单的物品。

（五）活动过程及策略

阶段	活动流程	活动建议	家长反思
主体活动	1. 让儿童随意揉捏黏土，熟悉黏土的属性。 2. 家长可以在旁边捏出面条、包子、馒头等食物，引起儿童的兴趣。	1. 整个过程家长一定要耐心、细心陪伴，防止儿童误食黏土。 2. 当儿童能用黏土捏出不同的造型时，家长一定要给予鼓励。 3. 当儿童给自己的作品赋予角色的时候，家长不要否定。 4. 家长选择的作品图片，一定要根据儿童的实际情况而定。	1. 儿童能用黏土捏出多少不同的造型？ 2. 儿童能明白国王是什么吗？ 3. 家长是否及时对儿童做出鼓励与奖励？
	1. 给儿童示范，将黏土覆盖在立体物品（长方体、球等）表面，然后整修表面。 2. 家长和儿童一起用黏土捏方块、球等基本立体造型，由易到难；然后可以一起给自己的作品拍照。 3. 家长可以把准备的黏土作品或者图片拿给儿童看，让儿童选择自己喜欢的作品来模仿。 4. 家长和儿童一起完成儿童所选择的作品，当然家长只是帮助儿童，主要是引导儿童来完成，达到对手指、手掌抓握能力的练习。		
	1. 共同欣赏之前完成的一系列作品、图片，家长引导儿童把这些作品当作儿童自己创建的王国，儿童是国王。 2. 让儿童指派自己王国里面的这些角色，伴随音乐、语言、动作来进行一些故事的简单排演。		
活动延伸	1. 儿童不用模型自主创作黏土造型。 2. 让儿童根据自己捏的黏土作品编故事，父母可以协助一起编故事。		1. 儿童用什么样的方式表达故事？ 2. 自己怎样去帮助儿童完善？

三、插孔

（一）活动目标

1. 儿童能够灵活地运用手指。

2. 儿童能够按大小嵌塞物品。

（二）适用对象

精细动作基本发展，需持续集中注意力、静坐下来的儿童。

（三）活动准备

1. 具有大小不一的多孔的物品。

2. 粗细、长短不一的筷子和吸管等。

3. 两根收缩棍。

注：带孔的物件不好找，可以用大小不一的小管截取，也可以用其他东西做成大小不一的孔状。

（四）重难点

让儿童能够将筷子等插进孔里，并且明白它们有大小的区别。

（五）活动流程及策略

阶段	活动流程	活动建议	家长反思
主体活动	1. 家长把收缩棍拿给儿童，然后在旁边将收缩棍拉长缩短，引起儿童的好奇心。 2. 家长可以给儿童示范棍子变长变短，和儿童一起玩。	1. 准备的筷子和吸管要和孔的数量相同，方便三个环节的顺利完成。 2. 每一类型的物品都需要准备两个或两个以上。 3. 准备的筷子和吸管颜色图案都需要多样性，以便吸引儿童的注意力。 4. 孔的多少以及筷子或者吸管类型的多少都要根据儿童的实际情况而定。	1. 儿童能将多少筷子或者吸管准确地插到相应的孔里？ 2. 儿童怎样才能把那些相同的筷子或者吸管放到一起？
	1. 家长可以用讲故事的方式告诉儿童，棍子也需要一个合适的家。 2. 家长给儿童示范，粗大的筷子或者吸管找的家是大孔的，细小的筷子或者吸管找的家是小孔的，先帮大筷子找家，然后是小筷子。等儿童能够按照先大筷子后小筷子顺序找到家后，带着儿童随机选筷子找合适的家。 3. 家长和儿童一起帮助吸管或者筷子找家，但是家长主要是引导的作用，主要是让儿童将筷子或者吸管插到孔里去。		
	家长引导儿童可以表示：在家太久了，它们需要出去玩，找到各自的小伙伴，它们的小伙伴长得都是一样的（颜色、长短、大小），让儿童把吸管或者筷子拿出来，一样的放到一起。		
活动延展	1. 可以将"找家"变成"火车过隧道"。 2. 可以用这些道具来制作手工品，如十字架、小竹筏……		儿童能体会到活动中假想情境的欢乐吗？

四、剪出好心情

（一）活动目标

1. 儿童能正确使用工具。

2. 儿童能有正确的情绪释放习惯，养成良好的休闲方式。

（二）适用对象

具备一定的粗大动作能力和精细动作能力，需发展使用工具的能力的儿童。

（三）活动准备

1. 适合儿童手的大小的小剪刀、彩色纸、铅笔、画笔、白纸、数字（0～9）模型。

2. 蜡烛或是有蓄电池的台灯。

（四）重点与难点

1. 儿童掌握剪刀的使用需要一段时间，还应注意安全问题。

2. 对所剪物的轮廓需要儿童有一定的空间想象力。

3. 儿童能完整剪好一件物品需要极大的耐性，并且下面所说图形均为平面图形。

（五）活动过程及策略

阶段	活动流程	活动建议	家长反思
	1.热身舞曲：伴随着轻快的音乐，带着儿童伸伸懒腰、挥挥手，用双手构成剪刀形状，做出要去夹住儿童的动作。 2.熟悉剪刀：家长带着儿童先触摸剪刀，快到刀刃的时候，手做出快速回缩的动作，给儿童传达出害怕、小心的信息。 3.然后教儿童拿剪刀：大拇指、食指分别放在剪刀手柄两边，手指张开、合拢进行练习。	可以事先给儿童看看螃蟹的鳌及其动作，用剪刀进行模仿，引起儿童兴趣。	1.儿童觉得这样反复练习剪刀的伸缩累吗？ 2.怎样更有效地让儿童认识到安全使用剪刀？
主体活动	1.家长先带着儿童用小剪刀在纸上任意剪、戳、划，了解剪刀的锋利及用途；再对纸进行直线、曲线剪裁。 2.然后在纸上用彩笔画出粗线条，家长拿着纸，沿着线条剪裁；然后儿童自己拿着纸，沿着线条剪（线条由直线到曲线，由简单到复杂。在剪裁过程中，引导儿童注意观察刀口的方向及转向）。	待儿童能较熟练地伸缩剪刀之后，再练习沿线裁剪，线条由短到长。	1.儿童一次能坚持不间断剪多长的线段？ 2.儿童能否独自进行剪裁？
	1.在停电或者没有好看的电视节目而感到无聊的时候，家长与儿童一起将纸放在地上或桌上，将数字模型放在上面来沿着模型画其轮廓。 2.手指沿着画出的轮廓移动、触摸，感受并记忆纸上的轮廓。将剪好的纸与模型进行对比、触摸，感受区别，加深对数字的轮廓记忆（逐渐减少家长对儿童的帮助，由儿童独立剪出一些简单的平面图形）。 3.然后，将剪好的纸放一起，儿童将纸片与数字模型配对。	刚开始剪裁的轮廓，尽量是直线型数字为主（如数字1、7……），然后再开始曲线型的。剪好之后，让儿童感受一下全身的状态及心情，选择表情。	1.儿童能否发现模型和自己剪裁的纸片轮廓的区别？ 2.儿童在剪裁的过程中能否放松下来或是感到快乐？
活动延展	1.可以用不同颜色的纸进行剪裁。 2.将剪好的纸粘贴在墙壁或是另外的彩纸上，并进行故事的汇编。 3.对于有视力障碍的儿童，可以用"写盲文"的方式，沿着数字模型轮廓在纸上戳孔，使儿童能够通过触摸来感知轮廓。 4.可以不用剪刀，仿照上面的步骤，由易到难地用手撕纸、折纸。		儿童要独立剪纸需要一个较长的时间，这需要家长结合不同的形式来维持、增加儿童对剪纸的兴趣，用故事、图画来进行补充。

五、日常生活精细动作游戏活动

时间	活动流程	活动目标	家长反思
早上	1. 起床：呼唤儿童起床时，家长可以和儿童玩拍手的游戏。 　　　你拍一，我拍一，一个小孩驾飞机。 　　　你拍二，我拍二，两个小孩梳小辫儿。 　　　你拍三，我拍三，三个小孩爬高山。 　　　你拍四，我拍四，四个小孩写大字。 　　　你拍五，我拍五，五个小孩跳个舞。 　　　你拍六，我拍六，六个小孩吃石榴。 　　　你拍七，我拍七，七个小孩刷油漆。 　　　你拍八，我拍八，八个小孩吹喇叭。 　　　你拍九，我拍九，九个小孩交朋友。 　　　你拍十，我拍十，看谁变成红宝石。 2. 穿衣服：家长可以配着儿歌给儿童穿衣服，慢慢地让儿童自己穿。 （1）穿开衫 　　　　　抓领子，盖房子， 　　　　　小老鼠，钻洞子。 　　　　　左钻钻，右钻钻， 　　　　　吱吱吱上房子。 （2）穿套衫 爬爬爬，爬爬爬（手指爬动），抓住衣边往下滑。 最先露出脑袋瓜（晃晃头），捏住袖口伸进去。 左手右手伸出来（舞动手），最后把衣边往下拉。 （3）小扣子 　　　　　小扣子，圆溜溜， 　　　　　好像眼睛找朋友， 　　　　　小洞洞，忙招手， 　　　　　欢迎扣子钻洞洞。 （4）穿袜子 　　　　　缩起小脖子（拿住袜筒两侧）， 　　　　　钻进小洞子（穿进袜尖）， 　　　　　拉起长鼻子（拉袜筒）， 　　　　　穿好小袜子。 3. 洗漱：家长和儿童一起洗漱，示范用手正确拿牙刷刷牙的动作，并且可以用儿歌引导。 　　　　　《我会刷牙》 　　小牙刷，手中拿，张开我的小嘴巴。 　上面牙齿往下刷，下面牙齿往上刷， 　左刷刷、右刷刷，里里外外都刷刷， 　早晨刷、晚上刷，刷得干净没蛀牙。 　刷完牙齿笑哈哈，露出牙齿白花花。	1. 儿童能锻炼手部力量。 2. 儿童能够将左右手套入对应的袖洞。 3. 儿童能够用副手抓衣服，用主手拉拉链。 4. 儿童能用副手抓住袖子，并将主手穿入袖洞中。 5. 儿童能按从上到下的顺序扣扣子。 6. 儿童能用副手食指、拇指拨开扣洞，用主手食指、拇指将扣子套入扣洞。 7. 儿童能双手合作拿住袜子。 8. 儿童能正确握拿牙刷。 9. 儿童能自己刷牙。	1. 家长对儿童是否有足够的耐心？ 2. 还有什么能够帮助儿童轻松愉快地学会生活技能的歌谣？ 3. 在整个过程中是儿童主动的还是家长主动的？ 4. 儿童是否对歌谣产生了兴趣？没有兴趣的原因是什么？

续表

时间	活动流程	活动目标	家长反思
中午	1. 洗手：家长示范洗手的程序——打湿小手，挤洗手液，洗手背、手心、手指缝，清洗，拿帕子擦干。可以配合儿歌一起。 《讲卫生》 自来水，清又清。 洗洗小手讲卫生。 伸出手来比一比。 看谁洗得最干净。 2. 吃午餐——摆食物脸谱： （1）用勺子或者筷子把各种食物分别装在不易碎的小碗里，胡萝卜放一个碗，肉丁放另一个碗等。 （2）把一个大平盘（不要带分格的那种儿童餐盘）放在孩子面前，然后帮他用食物摆出一张脸来。这时，家长要做艺术指导，而儿童拿着一小手的食物，差不多按照你说的位置摆放"把面条摆在这里做头发……让我们用西红柿做鼻子好不好？"必要时，手把手地帮一下儿童。	1. 儿童能在口语提示下完成洗手的步骤。 2. 儿童能正确使用筷子。 3. 儿童能自如地抓放食物。 4. 儿童能按位置次序摆放食物。	1. 家长对儿童是否有足够的耐心？ 2. 还有什么能够帮助儿童轻松愉快地学会生活技能的歌谣？ 3. 在整个过程中是儿童主动的还是家长主动的？ 4. 儿童是否对歌谣产生了兴趣？没有兴趣的原因是什么？
晚上	1. 小手工：家长可以找有角色的故事，一边讲一边和儿童做出代表角色的手工艺作品，如小猪的鼻子、兔子的耳朵等简单的作品。 2. 手指谣：家长可以伸个懒腰代表自己也困了，和儿童一起玩手指谣的游戏，让儿童睡觉：大拇哥，二拇弟，三中娘，四小弟，小妞妞，来看戏，手心，手背，心肝宝贝。	1. 儿童能正确使用工具。 2. 儿童能锻炼到手指动作。 3. 儿童能锻炼手指力量。	

第五章

特殊儿童生活自理与游戏 ◁▷

"播种行为，就收获习惯；播种习惯，就收获性格；播种性格，就收获命运。"我们要从特殊儿童的特点出发，培养他们的生活自理能力，从而让他们求得生存和发展，做一个自理自立的人。儿童的独立性是在学习生活实践中逐步培养起来的，在这个过程中儿童也获得自身的发展。治疗师和家长应抓住特殊儿童的敏感时期，让特殊儿童做一些力所能及的简单劳动，培养其生活的自理能力和良好的生活习惯，提供锻炼他们独立性的机会，培养特殊儿童的自理能力。特殊儿童有了一定的生活自理能力，不仅可以满足其自身发展的需要，也获得在社会中赖以生存及发展的根本技能。

特殊儿童的生活自理能力存在不同程度的缺陷，本章通过设计生活自理的游戏活动，让特殊儿童在游戏中体验生活，训练和发展其生活自理的能力。本章主要包括生活自理的基本内容、生活自理游戏的目标与设计思路，以及生活自理游戏的教学范例与家庭范例。

第一节　概　述

本节将从生活自理的定义、游戏对特殊儿童生活自理能力的提升作用、生活自理游戏的发展目标及其游戏活动的设计思路四个部分展开论述。

一、生活自理的定义

生活自理贯穿人的一生。生活自理是指与人的生存和需要密切联系着的诸如衣、食、住、行等方面的一系列活动，这些活动随着个体的逐渐成熟，能逐步达到在不需要别人帮助的情况下独立完成的目的，这种自我料理生活所需要的活动能力就是生活自理能力。它主要包括饮食、大小便、衣着、睡眠、安全、卫生等方面。

二、游戏与特殊儿童生活自理的关系

游戏是儿童时期的主要活动。皮亚杰认为游戏是儿童认识新的复杂客体和事物的方法，是巩固和扩大概念、技能的方法，是思维和行动结合起来的方法。皮亚杰根据儿童认知发展阶段把游戏分为练习游戏、象征性游戏和规则游戏。大部分特殊儿童处于练习游戏阶段，即感知运动阶段，这一时期儿童主要通过身体动作和摆弄、操作具体物体进行游戏活动，通过动作经验弥补知识经验的缺乏，进而感知外界事物，习得自理生活的操作技能；同时也能改善其自身生理的缺陷，锻炼身体的大、小肌肉，使身体与肢体控制和调节能力得以发展，专注力、耐力、自信心得以提高。因此，通过游戏教学对日常生活情境的模拟和练习是发展特殊儿童日常生活中的自理能力的最好选择。

游戏具有社会性和适应性，它是人的社会活动的一种初级模拟形式，反映儿童周围的社会生活形态。我们可以利用游戏的这一特性，对特殊儿童进行游戏教学，使其发展适应生活和解决问题的能力；同时通过各种基本动作的练习，提高儿童生活自理能力。

游戏也是特殊儿童的天性。游戏能激发儿童的自主性和自发性行为，提高儿童参与活动的积极性和主动性，调动儿童的主观能动性，在愉悦、自由、宽松的活动氛围中，体验自理生活的乐趣，同时增加积极情感体验。

当然，游戏对儿童身心发展的促进作用不是自然实现的，特别是特殊儿童，教师与家长的积极组织和正确引导显得尤为重要。后面我们将从教师教学活动和家庭教育活动两个方面为有需要的教师、家长提供一些教学范例。

三、发展目标

生活自理游戏的发展目标是提高特殊儿童的生活自理能力。本章的游戏活动

主要针对特殊儿童的狭义生活自理能力——个人基本的自我照顾（个人卫生、仪容整洁、饮食等生活起居的基本自我照顾）来设计游戏活动，使儿童在狭义上的生活自理技能得到提高；也为促进广义的生活自理能力——个人在目前及未来生活中过有质量的生活所需的一切技能（包括特殊儿童在家庭、学校、就业、休闲娱乐、健康、社会参与、人际关系、个人发展等方面所需的技能）的发展打下基础，如表 5-1 所示。

表 5-1　生活自理的目标

基本目标		发展目标
饮食的运用	咀嚼和吞咽、拿食物吃、喝饮料、用餐具取食、做饭前准备及饭后收拾、适当的用餐习惯	生活自理的基本能力运用的生活化，实现生活自理
穿着的运用	穿脱鞋子、穿脱裤子、穿脱衣服、穿戴衣饰配件、使用雨具、依天气及场合及需要适当穿着	
如厕的运用	上厕所小便、上厕所大便、厕所设备使用	
身体清洁的运用	洗手、洗脸、刷牙、梳头、洗澡、洗头发、擤鼻涕、使用卫生棉、刮胡子、剪指甲	

四、特殊儿童生活自理活动设计思路

儿童天生就喜欢游戏，因此，如何在特殊儿童教学中，利用游戏方式提高儿童的生活自理能力，是当前特殊教育教师教学的创新点，也是对特殊教育教师提出的新的挑战和要求。

（一）遵循的原则

1. 个别化

特殊儿童之间存在个体差异，要尊重个体差异，对于不同的特殊儿童，培养目标要有所差别。对于障碍程度相对较轻、具备一定生活自理能力的儿童，就以相对较高的水平要求；对于障碍程度相对较重、基本不具备生活自理能力的儿童，要相对降低要求标准，不可强求，更不能鄙视。由于特殊儿童能力较差，畏惧感强，对他们的点滴进步，要及时给予肯定和表扬，让他们感受到成功和进步的喜悦，进而推动生活自理能力的发展。

2. 鼓励性

儿童都需要夸奖和赞美。教师在游戏中要及时赞美和表扬儿童，用正面的积极向上的语言加以引导，用榜样来示范和引导儿童。同时，教师要认识到：好的习惯需要不断地反复练习，而不是一朝一夕就能够养成的，所以教师对儿童的教育要有持久性，让孩子在螺旋式的成长中逐渐形成自己的生活自理能力。

3. 趣味性

兴趣是最好的老师，活动的设计要以儿童的兴趣为导向，并融入教学目标。教学活动的形式也要有多样性，运用丰富多彩的游戏活动使儿童时刻保持新鲜感，吸引他们的注意力，引导他们跟随教师的教学目标走，学习才更加有效果。

4. 层次性

各个活动间既要有连贯性又要有层次性。每个活动间要有连贯的过渡，而不是一堆活动的拼凑。前一个活动应与后一个活动有联系，为下一个活动做铺垫，如此层层深入，过渡自然，不会很突兀，学生能自然地适应和接受。同时，后一个活动要比前一个活动难度更大，使整个活动发生一点点变化，循序渐进，由易到难，从基本的到综合的。整个过程遵循示范—模仿—创造的过程。

5. 重复性

特殊儿童生活自理能力的形成是一个反复、漫长的过程，不可能经过一两次训练就取得显著效果，家长和教师要对其进行反复训练，加强巩固练习；在日常生活的如厕、洗漱、饮食等活动中，要抓住关键时机，加强指导和监督，使其形成习惯，在生活中让掌握的自理能力得到进一步巩固和提高。

（二）设计思路

如何实现游戏和教学的结合，更好地发挥游戏教学的价值是教育界一直探索的问题，在特殊教育领域也同样重要，下面我针对如何游戏化的设计生活自理教学提出几点思路。

1. 了解教学对象

游戏教学活动设计要符合特殊儿童的年龄特点和障碍类型，以特殊儿童作为游戏的主体，把其生活自理能力的获得作为目的。在课程之前先对学生有基础的认识，对其各方面能力进行评估，了解其现阶段的能力发展水平，了解其障碍类型及特点，找出其生活自理能力的发展点，同时了解其兴趣爱好、偏好的学习、活动形式等。对学生有一个充分的了解，为之后的教学打下良好的基础。

2. 明确教学目标

通过对学生基本情况的了解设置教学目标，目标的设置可以是依机构、学校、教师、家长、学生状况中的一个或多个维度的整合进行设定。首先要抓准学生在生活自理中某方面的需求点，把其生活自理能力的获得作为最终目的。其次是明确我们训练的内容是什么，想要达到怎样的效果，期待儿童在接受训练以后能学会哪项技能。所以，在设计游戏的时候一定要以目标为导向，再根据目标来设计游戏活动。

3. 设计教学活动过程

（1）教学内容的选择

游戏生成教学。通过已有的素材进行绘画、音乐、戏剧、绘本等游戏教学，将需要达到的生活自理目标融入游戏教学活动中，使游戏活动丰富有趣起来。

教学内容成为游戏的来源。游戏是通过模仿和想象来反映周围的生活。在日常生活中有生活自理的方方面面，可以将这些生活自理项目作为教学内容，在该教学内容的基础上发散性地思考与之有关的游戏活动，把它们结合起来。范例中提到很多教学的例子，教师们可以借鉴和参考。

（2）游戏形式的选择

结构性游戏与非结构性游戏。由于特殊儿童的自主性较差，不能从自发性游戏中表达自己，因此多以结构性游戏教学为主。如果特殊儿童的认知发展能力较好，可以尝试使用非结构性游戏。

结构性游戏是儿童自己动手操作的游戏。首先，教师应明确自己在整个游戏活动过程中处于主导地位。每次游戏前，教师应对整个活动的发展有周密的安排和细致的预计，避免放任自流。其次教师要认识到，一切的指导工作都是围绕儿童进行的，教师对游戏的指导，目的是让儿童更好地融入游戏，学会生活自理技能。最后，在教学中，教师要注意引导儿童进行技能操作，多使用示范的方法，引导儿童由模仿练习逐步过渡到独立自主甚至创新的过程。

情境表演法。创设情境，以"情境表演"的游戏方式，帮助特殊儿童掌握正确的生活自理方法。比如让特殊儿童通过玩水游戏，可以培养他们的洗手能力。准备儿童洗手时的照片五张（分别代表"五步洗手法"的步骤），配以朗朗上口的"儿歌"，加上教师的示范讲解，教儿童"五步洗手法"，能帮助儿童较快地掌握怎样正确地洗手。儿歌是这样的：第一步，打湿小小手；第二步，擦点香皂；第三步，搓出小泡泡；第四步，用水冲一冲；第五步，擦干小小手。教儿歌的时候，可以让儿童跟着教师徒手练习五步洗手法，等儿童掌握了动作要领以后，就可以实际操作了。

总之，生活自理能力培养是劳动技能教育的最基本形式，只要我们正确引导这些特殊儿童，给他们更多的关爱和鼓励，采取多渠道、多策略的培养方法，充分调动他们的积极性和主动性，促进与他们之间的交往，努力提高其自信心，相信他们一定能很好地适应今后的社会和家庭生活，平等地融入和谐社会中。

第二节　生活自理游戏教学范例

游戏对生活自理行为的训练，可以促进儿童身心机能的发展，使儿童掌握生活的一些基本技能和技巧，为他们过上独立而幸福的生活打下基础。儿童的独立性是在实践中逐步培养起来的，在这个过程中儿童能力也获得发展。治疗师和家长应抓住特殊儿童身心发展的敏感时期，让特殊儿童做一些力所能及的简单劳动，培养其生活自理能力和良好生活习惯，提供锻炼他们独立性的机会，促进特殊儿童自理能力的发展。

特殊儿童的生活自理游戏教学范例主要是通过在课堂上，由教师引导、带动儿童亲身体验的游戏，设计有人际交往、社会情境等环节。通过游戏教学活动利用团体力量帮助个体成长，不仅提高特殊儿童狭义的生活自理能力，也发展广义的生活自理能力，以利于特殊儿童融入社会。教师可根据学生的实际情况，选取适当的教学范例。

一、服装（我会认衣服）

（一）活动目标

学生能依年龄、季节、天气的需要选择适当穿着。

（二）适用对象

1. 适用于认知能力较好但生活自理能力差的特殊儿童。

2. 适用于 10 人以内班级的团体形式，也适用于一对一的个体形式。

（三）活动准备

1. 差异明显的各个年龄段、男性女性、四季服装图片，各种代表性场合、职业的服装图片，以及相关的卡通人物玩具。

2. 音乐播放器，音乐《嘻唰唰》。

（四）重点与难点

学生能依年龄、季节、天气选择适当的衣物。

（五）活动过程及策略

阶段	活动流程	活动目标	活动建议
热身	"动作模仿" 1.教师用夸张的动作表演穿上自己外套的动作和相关的声音，让学生一起模仿声音、动作（也可以问问我们的衣服有什么不同，让学生观察衣服的区别）。 2.教师放轻松欢快的歌曲（如《嘻唰唰》），教师扮演各个年龄段的人穿衣服的动作、声音等，学生模仿。	1.学生能模仿穿衣动作。 2.学生能模仿不同年龄段的人穿衣服动作。	1.教师的动作和相关语言要夸张，吸引人。 2.结合音乐节奏的点做动作，可引导学生多模仿几次动作。 3.根据学生实际认知发展水平问有关衣服问题。
发展	1."穿衣服"：由教师示范如何穿衣服，先把衣服理好，拿着甩一甩、抖动扇风→把左手伸进左袖，右手伸进右袖，手臂、手掌动动、挥挥→整理衣领衣边拉链或纽扣等。 2.辨识衣服部位：教师触摸衣服的各部位，配合相关的解释言语：这个是衣身、袖子、衣领、衣边、纽扣、拉链、口袋等，然后教或协助学生穿衣服，引导学生与教师一起触摸、感知衣服，以及使用衣服各部位的功能。 3.巩固衣服部位的辨识：教师改编身体音阶歌歌词唱衣服部位，引导学生模仿动作，比如拍拍你的衣身拍拍拍拍，抖抖你的衣领抖抖抖抖，摇摇你的衣袖摇摇摇摇…… 4."衣服辨识"：由教师展示差异明显的各个年龄段服装图片，一起回忆身边哪些人穿了类似的衣服；并做相关说明，引导学生观察它们的显著特征、区别，想象那样的衣服应该由哪些人穿……还可以让学生选出自己喜欢穿的衣服图片，指出自己的衣服与其所选的图片衣服的区别。 5."服装搭穿"：教师指定卡通人物玩具，教师说特定的季节：春天、夏天、秋天、冬天，由学生帮其选择衣服搭穿；或给出衣服图片，让学生选择适合穿的卡通人物。 6.按天气选择衣服：教师指定卡通人物玩具，教师说天气：比如下雪天、雨天、阴天、晴天，由学生帮其选择衣服搭穿；或给出衣服图片，让学生选择适合穿着的天气。	1.学生能模仿教师穿衣服。 2.学生能认识衣服的各部分及其功能。 3.学生能根据歌词指令辨识衣服部位。 4.学生能辨识各个年龄段的衣服。 5.学生能根据季节选择衣服。 6.学生根据天气选择衣服。	1.如果学生与教师合作，学生拿起衣服，尝试把手伸进衣袖。直到学生能够说出衣服的各个部位及其功能，就可进入下一阶段。 2.教师首先可以先使用"小孩"和"大人"的衣服的区别来讲；然后教师详细地介绍衣服的大小、颜色等，让学生明白哪个年龄段的人穿什么样的衣服舒适等。 3.当学生回答正确时，给予适当奖励。
结束	教师播放欢快的儿童歌谣，与学生一起，一边学某个年龄段的人穿衣服的动作一边跳舞、唱歌和欢呼，结束游戏。	学生能和教师一起在扮演中唱歌欢呼。	穿上衣服之后，还可以用穿好的衣服来舞动、游戏。
活动延展	1.可以把"各年龄段服装"换成男性女性、四季服装图片，各种代表性场合、职业的服装，进一步认识这些衣服的特征、区别。 2.学生穿上不同类型的衣服之后，进行角色扮演、故事表演。	教师可根据学生的能力水平，在前面活动的基础上选用恰当的延展活动，拓展学生的能力。	

（六）教学活动效果评量

阶段	活动	目标	形成性评量					评量方式	评量结果	通过与否	教学决定	备注
			1	2	3	4	5					
热身	动作模仿	1.学生能模仿穿衣服动作。										
		2.学生能模仿不同年龄段的人穿衣服动作。										
发展	衣服搭穿等	1.学生能模仿教师穿衣服。										
		2.学生能认识衣服的各部分及其功能。										
		3.学生能根据歌词指令辨识衣服部位。										
		4.学生能辨识各个年龄段的衣服。										
		5.学生能根据季节选择衣服。										
		6.学生能根据天气选择衣服。										
结束	结束阶段	学生能和教师一起在扮演中唱歌欢呼。										

二、服装（我会穿衣服）

（一）活动目标

学生能自己穿衣服。

（二）适用对象

1.生活自理能力差的特殊儿童。

2.动手能力差，但有基本的粗大、精细动作能力的特殊儿童。

3.适用于 10 人以内班级的团体形式，也适用于一对一的个体形式。

（三）活动准备

1.儿童自己的衣服、T 恤、夹克或毛衣（带扣子）；各种扣子和扣盘。

2.音乐播放器，走秀音乐。

（四）重点与难点

学生能学会自己穿衣服。

（五）活动过程及策略

阶段	活动流程	活动目标	活动建议
热身	1. 所有人手拉手围圈，模仿教师抖动身体，碰碰伙伴的肩膀，脚碰脚打招呼。 2. "钻洞游戏"：教师松开学生的一只手作为领头人，寻找学生们身体形成的空洞，带领学生玩钻洞游戏。	1. 学生能放松下来。 2. 学生能做"钻"的动作。	1. "钻洞"要考虑学生是否能完成游戏。 2. 游戏要能够激起学生的兴趣。
发展	1. "找衣服洞"：学生拿上T恤，找找衣服洞。教师询问学生：衣服上有没有洞，有哪些洞，我们能不能像刚刚那样把自己"钻进"洞里？学生找到T恤上的"三个洞"（头和两只手部分）。 2. "我钻钻钻"：教师示范，如何穿衣服（T恤开始：晃晃头，把头钻进去→抡动手臂，手穿过袖子……）；并重复多次，学生模仿。最后理好衣服、拍拍衣服。 3. 教师重复步骤1和2，还可把T恤换成带拉链或纽扣的夹克或毛衣，帮助学生找洞，协助学生手指配合穿洞。 4. 引导学生互相帮助，穿过衣服上的洞。	1. 学生能找到衣服的"洞"。 2. 学生能知道身体可"钻进"衣服的"洞"。 3. 学生能把手"钻进"袖子，把头"钻进"领袖。 4. 学生能穿带纽扣的衣服。 5. 学生能帮其他人穿衣服。	1. 若刚开始学生无法独自完成，教师可适当协助（如教师用手抓学生的手帮其慢慢放进袖子）。 2. 若学生还不会拉拉链、扣纽扣，教师可适当协助。 3. 每一小步适当奖励。
结束	"服装秀"：播放音乐，教师主持，让穿好了衣服的学生进行一场"服装秀"。	学生能欢快地展示服装秀。	没有完成穿衣服的学生，教师要协助其穿好衣服，保证每一个学生都参与。
活动延展	1. 把衣服换成带拉链、纽扣等的或宽大的，教师可以示范如何穿，帮助学生模仿或独自模仿穿上自己最喜欢的裤子或衣服。 2. 选择洋娃娃，让学生给洋娃娃穿衣服。	巩固学生的穿衣技能。	

（六）教学活动效果评量

阶段	活动	目标	形成性评量					评量方式	评量结果	通过与否	教学决定	备注
			1	2	3	4	5					
热身	钻洞游戏	1. 学生能放松下来。										
		2. 学生能做"钻"的动作。										
发展	找找衣服洞等	1. 学生能够找到衣服上的"洞洞"。										
		2. 学生能知道身体可"钻进"衣服的"洞"。										
		3. 学生能把手"钻进"袖子，把头"钻进"领袖。										
		4. 学生能穿带纽扣的衣服。										
		5. 学生能帮其他人穿衣服。										
结束	服装秀	学生能和教师一起在"服装秀"中唱歌欢呼。										

三、饮食（夹夹夹）

（一）活动目标

学生能自己使用筷子取食。

（二）适用对象

1. 生活自理能力差的特殊儿童。

2. 动手能力差，但有一定动手基础的儿童。

3. 适用于 10 人以内班级的团体形式，也适用于一对一的个体形式。

（三）活动准备

1. 儿童用的碗筷、棉花团、纸团、蚕豆若干。

2. 音乐播放器，音乐《小筷子和小朋友》。

（四）重点与难点

学生能自己使用筷子取食。

（五）活动过程及策略

阶段	活动流程	活动目标	活动建议
热身	1. "夹夹夹"：教师引导学生用手指（食指和中指）做成筷子样，在空中模仿夹的动作。 2. 教师唱《小筷子和小朋友》，边唱边做动作，学生模仿教师动作，用手指"夹"伙伴肩膀、背部等。 3. 教师假装手被夹痛的表情和动作，提醒大家用筷子注意安全。	1. 学生能放松下来。 2. 学生能做"夹"的动作。	教师可以自编动作和音乐，边唱边做动作。
发展	1. "筷子作用大"：教师给学生一人发一双筷子，让他们尝试着用各种方式去夹棉花团、纸团（有大有小）。 2. "夹棉花"： （1）教师引导学生在音乐陪伴下去做拿筷子的动作。 （2）棉花团和纸团放在学生面前，教师示范用筷子将其夹起，让学生模仿。 （3）学生比赛，看谁夹起来的数量多。 3. 夹蚕豆：教师示范用筷子夹蚕豆，学生模仿。熟练后比赛，看谁夹得多。	1. 学生能做出"抓""拿"筷子的动作。 2. 学生能正确拿筷子。 3. 学生能使用筷子夹棉花、纸团。 4. 学生能用筷子夹蚕豆。	适当奖励。
结束	教师与学生一起唱《小筷子和小朋友》，边唱边跳。	学生能舒缓情绪，放松心情。	可以在手上拿着筷子进行。
活动延展	1. 用筷子夹较硬的小块物体。 2. 用筷子夹扁豆。 3. 筷子操作熟练后，让学生用筷子夹菜。		学生最终要学习用筷子夹菜。物体由大到小，慢慢增加难度。

（六）活动教学效果评量

阶段	活动	目标	形成性评量					评量方式	评量结果	通过与否	教学决定	备注
			1	2	3	4	5					
热身	"夹夹夹"	学生能做出"夹"的动作。										
发展	我会用筷子	1.学生能用自己的方式使用筷子。										
		2.学生能正确拿筷子。										
		3.学生能用筷子夹棉花、纸团。										
		4.学生能用筷子夹蚕豆。										
结束	结束阶段	学生能放松心情。										

四、饮食（嚼一嚼）

（一）活动目标

学生能咀嚼。

（二）适用对象

1.生活自理能力差的特殊儿童。

2.适用于 10 人以内班级的团体形式，也适用于一对一的个体形式。

（三）活动准备

1.玩具假牙、儿童用的碗筷、食物模具、小块棉花糖、小块苹果。

2.视频播放器，视频《动物吃食》，欢快的音乐。

（四）重点与难点

学生能学会咀嚼、吞咽。

（五）活动过程及策略

阶段	活动流程	活动目标	活动建议
热身	1.教师给学生播放《动物吃食》视频，引导学生模仿动物吃食动作。 2."小怪物的爪牙"：学生戴上玩具假牙模仿小怪物，张牙舞爪地去寻找食物；找到食物后，蹲在地上装作大口吃东西。	1.学生能模仿动物吃食动作。 2.学生能假装吃东西。	教师事先编好"小怪物吃东西"的游戏。
发展	1."咬"：教师用手配合牙齿做出"咬"的动作，让学生模仿。 2."棉花糖"： （1）教师咀嚼棉花糖，学生用手触摸教师的牙齿、喉头，感受是怎样咀嚼、吞咽的。学生跟着做嘴部模仿，然后吞口水…… （2）教师将准备好的棉花糖撕成小块给学生，让学生尝试着咀嚼；教师可以一个个进行陪伴，待学生咀嚼后用手触摸他们的喉头引导吞咽。 3."苹果"：将苹果切成小块给学生，让学生跟着自己做出咀嚼的动作；然后让学生独立咀嚼。 4.给每个学生发放三块苹果，请学生给身边的小朋友互相"喂食"。	1.学生能用手模仿牙齿咬的动作。 2.学生能模仿做咀嚼、吞咽动作。 3.学生能用自己的牙齿做咀嚼动作。 4.学生能独立练习咀嚼苹果。 5.学生能分享食物。	1.学生边咀嚼教师边在旁边"加油打气"，说"我要把苹果嚼碎"。 2.适当奖励。
结束	"老鹰捉小鸡"：一个学生扮演"老鹰"张牙舞爪地要捉小鸡，教师是"鸡妈妈"在前面保护，其他学生在教师身后依次拉着前面的人……	学生能放松心情。	表情、动作丰富，张牙舞爪。
活动延展	1.可以将众多食物放在学生跟前，进行选择、辨认、归类等。 2.让学生试着咀嚼日常蔬菜和肉类，分辨哪些能吃、哪些不能吃（可使用生、熟食）。		尽量用手、嘴去触摸、感受。

（六）教学活动效果评量表

阶段	活动	目标	形成性评量 1	2	3	4	5	评量方式	评量结果	通过与否	教学决定	备注
热身	"小怪物的爪牙"	1.学生能模仿动物吃食的动作。										
		2.学生能假装吃东西。										
发展	"咬"等	1.学生能用手模仿牙齿咬的动作。										
		2.学生能模仿做咀嚼、吞咽动作。										
		3.学生能用自己的牙齿做咀嚼动作。										
		4.学生能独立练习咀嚼苹果。										
		5.学生能分享食物。										
结束	结束阶段	学生能放松心情。										

五、洗漱：洁白的牙齿

（一）活动目标

学生能独立刷牙。

（二）适用对象

1. 两手活动正常、精细动作有所发展的特殊儿童。

2. 一次参与的人越少越好，10 人以内。

（三）活动准备

1. 玩具假牙套，儿童用的牙膏、牙刷，有牙齿的玩偶。

2. 音乐播放器，音乐《刷牙歌》。

（四）重点与难点

学生能学会刷牙。

（五）活动过程及策略

阶段	活动流程	活动目标	活动建议
热身	1."小怪物的爪牙"：学生戴上小怪物玩具牙套，表演小怪物吃东西。 2.教师用夸张的动作，表达新发现：牙齿变黄变脏，引导学生发现牙齿脏了需要"洗"。	1.学生能模仿吃东西的动作。 2.学生能发现牙齿脏了。	教师设计游戏小活动情节。
发展	1."洗刷刷"：学生取下假牙套，学习刷牙。 （1）先不抹牙膏，让学生跟着做刷牙的动作：左右刷牙齿→上下刷牙齿→前后刷牙齿……；边刷边唱《嘻唰唰》，同时让学生对刷牙产生兴趣。 （2）教师示范挤牙膏，用牙膏给"小怪物"的牙齿刷牙。儿童模仿给假牙套刷牙。 2."给自己刷牙"： （1）"煮开水"。教师示范，学生模仿。学生含一口水在口中，不能吞下去或吐出来，发出咕噜声响，比赛谁"煮"得久（可以用手稍微握住喉头不做吞咽）；坚持不住了则吐出来。 （2）先不涂牙膏跟着做刷牙的动作。教师示范，学生模仿：左右刷牙齿→上下刷牙齿→前后刷牙齿……。 （3）用牙膏刷牙。教师示范，学生模仿：拿水杯接水→挤牙膏在牙刷上然后打湿，用水打湿牙齿、吐出来→进行刷牙动作→含水，"煮开水"，吐出来，多次反复→用手摸摸牙齿，看手上无白色小泡泡了则刷牙完成。 3.教师示范将牙刷洗净放好，学生模仿。	1.学生能给假牙套做出刷牙的动作。 2.学生能用牙膏、牙刷给假牙套刷牙。 3.学生能将水含口中发出声响。 4.学生能用牙刷给自己刷牙。 5.学生能用牙膏、牙刷给自己刷牙。 6.学生能将牙刷洗净。	1.注意安全。 2.学生表现不错后，抹上牙膏，学习刷牙的动作，切记要吐掉漱口水（建议干刷：不含水刷牙，刷完牙后才含水漱口）。 3.教师给予言语鼓励和玩具奖励。
结束	开心"小怪物"：学生再次戴上洗干净了的假牙套跳舞。	学生能显示出对刷牙的兴趣。	教师注意要帮助学生洗净假牙套。
活动延展	1.教学生用废旧牙刷刷水杯。 2.教学生用废旧牙刷刷水槽。 3.教学生用废弃的牙刷来刷鞋子。		将使用牙刷的动作进行迁移，运用到生活中其他自理事项中去。

（六）教学活动效果评量表

阶段	活动	目标	形成性评量					评量方式	评量结果	通过与否	教学决定	备注
			1	2	3	4	5					
热身	"小怪物"的爪牙	1.学生能模仿吃东西的动作。										
		2.学生能发现牙齿脏了。										
发展	"洗刷刷"等	1.学生能给假牙套做出刷牙的动作。										
		2.学生能用牙膏、牙刷给假牙套刷牙。										
		3.学生能将水含口中发出声响。										
		4.学生能用牙刷给自己刷牙。										
		5.学生能用牙膏、牙刷给自己刷牙。										
		6.学生能将牙刷洗净。										
结束	开心"小怪物"	学生能显示出对刷牙的兴趣。										

六、如厕（规律大探寻）

（一）活动目标

1.学生能分辨男、女厕所。

2.学生能独立上厕所：脱、提裤子和擦屁股。

3.学生能主动给教师、家长说要上厕所。

（二）适用对象

1.特殊儿童，特别是生活自理能力差的特殊儿童。

2.适用于 10 人以内班级的团体形式，也适用于一对一的个体形式。

（三）活动准备

1.代表男生、女生的小卡片（自剪），布置教室男女厕所标志图。

2.报纸制作的尖顶帽，回形针或胶布。

3.音乐播放器，音乐《狼来了》。

4.教师的异性助手。

（四）重点与难点

学生能主动说出要上厕所，并且能自己去厕所独立完成。

（五）活动过程及策略

阶段	活动流程	活动目标	活动建议
热身	"狼来了"（一位教师扮演大灰狼，另一教师协助）： 1.学生选择符合自己性别的卡片，教师给学生分别戴上与自己性别相符的小卡片。 2.大灰狼来了，伴着音乐，追赶着小羊们（学生）跑。墙上提前贴好了男女厕所标志图，另一位教师引导男生往男厕所标志安全区域跑，女生往女厕所标志跑到安全区域。	1.学生能选出符合自己的性别的卡片。 2.学生能分辨男、女厕所标志。	1.在游戏过程中适当重复，直到学生能正确反应。 2.可以调换男、女标志左右顺序。 3.还可以换其他类型的男女厕所标志。
发展	1."竹笋出土"： （1）教师给每个学生发放事先用报纸制作的尖顶帽，学生戴着尖顶帽一起蹲下。 （2）教师手持男女性别卡片，学生按照指令（指令为教师手中展示的男生、女生卡片）做动作。卡片为男生标志则男生站起来，卡片为女生标志则女生站起来。 （3）自愿学生持卡片发指令，其他人按指令蹲、起。 2."厕所活动"： （1）询问有没有学生想上厕所，有则报告"（名字）想上厕所"，没有则报告"（名字）不上厕所"。 （2）带想上厕所的学生去厕所：脱裤子→蹲下（分男女和大小便）→拿纸擦屁股（分男女和大小便，大便则是当纸上无脏物则为擦干净了，也可捏着纸感受）→提裤子→给厕所冲水。 （3）教师可以多注意观察，及时提醒学生上厕所打报告。	1.学生能识别教师手中的性别卡片。 2.学生能够准确、迅速按照指令起立。 3.学生能主动参与发指令。 4.学生能告诉教师、家长自己要上厕所。 5.学生能学会上厕所的步骤。	1.注意观察，建立起每个学生上厕所的规律表，及时进行提醒。 2.对及时报告上厕所的学生给予表扬、鼓励。
结束	"1、2、3——木头人"：音乐响起，学生自由跳动，教师数数字数到三，音乐停，动作停止；再次重新数（音乐也开始播放）则开始自由跳动。	1.学生能按指令行事。 2.学生能放松身心。	教师多进行引导，让学生明白指令的意思。
活动延展	1.和学生一起用彩笔画男女厕所标志，加深对此的印象。 2.角色扮演：学生分别扮演"要大小便给教师报告的学生""不报告的学生""拉大小便在身上的学生""随地大小便的学生"分别引导学生表达对这些学生的不同看法，使学生意识到应该主动报告上厕所。		主要是让学生分辨厕所标志，强化独立、主动上厕所的意识。

（六）教学活动效果评量表

阶段	活动	目标	形成性评量					评量方式	评量结果	通过与否	教学决定	备注
			1	2	3	4	5					
热身	狼来了	1. 学生能选出符合自己的性别的卡片。										
		2. 学生能分辨男、女厕所标志。										
发展	竹笋出土等	1. 学生能够识别教师手中的小卡片。										
		2. 学生能够准确、迅速按照指令起立。										
		3. 学生能主动参与发指令。										
		4. 学生能在想上厕所时打报告。										
		5. 学生能学会上厕所的步骤。										
结束	结束阶段	1. 学生能按指令行事。										
		2. 学生能放松身心。										

第三节　生活自理游戏家庭活动范例

生活自理游戏的教学固不可少，但由于生活自理的特殊要求，场景自然、真实最好，在家中对儿童进行训练显得尤为重要。家长在家里通过一些游戏来提高特殊儿童的生活自理能力，尤其利用好家庭的生活环境以及亲密关系，训练效果会更佳。

一、穿衣服

（一）活动目标
孩子能穿衣服。

（二）适用对象
特殊儿童，特别是生活自理能力差的特殊儿童。

（三）活动准备

1.新买给儿童的衣服、孩子自己各式各样的衣服、家长自己各式各样的衣服。

2.家里的卧室。

（四）重点与难点

孩子能把衣服的各个部位与身体相对应位置配对。

（五）活动过程及策略

阶段	活动流程	活动建议	家长反思
主体活动	1."衣服大辨识"：在儿童的卧室中，家长带来新买的符合儿童喜好的衣服。 2.让他触摸衣服各个部位，说出最喜欢衣服的哪里，哪里的名称叫什么，如果穿上身体，它应该在身体的哪里。 3.逐渐让儿童说出衣服各个部位、作用、及其相对应的身体部位。	在触觉感受性的基础上辨识衣服部位。	1.若用旧衣服可以达到这种效果吗？ 2.儿童能多大程度将身体与衣服部位对应？
	1."穿衣服"：带领儿童一步一步穿上衣服（先把衣服理好，把左手伸进左袖，右手伸进右袖，整理衣领衣边拉链或纽扣等）。 2.流程可为：家长示范，儿童看→家长分解步骤，儿童跟着做→家长儿童同时穿→家长先穿，儿童后穿→儿童自己穿。 3.如果儿童无法自己穿，家长可以先协助。用手去把儿童的手放进衣袖，握着儿童的手去整理衣领衣边拉链或纽扣等，同时加上对应的语言，引导儿童尝试着做（但是最后一个动作要尽量由儿童来完成，增加儿童成就感和自信心）。	反复训练儿童记不住或出错的地方。	1.儿童能否认识衣服的各个部位与功能？ 2.自己的建议、引导是否有效？
	1.家长带来自己的衣服，与儿童分享最喜欢的部位及其功能，与之相对应的是什么身体部位。 2.带领儿童在自己的衣柜里找出自己最喜欢的几套衣服，重复"衣服大辨识"。	儿童完成一小步要适当奖励。	1.儿童此前拥有的基础有哪些？ 2.此次学会了哪些？ 3.哪些还不能独立完成？
活动延展	1.可以用同样方式训练穿裤子/裙子等。 2.家长穿衣服时可适当询问儿童哪件好看等的建议，可让儿童帮妈妈、爸爸、爷爷、奶奶选衣服穿，帮穿（帮穿上一只袖子，扣上一颗纽扣也很好）。		1.儿童能否从活动中获得成就感？ 2.对于自己的生活自理是否有信心？

二、穿鞋子

（一）活动目标

1.儿童能自己穿鞋子。

2. 儿童能给鞋子配对、分清左右脚穿的鞋子。

3. 儿童能区别不同类型的鞋子。

（二）适用对象

1. 能行走的特殊儿童。

2. 适用于家庭一对一的个体形式，也适用于 10 人以内班级的团体形式。

（三）活动准备

1. 儿童自己的干净的无鞋带的鞋子、家长的不同类型的鞋。

2. 布娃娃及其各种颜色与样式的鞋。

3. 鹅卵石或类似的物体。

（四）重点与难点

儿童能学会穿鞋。

（五）活动过程及策略

阶段	活动流程	活动建议	家长反思
主体活动	1. 儿童光着脚在鹅卵石或类似的物体上行走。 2. 穿上鞋子再在上面走。询问儿童对两种方式的感受。	在公园进行，小心儿童受伤。	1. 儿童是否产生不愉快情绪？ 2. 儿童是否体验到穿鞋与不穿鞋的区别？
	让儿童在多双鞋子中选一双自己最喜欢的鞋子；在父母帮助下穿上后，手拉手在音乐中转圈。	尽量选用无鞋带的、方便穿的鞋子。	儿童的鞋子是否能带给他们带来愉悦的情绪？
	家长示范并引导： 1. 分清左右顺序：将脚放在鞋子上面，看左（右）脚大拇指部分与哪一只鞋最长部分贴合便是属于那一只脚。 2. 故意将鞋子穿错，感受穿错和穿对的区别，问儿童更喜欢哪种。 3. 引导儿童独立进行：先将前脚掌放进鞋子，然后脚掌往前伸、最后用手提鞋后跟；穿上此类鞋子，并重复多次。 4. 左右手交换进行，看谁穿得最快。	1. 模仿是儿童重要的学习方式。 2. 帮助儿童反复掌握穿鞋技巧。	1. 儿童是否能自己穿鞋？ 2. 儿童对于穿对、穿错鞋子是怎样的感受？
	1. 穿好鞋子后，请儿童脱下鞋子，看谁脱得快。 2. 将一堆鞋子放在一起，进行鞋子正确配对比赛（提示根据颜色、左右、大小）。	脱鞋可帮助儿童了解穿鞋与不穿鞋的差异。	1. 儿童是否能自己脱鞋？儿童是依据什么进行鞋子配对的？ 2. 家长的耐心程度如何？
活动延展	1. 如果儿童不愿模仿家长穿鞋，可以让儿童给自己喜欢的玩具娃娃穿鞋。 2. 如果儿童喜欢，可以让儿童给爸爸、妈妈、爷爷、奶奶穿上鞋子。		儿童在学会穿鞋后，能否将这一技能迁移，自己每天起床主动独立穿鞋？

三、粘鞋的魔术贴

（一）活动目标

1. 儿童能学会使用粘鞋的魔术贴。

2. 儿童能区分鞋子的颜色。

（二）适用对象

1. 能行走的特殊儿童。

2. 适用于家庭一对一的个体教育形式，也适用于 10 人以内班级的团体形式。

（三）活动准备

1. 儿童自己的干净卫生的有不同类型魔术贴的鞋子，家长的有不同类型魔术贴的鞋。

2. 布娃娃以及布娃娃的各种颜色与样式的鞋。

3. 形式多样的小脚板图形。

（四）重点与难点

儿童能学会使用粘鞋的魔术贴。

（五）活动过程及策略

阶段	活动流程	活动目标	活动建议	家长反思
主体活动	在宽敞的室内，在地板上粘上小脚板图形，让儿童光着左右脚去踩正确的左右脚图形，形状配对的、颜色一样的图形。	1. 儿童能保持身体平衡协调。 2. 儿童能感受到游戏的乐趣。	每张图片之间距离适当，达到训练儿童脚的灵活性、协调性的目的。	1. 儿童对选择的颜色是否熟悉？ 2. 儿童是否能将颜色、形状和动作配对好？
	家长与儿童一起穿鞋，粘魔术贴；分别将魔术贴粘紧、松开，进行小跑，带着儿童感受其中区别。	儿童能粘魔术贴。	模仿是儿童重要的学习方式。	1. 家长示范的动作是否简单且易操作？ 2. 儿童是否学会粘魔术贴。
	在地板上粘好印有不同颜色鞋子的图片。儿童穿上有魔术贴的鞋子踩图片，当出现图片的颜色与儿童鞋子的颜色一样时，儿童需要摆一个造型并拍照，接下来家长踩图片并摆造型。	1. 儿童能分辨鞋子颜色。 2. 儿童能进行颜色配对。	图片大小与儿童鞋子贴近。	1. 儿童找到与自己鞋子颜色类似的图片需要多久？ 2. 儿童是怎样寻找的？
活动延展	1. 儿童为喜欢的玩具娃娃粘鞋子上的魔术贴。 2. 选择有魔术贴的衣服来练习，顺便强化穿衣服技能。			这些游戏是否有助于儿童自主、正确穿鞋的习惯养成。

四、系鞋带

（一）活动目标

1. 儿童能了解系鞋带的重要性。

2. 儿童能自己系鞋带。

（二）适用对象

1. 能行走的特殊儿童。

2. 适用于家庭一对一的个体教育形式，也适用于 10 人以内班级的团体形式。

（三）活动准备

1. 儿童自己的干净卫生的不同类型的鞋子，家长的不同类型的鞋。

2. 家里卧室。

（四）重点与难点

儿童能独立系鞋带。

（五）活动过程及策略

阶段	活动流程	活动目标	活动建议	家长反思
主体活动	1. 家长不系好鞋带，摆出摔跤的姿势并表现出痛的表情、动作，请儿童把自己扶起来并表示感谢、拥抱。 2. 系好鞋带，给儿童示范走路蹦蹦跳跳不摔跤。	1. 儿童能感受父母的亲密和成就感。 2. 儿童能体验到不系好鞋带的危险。	家长摔跤是因为不系鞋带，儿童学得间接经验。	1. 家长摔跤是否引起儿童关注？ 2. 儿童是否意识到家长摔跤的原因？
	家长教会儿童如何打结：家长示范先把脚放进鞋子，提起后跟→将鞋舌拉伸→系上鞋带。	儿童能系鞋带。	系鞋带的方式很多，选用儿童喜欢、易学的，进行模仿。	1. 家长示范的动作是否简单且易操作？ 2. 儿童是否学会系鞋带？
	在儿童系好鞋带后，让儿童随着音乐随意舞蹈。	儿童能放松心情。	愉快的体验能激发、巩固儿童的学习兴趣。	儿童是否会喜欢上自己系鞋带？
活动延展	1. 可以先教儿童如何将两条丝带打结。 2. 可以让儿童帮他喜欢的人系鞋带。			儿童最喜欢哪种系鞋带方式？

五、大家一起来看牙

（一）活动目标

1. 儿童能知道要保护牙齿、注意生理健康，能养成勤刷牙的习惯。

2. 儿童能独立刷牙。

（二）适用对象

智力障碍、学习障碍、广泛性发育障碍等嗅觉或视觉有一定发展的特殊儿童。

（三）活动准备

1. 儿童喜欢的牙刷、牙膏，"牙齿"布偶。

2. 音乐《刷牙歌》。

3. 家里洗手间。

（四）重点与难点

儿童能养成每天刷牙的习惯。

（五）活动过程及策略

阶段	活动流程	活动建议	家长反思
主体活动	早上起床，与儿童一起听《刷牙歌》来唤醒活力，跟随音乐带来的气氛或节奏，家长带着儿童用手在牙齿（或嘴）边分步进行：上上——下下——左左——右右——前前——后后地晃动。	尽量在欢快、活跃的气氛下进行，也能消除早上的困倦。	1. 儿童喜欢这首歌吗？ 2. 儿童能跟上家长的动作速度吗？
	1. 儿童熟悉刷牙的一系列动作后，渐变：大动作→小动作；慢→快。 2. 起床后（睡觉前）带儿童到洗漱处的镜子前，一起看、敲敲牙齿，哈气（没刷牙时，将手放嘴前哈气，或家长与儿童互相哈气）；在家长的帮助下运用前面学会的动作刷牙，给牙齿做了几个系列动作之后，开始喝水在口中含住，给儿童示范含住水的嘴型，然后吐水……完成刷牙动作。 3. 刷牙后，再看牙齿、哈气，充分感受刷牙前后的区别。引导儿童意识到这是刷牙带来的好处。	刷牙前后，伴随着表情、动作的变化，让儿童充分感受这之间的区别。	1. 在儿童自己刷牙的时候，会不会弄伤自己？ 2. 怎么挤牙膏比较方便？ 3. 儿童能不能自己意识到要刷多久才能刷干净？ 4. 儿童能否意识到刷牙带来了口气清新，需早晚刷牙？
	晚上睡觉前，可以与儿童用布偶扮演"牙齿爸爸"、"牙齿妈妈"、"牙齿宝宝"，排队走向洗漱台去刷牙的游戏。	在学会独立刷牙前，早晚均可练习。不过早上更容易感受到刷牙前后的区别。	什么时候儿童能够在没有父母陪伴下独自刷牙？
活动延展	1. 与儿童一起看印有牙齿的图片，进行剪纸活动。 2. 用"牙齿"布偶扮演"牙齿爸爸"、"牙齿妈妈"、"牙齿宝宝"，讲爱护牙齿的故事，对比有无蛀牙的牙齿的状态，伴随着表情、动作。 3. 用牙齿的故事来表达情绪，体验有蛀牙的牙齿的难过、悲伤，以及牙齿变健康之后的快乐情绪。 4. 当儿童牙齿掉了的时候，让儿童感受少了颗牙齿吃东西是怎样的。一起分析有哪些原因导致牙齿掉落。		1. 爱护牙齿是"身心健康"的一个环节，还可以与儿童用故事、角色扮演来共同感受、关注刷牙前后的情绪，逐渐充实"身心健康"。 2. 儿童能否意识到牙齿的重要性？

六、洗漱：我爱洗澡澡

（一）活动目标

儿童能独立洗澡。

（二）适用对象

两手活动正常的特殊儿童。

（三）活动准备

1. 儿童用的澡盆、洗澡帕。

2. 家里的浴室。

3. 音乐《嘻唰唰》《洗呀洗呀洗澡澡》。

（四）重点与难点

儿童能学会洗澡。

（五）活动过程及策略

阶段	活动流程	活动建议	活动反思
主体活动	家长引导儿童模仿"洗刷刷"，边唱歌边做动作。	将动作做大，跟着音乐进行。	儿童能否跟着节奏做动作？
	1. 进入洗澡的环境，家长做出简单的洗澡动作，儿童模仿。 2. 手把手教儿童洗澡：儿童使用洗澡帕擦湿身体→将沐浴露擦遍在身体上→搓洗→冲洗→擦干身体。	在洗澡时，可以带着儿童玩耍沐浴露的泡泡。	儿童明白怎样才是洗干净了吗？
	"香喷喷"：洗澡动作完成后，家长做出夸张的"嗅"的表情动作，告诉儿童现在他特别香，让儿童自己也闻闻，是否喜欢这种状态。请儿童摆一个洗完澡后的造型，家长可拍照。	在后面的洗澡过程中，逐渐减少家长的协助。	1. 儿童下次洗澡是否会主动些呢？ 2. 儿童能否意识到洗澡是快乐的、有益的？
活动延展	可以在浴室"打水仗"，让儿童喜欢浴室的水，喜欢洗澡的时间（提醒儿童只有浴室可以打水仗，其他地方玩水要询问父母）。		1. 儿童是否喜欢水？ 2. 是否会在其他地方也玩水？

七、餐后小助手

（一）活动目标

1. 儿童能养成餐后收拾桌子的好习惯。

2. 儿童能帮助爸妈做家务。

（二）适用对象

粗大、精细动作能力基本发展，生活自理能力较差的特殊儿童。

（三）活动准备

1. 餐桌、早或中或晚餐、奖品（食物或玩具星星、贴纸等）。

2. 家里餐厅。

（四）重点与难点

1. 儿童能餐后主动、独立收拾餐桌。

2. 儿童能明白收拾餐桌的重要性。

（五）活动过程及策略

阶段	活动流程	活动建议	活动反思
主体活动	用餐结束后，大家讨论谁来收拾餐桌。可用"猜拳"来决定。若是家长收拾，请儿童给自己加油并观察；若是儿童收拾，则进行后续游戏。	也可以选择其他有趣的方式来决定。	儿童是否乐意收拾餐桌？
	1. 与儿童一起用筷子敲敲每个碗，听听发出的不同声音。 2. 家长敲哪个碗，儿童就拿起哪个碗放一堆：先收拾饭碗→收拾菜碗（碟）→收拾筷子、叉子等→用抹布将桌子擦干净。 3. 碗筷运输：儿童将餐具从桌子上搬下，"嘀嘀……货物来了"；传递到妈妈手中；妈妈再传递到爸爸手中；然后进行清洗。	考虑儿童的力气、身高等，一次性少拿一点碗筷。	1. 儿童是否喜欢这种收拾餐桌的形式？ 2. 是否还有其他方式让儿童对收拾餐桌感兴趣？
	给予儿童表扬、鼓励。	到后面，用餐后可以适当等待儿童自己主动要求玩游戏、收拾餐桌。	儿童是否觉得收拾餐桌是件有意义的事情？
活动延展	1. 可以用小玩具车，将碗筷放在车上，然后运输到洗完的地方（再慢慢迁移到不用车"运输"）。 2. 也可以在第一次讨论收拾餐桌后，不收拾，在下一餐的时候让儿童观察到没有碗筷做饭。然后收拾了再做饭（让儿童意识到餐后要收拾才能有下一餐）。		怎样应对儿童的厌倦情绪？

八、小动物上厕所

（一）活动目标

1. 儿童能知道正确如厕的步骤。

2. 儿童能自己独立如厕。

（二）适用对象

1. 能行走的特殊儿童。

2. 适用于家庭一对一的个体教育形式。

（三）活动准备

1. 儿童自己喜欢的小内裤。

2. 玩具娃娃及衣服。

3. 可爱的便盆。

4. 纸巾、正确和错误的如厕行为的图片。

（四）重点与难点

儿童能自己独立如厕。

（五）活动过程及策略

阶段	活动流程	活动建议	家长反思
主体活动	角色扮演：让儿童扮演爸爸、妈妈，玩具娃娃扮演儿童，玩具娃娃要上厕所，家长指导儿童帮助玩具娃娃完成脱裤子、上厕所、擦屁屁等一系列动作。	用不同的玩具娃娃多重复几次，让儿童加深印象。	儿童如厕的步骤是否正确？
	小动物上厕所：准备一个儿童喜欢的漂亮的便盆，家长和儿童扮演不同的小动物一起讲故事、玩游戏，在游戏过程中每隔几分钟小动物就要去上一次厕所，家长要告诉儿童：小兔兔这会儿该上厕所啦，并引导儿童去便盆上厕所，先让儿童回忆之前怎么帮玩具娃娃上厕所的，自己应该怎么做，让儿童自己完成上厕所的行为。过一会儿轮到家长扮演的小动物去上厕所，家长为儿童恰当示范上厕所的行为。	把握好上厕所的频率，最好在游戏进行得比较平缓的阶段去上厕所，否则当儿童正全身心投入游戏时被打断，容易引起逆反心理。	1. 儿童的步骤是否都完成且顺序正确？ 2. 家长的示范行为是否到位？
	在家中贴一些如厕步骤的卡通图片，教儿童辨别哪些是正确的，哪些是错误的，答对了给予奖励。	1. 卡通图片要浅显易懂。 2. 儿童回答正确要奖励。	卡通图片的种类是否丰富？
活动延展	和儿童一起扮演，假如便便拉到裤子上或者便便之后没有擦屁屁是什么样的感受，还有周围人会如何反应。		让儿童体会到错误的如厕行为给自己和他人带来的不愉快的体验。

九、日常生活中的自理游戏活动

家庭一日活动总结——生活中处处可以练习生活自理			
时间	环节	活动目标	家长反思
早上	1.起床：播放轻音乐，唤醒儿童，请儿童从爸爸、妈妈/不同款式、季节的衣服中选出适当的衣服，协助他将衣服穿好，但最后一步留给儿童自己做；依次下一次穿衣就留最后两个步骤请他自己完成；依次类推，最后完全自己将衣服穿好。 2.刷牙：请儿童在家人的牙刷、杯子中选出自己的牙刷和杯子，家长播放音乐《洗刷刷》，在音乐中给儿童示范正确的刷牙方式：上下刷，左右刷，里外刷，一个面一个面地示范，让儿童跟着模仿。可先协助再逐渐撤销协助，待儿童学会以后与儿童一起刷，还可以你帮我刷，我帮你刷。 3.洗脸：家长拿出洗脸盆，请儿童帮忙打开水龙头，挑选出自己的洗脸帕，打湿水后，与儿童一起拧干，一人一头朝相反的方向拧；然后，请儿童帮家长洗洗脸，家长可抓住儿童的手教他如何洗脸，家长鼓励并谢谢儿童，再请儿童自己洗自己的脸（家长可适当协助）。	1.儿童能根据天气、场合及需要自己选择衣物。 2.儿童能独立穿衣服、裤子、鞋子。 3.伴随音乐，儿童能独立刷牙、洗脸、梳头。	1.有没有一步步教，学会一步再到下一步？ 2.有没有分解步骤？ 3.刷牙的顺序是怎样的？ 4.怎样洗才能洗干净脸？ 5.儿童能不能跟上自己的步骤？
中午	1.请儿童帮家长摆餐具（碟子、碗、筷子等）：请儿童数数要拿多少个餐具，如何拿在手上，再示范将这些餐具分别摆在正确的位置上，再请儿童模仿，摆放正确给予鼓励。 2.收拾餐具：家长请儿童帮自己拿同种类的餐具，示范将它们重叠在一起，跟儿童玩《找朋友》的游戏，依次将各个种类的餐具都找出来堆叠在一起。	1.儿童能有适当的用餐习惯。 2.儿童能摆放餐具。 3.儿童能收拾餐具。	
下午	1.如厕：走到厕所正确的位置，家长协助儿童脱下裤子，请儿童自己蹲下，上完厕所之后，用纸擦屁股，直到纸上没有污渍残留即可，起立，穿好裤子，家长要有意识地让儿童自己做，不会或做错时再给予协助。 2.洗手：家长同步示范，挽起袖子，请儿童也模仿挽起袖子，再打开水龙头，请儿童也打开水龙头，都将手打湿，然后都挤洗手液在手心，搓出泡泡，两双充满泡泡的手搓在一起，家长给儿童搓手，请儿童也给家长搓一搓，然后用水冲洗到无泡泡为止。	1.儿童能自己上厕所大、小便。 2.儿童能冲马桶。 3.儿童能用肥皂、洗手液洗手。	
晚上	睡觉：播放摇篮曲，给儿童讲故事，让儿童自己上床睡觉。	儿童能独自睡觉。	

第六章

◁▷ **特殊儿童粗大动作发展与游戏**

著名心理学家皮亚杰在探讨儿童认知发展理论时认为在儿童发展过程中，动作是一切知识的源泉。因此，特殊儿童粗大动作的发展对其今后的学习、认知有着重要的影响。对特殊儿童进行粗大动作训练，目的是纠正其异常的动作姿势，发展其正常的动作姿势，提高其身体的移动能力，习得粗大动作技能。通过设计相关的粗大动作训练活动，使特殊儿童能够发展出头部控制的能力，发展躺卧、滚翻、坐、跪、站立、行走、跑步、跳跃、爬行、臀行等动作及上肢伸直保护的能力，以及躯体平衡的能力等。而游戏活动是基于一切生活和能力发展需要而产生的有意识的模拟活动，它能提高儿童人际交往的积极性，训练儿童的肌力、关节活动度、耐力、平衡、协调性，同时也促进特殊儿童走、跑、跳、爬、平衡、投掷、接抛球、踢球等粗大动作的发展。

本章内容主要包括特殊儿童粗大动作的概述和游戏教学范例与家庭范例两个部分。每个部分的范例都会详细描述游戏的设计思路和活动的步骤，每个教学范例后面都会有一个评估量表，供教师评估使用。同样，也可以作为家庭范例评估。

第一节　概　述

本节内容旨在论述粗大动作的定义、游戏与儿童粗大动作发展的关系，粗大动作具体有哪些发展目标，以及本章的设计思路等。

一、粗大动作的定义

一个动作的完成包括大肌肉与小肌肉的活动，在幼儿发育的过程中通常先出现整体性的大肌肉运动，然后才是小肌肉运动。大肌肉是控制身体对抗重力从而完成一系列活动的基础。粗大动作就是大肌肉系统通过控制身体的肘、肩、髋、膝关节等部位来产生的移动、运动与身体协调动作。

在特殊儿童幼儿期，将粗大动作进一步细分，可以分为移动性动作和控制性动作。一般比较常见的粗大动作训练有走、跑、跳、爬、平衡、投掷、接抛球、踢球等。

二、游戏与特殊儿童粗大动作发展的关系

游戏运动疗法是特殊儿童最主要的治疗方法，运动疗法包括肌力、关节活动度、耐力、平衡、协调性等训练。而游戏活动是一切儿童生活和能力发展需要而产生的有意识的模拟活动。游戏能激发儿童的语言交往的积极性，增强儿童的自信、满足学生的心理需要。游戏活动有利于儿童自主性、探索性、独立发现和解决问题等能力的发展。

运用游戏加强粗大运动训练旨在运用个体功能，配合大肌肉运动，以有计划、有系统的肢体运动来改善个体的运动机能，可以帮助特殊儿童集中注意力，促进儿童身心发展，达到康复的目的。游戏过程本身锻炼注意力，如拍球、抛接球、踢球、滑滑梯、走平衡木等，特别是走平衡木对注意力的训练很有帮助。另外，儿童对活动中的物体感兴趣。这样经过一段时间的训练，儿童的注意力有了一定的提高，并且在游戏中进行的粗大动作训练能够促进平衡及空间知觉能力的发展。平衡能力是儿童发展中必须具备的基本能力，空间知觉能力对思维的发展有明显的促进作用。因此，平衡能力可以提高儿童对各种感官信息的接受、传导及统合能力。大多数发育迟缓儿童平衡感差，因此做翻跟头、滚动、滑板、攀登、走平衡木、旋转及左右手和左右脚的协调活动（踢球、跑步、上下楼梯等）都能有效提高身体平衡能力和空间感知能力。

游戏课程对儿童的动作发展有重要作用。林勤昌研究发现游戏课程对学龄前儿童的基本动作能力发展，有明显提升；游戏课程对不同性别学龄前儿童的基本动作能力发展，有显著差异；男学龄前儿童的移动性（立定跳远、25米快跑）及

操作性（棒球掷远）等三项基本动作能力，优于女学龄前儿童且有显著性差异；而女学龄前儿童在稳定性（棒上单足立），优于男学龄前儿童，且有显著性差异；游戏课程对不同年龄（55～78个月）学龄前儿童基本动作能力发展，有显著差异。陈俊梁研究发现学龄前儿童基本动作能力并没有因个人因素的"性别""年龄"变项所影响；而个人因素的"排行"变项则与其基本动作能力的关系最显著；父母参与程度越高，则学龄前儿童的基本动作能力越差；父母参与活动量越高的游戏，则学龄前学生的基本动作能力越佳。陈信全研究发现学龄前儿童在参与游戏课程后，其总运动能力有明显进步。徐锦兴研究发现参与运动游戏课程的儿童，其体能发展状况显著优于未参与的儿童。周进财研究发现对特殊儿童而言选择适当的康复辅助游戏，将游戏分类有益于特殊儿童所接受康复治疗的环境的改善，并协助临床及特教专业人员未来以游戏的方式作为康复辅具软硬件的相关研究。郭苏晋概括前人在儿童游戏的相关研究中，发现游戏课程确实可以增进学龄前儿童的基本动作能力发展，且成人参与儿童游戏可以让成人更了解儿童的需求，提供适切的游戏活动外，更可提升成人与儿童之间的情感，让儿童从游戏中自然、快乐、主动地进行学习。

　　根据郭苏晋的训练日志可以看出，游戏活动介入运动疗法后，脑瘫儿童对训练表现出很高的兴趣和配合度。将脑瘫儿童需要训练的动作与他喜欢的事物相联系设计出的游戏活动，可以提升儿童的兴趣与主动性，达到提升训练的效果。对脑瘫儿童的康复其实就是对脑瘫儿童的教育，往往是伴随其一生的。我们在对其进行动作教育的同时一定要注意方式方法，最好能够抓住儿童的兴趣，才能够达到更好的效果。

　　发育迟缓儿童需要用游戏的方式加强粗大运动训练，但有一些发育迟缓儿童的家长，在儿童开始接受大运动训练时表现出怀疑的态度，并强调儿童的运动能力已发展得比较好，训练的内容都会，或是都已经训练过，再训练就应加强语言、认知方面的内容。儿童的运动能力是有了一些发展，或是说基本动作比较协调，但这只能说其具备发展的功能和潜力，绝不能代替应有的发展水平。在认真地观察和分析发育迟缓儿童的运动发展能力后，特别在粗大动作训练上，可能会存在一些问题，比如训练单一、耐力差、惰性强等。而游戏会带给儿童（无论是普通儿童还是特殊儿童）乐趣，让儿童在游戏中得到训练，丰富的游戏也不会让儿童感到厌烦，还能达到事半功倍的效果。所以说，游戏是一个训练特殊儿童的粗大动作发展很好的方式。

三、粗大动作发展目标

儿童粗大动作的发展是其成长发展、学习和生活的基础，是培养特殊儿童健康体魄的重要基础。根据《双溪个别化教育课程》里的特殊儿童发展培养目标，特殊儿童粗大动作的发展目标是能够自如地掌控粗大动作，各动作能够相互协调，并且能在动作中保持平衡；在生活的方方面面，能够灵活地运用粗大动作，发展社会技能。

表 6-1 粗大动作发展目标

基本目标		发展目标
姿势控制	头部控制、坐姿控制、站姿控制、跪姿控制和蹲姿控制	1.能够自如地掌控粗大动作，各动作能够相互协调，并且能在动作中保持平衡 2.在生活中能够灵活运用粗大动作，发展社会技能
移动力	翻滚、跪行、臀行、匍匐爬行、四肢爬行、走、上下楼、跑、跳	
运动与游戏技能	球类运动、垫上运动、游乐器材、绳类运动、轮胎游戏、投掷游戏、循环体能、大道具游戏、体操、溜冰、游泳	

四、设计思路

本章针对特殊儿童粗大动作的游戏训练，主要从学校和家庭两个方面设计。

（一）遵循学生粗大动作发展顺序的原则

随着年龄增加，儿童的粗大动作发展水平和静态平衡能力都不断提高。毫无疑问，儿童的粗大动作的发展总是存在规律，且与年龄的关系紧密。儿童的粗大动作发展总是遵循着从躯干到四肢、从上往下等规律，如进行木偶的活动就是因为躯干是儿童最先能控制的；而后，球的活动是需要眼手的协调的活动，这就是能力发展更好的儿童才能玩的。所以，我们在设计活动方案时，一定要遵循粗大动作发展顺序，且特殊儿童的能力跟不上普通儿童，更加需要根据当下儿童的能力水平来进行设计。

（二）遵循循序渐进、运用工作分析的原则

制订粗大动作的目标应为儿童最近发展区的动作水平，小步子、循序渐进地进行训练。比如，翻滚活动就适合运用工作分析来教儿童翻滚，第一步让儿童站在垫子一端的前面，弯腰屈膝，手按垫子；第二步在两手间低头钻入，使颈部或头部后侧触垫；第三步让儿童身体弯曲成球状，背部着垫，手放在头部两侧，像摇篮一样，前后摇摆。注意，不宜设计不适合儿童能力水平的目标，不然会导致儿童不易达到目标，且也会使儿童的自信心大大受挫。此外，对于儿童来说，特别是特殊儿童，一次训练的时间不宜过长。

（三）遵循与相关领域相互配合的原则

动作训练与其他领域如感知觉、语言、社会交往、情绪等密切相关，当动作训练与这些领域结合一起训练时，有助于促进儿童全方位的发展。在"动物舞会"这个活动中就将认知（各类植物、动物）、社交（与同伴合作）等与动作训练密切结合。

（四）遵循游戏多样性、儿童主体性原则

游戏的设计需要多样化与个别化相结合，让特殊儿童在游戏中找到兴趣，增强接受训练的动机，让其乐于参与活动中，可以更快地达到训练效果。在设计活动前我们需要对儿童进行能力评估以及偏好刺激评量以此作为依据，像"木偶与动物""翻滚""移动力""动物舞会""一起来运球"等活动都是采用丰富的游戏类型以及使用大量的媒材，让游戏变得好玩，进而吸引儿童兴趣，增加儿童参与感。同时注意，儿童才是主体，不能颠倒主次，将重心放到其他方面，根据儿童的能力和兴趣设计活动。游戏设计应充分发挥儿童的主动性、主体性，才能激发儿童机体的活动，积极投入游戏中，从而促进粗大动作的发展。

第二节　粗大动作游戏教学范例

根据儿童身体发展的原则，结合特殊儿童身心发展情况，我们设计了以下活动。活动形式会根据不同能力的儿童有所不同，我们都会列出，教师可根据儿童的情况，适当选取部分作为教学内容。

一、木偶与动物

（一）活动目标

1. 学生能控制身体保持站姿平衡。

2. 学生能控制身体部位与同学合作完成任务。

（二）适用对象

1. 适合具有行走能力，需要发展平衡能力的特殊儿童。

2. 适用于 10 人左右的小团体，也适用于一对一的个体形式。

（三）活动准备

音乐播放器，音乐《小燕子穿花衣》。

（四）重点与难点

1. 重点是学生能控制身体的平衡。

2. 难点是学生能与同学合作用身体部位做出相应动作。

（五）活动过程及策略

阶段	活动流程	活动目标	活动建议
热身	我是木偶 1.教师规则讲述，并示范：小朋友们，我们先来玩一个木偶的游戏，假装自己是木偶，全身都不能动，看谁站的时间长。 2.教师示范，学生模仿。 3.教师下指令：请自由走动，变木偶。学生做动作。 4.两两一组面对面站，进行木偶比赛，看谁最后动。（持续 1 ~ 3 分钟。）	1.学生能观察教师的动作示范。 2.学生能模仿教师的动作。 3.学生能按指令做动作。 4.学生能控制自己的身体动作。	教师在训练过程中适当鼓励学生坚持。
发展	木偶变变变 1.教师讲解规则，并示范动作。规则是：音乐响起就自由行走，音乐停时模仿教师的动作定格。 2.跟随教师的动作，学生模仿。教师可变的动作：花、草、树，弯腰驼背的老人、攀爬的小孩、提公文包的爸爸、穿高跟鞋的妈妈等。 3.教师下指令，每个学生用自己身体摆出春天里的植物。 4.三人组合作共同摆出春天里的植物，让其他组猜一猜扮演的是什么植物。 5.集体建构想象中的花园：教师问大家花园里有什么，学生依次即兴用身体把自己认为花园里有的东西表达出来，组成一幅美丽的图画，教师最后变成花园里的蝴蝶，拜访各个部分。	1.学生能模仿教师的动作。 2.学生能运用身体部位做出相应动作。 3.学生能与其他人合作完成雕像。 4.学生能用身体表达花园里的物品。	1.教师要注意及时描述学生的动作，强化学生身体的控制能力。 2.教师注意变化时，引导学生猜木偶是什么。 3.教师通过眼神、声音和语言鼓励和夸奖学生，发现他们的亮点。
结束	1.教师引导大家想象植物们感受：享受阳光、微风、小雨、大雨、大风、阳光，并用身体做出对应的反应。 2.教师为花园拍照。	1.学生能用身体表达环境的变化。 2.学生能变化姿势拍照。	教师积极关注每个学生。
活动延展	花园故事会：由教师带领一人一句创编一个关于花园的故事，并用动作表达出来，最后组成一个整体的故事。		植物可以改成动物，设计思路一致。

（六）教学活动效果评量

阶段	活动	目标	形成性评量					评量方式	评量结果	通过与否	教学决定	备注
			1	2	3	4	5					
热身	我是木偶	1. 学生能观察教师的动作示范。										
		2. 学生能模仿教师的动作。										
		3. 学生能按指令做动作。										
		4. 学生能控制自己的身体动作。										
发展	木偶变变变	1. 学生能模仿教师的动作。										
		2. 学生能运用身体部位做出相应动作。										
		3. 学生能与其他人合作完成雕像。										
		4. 学生能用身体表达花园里的物品。										
结束	结束仪式	1. 学生能用身体表达环境的变化。										
		2. 学生能变化姿势拍照。										

二、前滚翻

（一）活动目标

1. 学生能控制身体部位做动作。

2. 学生能翻滚身体。

（二）适用对象

1. 适合具有行走能力，需要发展平衡能力的特殊儿童。

2. 适用于 10 人左右的小团体，也适用于一对一的个体形式。

（三）活动准备

1. 平整干净的泡沫地垫。

2. 音乐播放器，舒缓的音乐。

（四）重点与难点

1. 重点是前滚翻的正确动作。

2. 难点是学生的身体能协调做动作。

（五）活动过程及策略

阶段	活动流程	活动目标	活动建议
热身	身体舞动 1.教师示范身体写名字：用头、肩、手肘、手腕、躯干、腰、膝盖、踝关节、脚尖等部分写自己的名字，学生模仿用身体写名字。 2.教师播放舒缓音乐，两人面对面，一人跟随音乐自由舞动身体，另一人模仿动作。	1.学生能用身体部位写名字。 2.学生能自由舞动身体。	教师注意每个学生的安全。
发展	前滚翻 基本环节：示范—指导—模仿—独立尝试—速度加快。 1.前屈训练。 （1）教师示范，站在垫子一端的前面，弯腰屈膝，手按垫子，然后在两手间低头钻入，使颈部或头部后侧触垫，做前屈。 （2）学生尝试前滚翻时前屈的正确姿势。引导学生模仿，站在垫子一端的前面，弯腰屈膝，手按垫子，由教师或同伴帮助用手压住其踝关节，然后在两手间低头钻入，使颈部或头部后侧触垫，做前屈训练。 （3）学生独立练习，教师适时保护和引导。 2.前后摇摆。 （1）教师示范，身体弯曲成球状，背部着垫，弯曲时，手放在头部两侧，使前后摇摆如摇篮（身体摇摆时，应轻快，力量要大）。 （2）在上一准备动作基础上，引导学生模仿，身体弯曲成球状，背部着垫，弯曲时，手放在头部两侧，使前后摇摆如摇篮（身体摇摆时，应轻快，力量要大）。 （3）学生独立练习，教师适时保护和引导。 3.蹲屈姿势前滚翻。 （1）教师示范，用蹲屈姿势，双手按垫练习前滚翻，滚翻后，保持立正姿势。 （2）学生模仿，教师保护，引导学生用蹲屈姿势，双手按垫练习前滚翻，滚翻后，保持立正姿势。 4.连续向前滚翻。教师先示范，连续前滚翻。学生模仿连续前滚翻，教师适时保护。	1.学生能模仿前屈动作。 2.学生能独立做前屈动作。 3.学生能模仿前后摇摆动作。 4.学生能独立做前后摇摆动作。 5.学生能模仿蹲屈姿势前滚翻。 6.学生能独立做蹲屈姿势前滚翻动作。 7.学生能模仿连续前滚翻动作。 8.学生能独立连续前滚翻动作。	1.教师注意引导学生头部和背部尽量弯曲，动作才会顺滑。 2.教师全程注意示范好规范动作。 3.教师全程注意保护学生的安全。
结束	放松 1.在舒缓的音乐中，让学生将身体变成球状，滚来滚去。 2.两人一组相互按摩放松。	1.学生能变成球滚动。 2.学生能相互按摩。	教师要引导学生注意安全，注意按摩力度。
活动延展	1.前滚翻比赛：儿童分组比赛从A地安全滚到B地，看哪组滚得又快又好。 2.我去游乐园：引导学生布置自己喜欢的游乐园，但到达游乐园，需要用前滚翻的方式。		教师注意关注全场，实时协助，保证学生安全。

（六）教学活动效果评量

阶段	活动	目标	形成性评量					评量方式	评量结果	通过与否	教学决定	备注
			1	2	3	4	5					
热身	身体舞动	1.学生能用身体部位写名字。										
		2.学生能自由舞动身体。										
发展	前滚翻	1.学生能模仿前屈动作。										
		2.学生能独立做前屈动作。										
		3.学生能模仿前后摇摆动作。										
		4.学生能独立做前后摇摆动作。										
		5.学生能模仿蹲屈姿势前滚翻。										
		6.学生能独立做蹲屈姿势前滚翻动作。										
		7.学生能模仿连续前滚翻动作。										
		8.学生能独立连续前滚翻动作。										
结束	放松	1.学生能变成球滚动。										
		2.学生能相互按摩。										

三、移动力

（一）活动目标

1. 学生能跪行。

2. 学生能爬行。

3. 学生能臀行前进。

（二）适用对象

1. 适合具有行走能力，需要发展躯干和腿部粗大动作的特殊儿童。

2. 适用于 10 人左右的小团体，也适用于一对一的个体形式。

（三）活动准备

1. 音乐播放器，音乐《伊比丫丫》，欢快的音乐《健身操音乐》，舒缓的音乐《daydream》。

2. 学生喜欢的星星类贴纸、饼干、玩具。

3. 各色耐拉扯的 1 m×1.5 m 绒布条。

（四）重点与难点

1. 重点是学生能爬行、跪行、臀行。

2. 难点是学生能坚持完成各项动作游戏。

（五）活动过程及策略

阶段	活动流程	活动目标	活动建议
热身	请你跟我这样做 1. 教师示范四个动作：压、推、拉、扭，学生模仿。 2. 教师唱《伊比丫丫》，做动作，学生模仿。 3. 两个学生面对面作四个动作，边唱边做。	1. 学生能模仿教师的动作。 2. 学生能相互协作做动作。	1. 教师歌唱时节奏放慢。 2. 教师注意每个学生的安全。
发展	1. 跟我学。 教师改编动作，边唱边示范：跪着前行、爬行、臀行、膝盖转圈、臀部转圈等动作，学生模仿。适当重复，直到多数学会。 2. 拖行。 两人组合作： （1）教师示范，一人趴在地上，另一人抓手腕拖行，学生练习。 （2）教师示范，一人仰躺地上，另一人拖脚踝退行，学生练习。 （3）教师示范，一人坐在足够大的布上，另一人拖行，学生练习。 3. 花样竞赛：四人一组，在游戏垫的终点处放一些玩具。 （1）教师动作示范，从起点到终点跪走往返1次，回来时将终点处的玩具带回。组内先练习1次，然后组间比赛。教师给赢者贴星星。 （2）教师动作示范，从起点到终点爬行往返1次，回来时将终点处的玩具带回。组内先练习1次，然后组间比赛。教师给赢者贴星星。 （3）教师动作示范，从起点到终点臀行往返1次，回来时将终点处的玩具带回。组内先练习1次，然后组间比赛。教师给赢者贴星星。 （4）根据贴纸数量，给予饼干奖励。	1. 学生能独立分别做以下动作：跪着前行、爬行、臀行、膝盖转圈、臀部转圈等。 2. 学生能与同学合作抓手腕拖行。 3. 学生能与同学合作拖脚踝拖行。 4. 学生能与同学合作用布拖行。 5. 学生与同学合作完成跪行比赛。 6. 学生与同学合作完成爬行比赛。 7. 学生与同学合作完成臀行比赛。	1. 对能力较好的学生，教师用动物故事将各个环节串起来，讲故事时节奏放慢，尽量多说一些动作让小朋友反复完成。 2. 鼓励和协助学生完成一些有难度的动作。
结束	1. 轻音乐中两两相互按摩放松。 2. 变成毛毛虫爬回家：在舒缓的轻音乐中，教师趴地上学毛毛虫的动作慢慢蠕动身体。学生模仿，慢慢爬到门口。与其他毛毛虫说再见。	1. 学生能相互按摩。 2. 学生能运用身体部位爬行。	教师注意保证学生的安全，多给学生鼓励和夸奖。
活动延展	1. 教师让小朋友们扮演毛毛虫，从A地到B地蜷曲爬行，训练他们的移动力。 2. 爬地道：教师给学生讲一个爬过地道的故事。着重讲主人公如何用自己的四肢身体蜷曲（跑、跳、蹲着、跪着、四肢爬行）等通过地道。让小朋友一边听故事，一边模仿。		对认知能力好点的学生，用故事串连各个动作，会更有趣味性。

（六）教学活动效果评量

阶段	活动	目标	形成性评量					评量方式	评量结果	通过与否	教学决定	备注
			1	2	3	4	5					
热身	请你跟我这样做	1.学生能模仿教师的动作。										
		2.学生能相互协作做动作。										
发展	跟我学等	1.学生能独立分别做以下动作：跪着前行、爬行、臀行、膝盖转圈、臀部转圈等。										
		2.学生能与同学合作抓手腕拖行。										
		3.学生能与同学合作拖脚踝拖行。										
		4.学生能与同学合作用布拖行。										
		5.学生与同学合作完成跪行比赛。										
		6.学生与同学合作完成爬行比赛。										
		7.学生与同学合作完成臀行比赛。										
结束	放松	1.学生能相互按摩。										
		2.学生能运用身体部位爬行。										

四、动物舞会

（一）活动目标

1.学生能平稳地控制自己的身体。

2.学生能用身体表现出动物的特征。

（二）适用对象

1.适合具有行走能力，需要发展身体综合能力的学生。

2.适用于 10 人左右的小团体，也适用于一对一的个体形式。

（三）活动准备

1.音乐播放器，音乐《狮子王》，快节奏音乐《健身操音乐》《鬼步舞专用音乐》，舒缓的音乐《减压之轻音乐》。

2．动物面具。

（四）重点与难点

1.重点是学生能控制身体模仿动物动作。

2.难点是学生能与同学合作完成活动。

（五）活动过程及策略

阶段	活动流程	活动目标	活动建议
热身	大草原里的动物 1.集体围圈站，教师示范大草原里的一种动物动作，学生模仿。 2.教师引导学生想象大草原的自己喜欢的动物，依次用身体模仿出来，其他学生模仿。 3.教师播放音乐《狮子王》，学生依次从动物方式走向场中间再返回，其他人模仿，然后下一个接续用动物方式舞动。 4.教师播放音乐《狮子王》，所有人模仿动物方式行走，用身体打招呼。	1.学生能模仿动作。 2.学生能用身体模仿自己喜欢的动物的动作。 3.学生能模仿动物方式行走。 4.学生能模仿动物打招呼。	1.教师可以呈现动画《狮子王》里的动物行走动作，请学生模仿。 2.教师也可以用视频或图片呈现动物动作，让学生模仿动作。
发展	1.动物早操：教师播放健身操音乐。教师示范模仿动物伸展身体的方式，其他学生模仿。学生依次模仿自己喜欢的动物伸展身体的方式，其他学生模仿。 2.动物走秀：学生站成两列，中间留出一条大道，两人并排，做相同的动作从A地到B地。教师播放鬼步舞专用音乐。（见活动准备中的图注） 3.动物家族的一天：四个学生为一组，每组是一种动物，模仿动物从早上起来、吃食物、游玩、休息的历程，各组沟通练习，之后依次呈现。 4.面具舞会：教师播放鬼步舞专用音乐。 （1）学生选择自己喜欢的动物面具带脸上，自由地随着音乐自由舞动。 （2）学生用身体的某个点与其他伙伴身体接触，即兴舞动。 （3）四个学生手拉手跟随音乐节奏相互穿洞。 （4）所有学生手拉手随音乐节奏行走成"卷心菜"。	1.学生能模仿动物伸展身体的方式。 2.学生能与同学合作用动物方式自信地行走。 3.学生能与同学合作扮演动物的一天。 4.学生能选择自己喜欢的动物面具。 5.学生能与同学有自然的身体触碰。 6.学生能控制自己的身体与同学协同互动。	1.教师在训练的时候注意每个小朋友的安全。 2.教师多鼓励学生有创意地模仿动物动作。 3.教师尽量创设机会让学生与不同的学生结伴互动。
结束	动物回家：教师播放减压之轻音乐。 1.学生模仿动物睡觉的样子，教师依次给学生按摩，反馈其游戏中的亮点。 2.下课，相互说再见。	1.学生能放松身体。 2.学生能感受到自己的进步。	教师尽量全面地欣赏每个学生的亮点。
活动延展	1.教师给学生讲一个"动物园开舞会"的故事，让小朋友在故事扮演中体验各种动物的不同特点。 2.引导学生四人一组，各组创编一个动物英雄的故事，并合作演出来。 3.大家一起看动画片《狮子王》，用身体动作分享自己最喜欢的动物，并请其他同学猜。分小组讨论自己最喜欢的片段，一起模仿动物再现场景。		教师需要根据学生能力去拓展活动，激发学生的学习兴趣。

（六）教学活动效果评量

阶段	活动	目标	形成性评量					评量方式	评量结果	通过与否	教学决定	备注
			1	2	3	4	5					
热身	大草原里的动物	1. 学生能模仿动作。										
		2. 学生能用身体模仿自己喜欢的动物的动作。										
		3. 学生能模仿动物方式行走。										
		4. 学生能模仿动物打招呼。										
发展	动物早操等	1. 学生能模仿动物伸展身体的方式。										
		2. 学生能与同学合作用动物方式自信地行走。										
		3. 学生能与同学合作扮演动物的一天。										
		4. 学生能选择自己喜欢的动物面具。										
		5. 学生能与同学有自然的身体触碰。										
		6. 学生能控制自己的身体与同学协同互动。										
结束	动物回家	1. 学生能放松身体。										
		2. 学生能感受到自己的进步。										

五、我们一起来运球

（一）活动目标

学生能与同学协作运球。

（二）适用对象

1. 适合具有行走能力，需要发展翻滚能力的学生。

2. 适用于 10 人左右的小团体，也适用于一对一的个体形式。

（三）活动准备

1. 音乐播放器、欢快的音乐、舒缓的音乐《水袖》。

2. 各类大大小小的球：瑜伽球、篮球、皮球。

（四）重点与难点

1. 重点是学生能在游戏中灵活控制身体。

2. 难点是学生能与同伴合作运球。

（五）活动过程及策略

阶段	活动流程	活动目标	活动建议
热身	假想球 1.玩假想气球。所有人围圈，教师示范：假装手里拿了一个气球，形象生动地吹气球、打结、拍、抛。然后传给身边的学生，学生要假装接住气球，用自己的方式玩一下气球，然后传给下一位，直到所有人都玩过。 玩假想的大而沉的瑜伽球。教师像变戏法一样将前面的气球藏身后，摇身一变变出一个大而沉的瑜伽球，形象生动地抱球走到对面，请一个学生帮忙一起抬瑜伽球走一段，然后传给另外两个学生，直到所有学生都玩过。 2.玩假想的大而重的球。教师假装收回瑜伽球，摇身一变，变出一个大大的很重的球，邀请所有人和教师一起抱，但抱不起，邀请大家一起推，等到所有人都假装很费力在推时，教师走到另一头，假装拿了一个大大的杠杆，将假想的球给翘起来飞到很远的地方。	1.学生能用身体动作假装玩气球。 2.学生能与同学一起假装搬运瑜伽球。 3.学生能与同学一起假装推重的球。	教师尽可能用声音、动作夸张地展现球的感觉。从小而轻的球，到大而沉的球，再到大而重的球，表现不同的身体感觉和动作，吸引学生的注意，引导学生猜是什么球，引导学生一起玩假想球。
发展	1.传球 （1）自由拍球。教师示范，学生模仿。 （2）学生自由行走，叫一名同学名字并传球给对方。 （3）学生两人一组，面对面间隔2米站。教师播放音乐《水袖》，示范在音乐节奏中传递篮球给对面的同学，在重音时拍球传递，学生模仿。 （4）学生两人一组，面对面间隔2米站。教师播放音乐《水袖》，示范在音乐节奏中传递瑜伽球给对面的同学，在重音时拍球传递，学生模仿。 2.运球比赛 在舒缓的音乐中，教师给学生讲一个"动物园举行运球比赛"的故事，小朋友扮演故事中的角色： （1）两人一组，用背部合作将一个篮球从A地运到B地。 （2）两人一组，用背部合作将一个瑜伽球从A地运到B地。 （3）四人一组，用胸部合作将一个瑜伽球从A地运到B地。 （4）四人一组，用胸部合作将一个篮球从A地运到B地。 （5）所有学生面对面站成两列，手拉手成桥梁，教师放一个瑜伽球在桥梁上面，要求学生将大球从A地运到B地，球不能落地。 （6）所有学生围成圆圈，手臂前举，教师放一个瑜伽球在第一个学生的手臂上，要求学生将大球从A地运到B地传遍所有的同学，球不能落地。	1.学生能自由拍球。 2.学生能叫同学名字传球。 3.学生能有节奏地传篮球。 4.学生能有节奏地传瑜伽球。 5.学生能与同学合作用背部运篮球。 6.学生能与同学合作用背部运瑜伽球。 7.学生能与同学合作用胸部运篮球。 8.学生能与同学合作用胸部运瑜伽球。 9.学生能与同学合作用手臂运瑜伽球。 10.学生能控制手臂运瑜伽球。	1.每个步骤，教师要注意示范，确保学生理解规则。 2.有节奏传球时，注意重音。
结束	背上运球 1.教师规则讲解并示范：所有学生并排趴地上，教师放一个大球在学生背上，要求学生将瑜伽球从A地运到B地，球不能落地。 2.学生背部运球，球依次滚过所有同学背部两次。	1.学生能控制自己的身体。 2.学生能与同学合作完成活动。	教师注意提醒学生头、躯干、腿的协同。
活动延展	1.传接球游戏：教师和学生间隔一定距离，然后两人互扔互接皮球。 2.投篮球比赛。 3.踢足球比赛。		

（六）教学活动效果评量

阶段	活动	目标	形成性评量					评量方式	评量结果	通过与否	教学决定	备注
			1	2	3	4	5					
热身	假想球	1.学生能用身体动作假装玩气球。										
		2.学生能与同学一起假装搬运瑜伽球。										
		3.学生能与同学一起假装推重重的球。										
发展	传球、运球	1.学生能自由拍球。										
		2.学生能叫同学名字传球。										
		3.学生能有节奏地传篮球。										
		4.学生能有节奏地传瑜伽球。										
		5.学生能与同学合作用背部运篮球。										
		6.学生能与同学合作用背部运瑜伽球。										
		7.学生能与同学合作用胸部运篮球。										
		8.学生能与同学合作用胸部运瑜伽球。										
		9.学生能与同学合作用手臂运瑜伽球。										
		10.学生能控制手臂运瑜伽球。										
结束	背上运球	1.学生能控制自己的身体。										
		2.学生能与同学合作完成活动。										

第三节　粗大动作游戏家庭活动范例

一、拨浪鼓

（一）活动目标

儿童能控制头部。

（二）适用对象

适合具有视觉追视能力，需要发展头部能力的儿童。

（三）活动准备

1. 拨浪鼓、气球。

2. 较少物体刺激、声音刺激的房间。

（四）重点与难点

儿童的头部能跟着拨浪鼓的位置转动。

（五）活动过程及策略

阶段	活动流程	活动目标	活动建议	家长反思
主体活动	1. 家长晃动拨浪鼓，吸引儿童的注意力。 2. 家长用拨浪鼓在儿童周围摇晃，让儿童注意到拨浪鼓的位置。 3. 家长引导儿童去抓握拨浪鼓。	1. 儿童能将注意力集中到拨浪鼓上。 2. 儿童头部能跟着拨浪鼓的位置转动。	1. 拨浪鼓不可摇得过快。 2. 训练过程中注意儿童的头部动作，避免受伤。	1. 儿童是否注意到了拨浪鼓？ 2. 儿童的头部是否跟随着拨浪鼓敲打的方向转动？
	拨浪鼓上挂颜色鲜艳的气球，引导儿童看气球、摸气球、拍气球。	儿童能用手去触摸气球。	注意气球不要吹得过大，防止气球爆破伤到儿童。	3. 儿童是否追视气球？是否愿意拍气球？
活动延展	让儿童通过听拨浪鼓的声音来寻找声音的来源，训练儿童在黑暗中行走、摸索的动作。			

二、好玩的身体

（一）活动目标

1. 儿童能翻、滚。

2. 儿童能爬行。

（二）活动对象

适合具有行走能力、需要发展翻滚能力的儿童。

（三）活动准备

地垫。

（四）重点和难点

儿童能在地上翻、滚、爬行。

（五）活动过程及策略

阶段	活动流程	活动建议	家长反思
主体活动	让儿童自由地在地垫上爬、滚、翻身。	1.注意儿童人身的安全。 2.注意儿童的头部和背部尽量弯曲，动作才会圆滑。	1.儿童是否能够翻、滚？ 2.如何吸引儿童的注意力？
	1.家长屈身趴在地垫上拱成桥，让儿童匍匐前进从"桥洞"爬过去。 2.引导儿童从背上爬过去再钻洞。	学生爬过去，给予奖励。	1.儿童是否愿意爬行？ 2.如何吸引儿童爬过去？
	1.家长趴在地垫上，儿童爬到家长背上骑大马。 2.引导儿童像小猴子一样挂在家长的脖子上。	1.儿童成功骑在家长背上或吊在家长胸前时，为其欢呼。 2.注意儿童的安全，建议另外一个家长在儿童身后给予一定的支持。	1.儿童是否能协调地爬上去？ 2.儿童的手臂力量能支撑其身体的重量吗？
	1.家长与儿童一起学毛毛虫爬行。 2.家长与儿童一起手拉手趴在地垫上一起翻滚。	家长注意帮助儿童身体一起滚动。	儿童身体能顺利地滚吗？
活动延展	家长还可以与儿童一起比赛用臀部前进后退，促进躯干与臀部的协调。		

三、我会踢皮球

（一）活动目标

儿童能做球类运动。

（二）活动对象

适合具有姿势控制能力、需要发展球类运动能力的儿童。

（三）活动准备

1. 皮球。

2. 较空旷的场地。

（四）重点和难点

儿童能与家长一起玩球。

（五）活动过程及策略

阶段	活动流程	活动建议	家长反思
主体活动	1.家长示范：一起在相隔1米的地方互相抛球、接球、传球、踢球。 2.儿童模仿。	家长需要根据儿童的能力调整传球的力度。	1.儿童能接住球吗？ 2.儿童能准确地传到位吗？ 3.儿童没接到球有什么反应？
	1.家长示范：一起在相隔2米的地方互相抛球、接球、传球、踢球。 2.儿童模仿。	1.在玩球的同时，注意儿童的安全。 2.家长传球速度由慢到快。 3.家长换不同方向传球。	1.难度加大，儿童能较好地传接球吗？ 2.儿童愿意接受挑战吗？ 3.儿童接球的敏捷性如何？
	1.家长示范：一起在相隔3米的地方互相抛球、接球、传球、踢球。 2.儿童模仿。	1.家长传球速度由慢到快。 2.家长换不同方向传球。	1.难度加大，儿童能较好地传接球吗？ 2.儿童接球的敏捷性如何？
活动延展	玩球的同时，可以训练儿童慢跑、快跑、蹲等动作。		

四、日常生活粗大动作游戏活动

时间	环节	活动目标	家长反思
早上	1.起床锻炼：儿童与家人一起跑步，模仿喜欢的动物的跑步姿势进行比赛。 2.吃早餐：儿童在椅上坐着吃饭。 3.玩耍：在空旷的场地与伙伴做滚球、拍球练习。 4.活动：较小的儿童可以在家人身上攀爬，稍大的儿童可以在家人的陪同下在小区内做攀爬活动。	1.能控制站姿。 2.能做球类活动。 3.能控制坐姿。	1.每一次的活动游戏中涉及的主要姿势是什么？ 2.需要哪些能力才能做这些活动？ 3.完成了多少粗大动作能力的目标？ 4.怎么利用更有效的方式在日常生活中锻炼粗大动作能力？
中午	1.消化：吃饭后和家人一起用站姿帮助消化。 2.游戏：在垫子上与伙伴做游戏，比赛玩轮胎穿越障碍游戏，注意安全。 3.活动：与家人一起溜冰，锻炼儿童的平衡性。	1.能控制站姿。 2.能做垫上活动。 3.能做轮胎活动。	
下午	1.活动：在家长陪同下做水中活动，不断用手搅动，感受水；可将球带入水中，做水中球类活动。 2.回家：观察并用身体模仿不同植物姿势。	1.能在水中活动。 2.能在水中做球类活动。 3.能用身体模仿植物姿势。	
晚上	1.晚饭：在学生椅上坐着吃饭。 2.休闲：在公园散散步，慢慢走，也可以采用倒走形式让儿童锻炼。	1.能控制坐姿。 2.能采用倒走的姿势。	

第七章

特殊儿童沟通发展与游戏 ◁▷

沟通是人类社会交往中的重要手段，是实现人社会功能的媒介。管理学之父彼得·德鲁克说过："一个人必须知道该说什么，一个人必须知道什么时候说，一个人必须知道对谁说，一个人必须知道怎么说。"葛洛夫也说过："有效的沟通取决于沟通者对话题的充分掌握，而非措辞的甜美。"所以，沟通者掌握基础的沟通技能是实现有效沟通的前提。

对此，本章内容主要包括特殊儿童沟通发展的概述，特殊儿童认知发展游戏教学范例和家庭范例。范例部分都会仔细描述游戏活动的步骤，每个教学范例后面都会有一个评估量表，供教师使用。同样，也可以作为家庭范例评估模板。

第一节　概　述

特殊儿童的沟通发展是智力发展的一个重要组成部分，家长要了解他们的体格发育，也要知道其智力及沟通发展情况。早期发现沟通发展情况落后的特殊儿童，并给予及时矫正或治疗，不仅可以对他们的沟通发展起到促进作用，而且对其整个认知发展都会有帮助。

所以，矫治特殊儿童的语言障碍，培养沟通能力，更好地开发特殊儿童的沟通潜能，是特教工作者和相关治疗工作者所面临的重要任务。

一、沟通发展的定义

沟通是指两个或两个以上的个体为了实现共同目标（共同利益）而自愿地结合在一起，通过相互之间的配合和协调（包括言语和非言语）而实现共同目标（共同利益）的活动。对于特殊儿童来说，沟通体现在他们的一日生活之中，在游戏、学习、生活中；能主动分工，协商解决问题，确保活动顺利进行，这些活动都需要沟通能力。综上所述，特殊儿童的沟通发展定义为：特殊儿童随年龄的增长，其相应的沟通能力（包括语言和非语言）也随之提升，能够实现其在游戏、学习和生活中主动分工沟通，协商解决问题，从而确保活动顺利进行。

二、游戏与特殊儿童沟通发展的关系

我们通常将特殊儿童分为视力障碍、听力障碍、智力障碍、自闭症、注意力缺陷多动、学习困难和天才儿童这七类。其中视力障碍和听力障碍的儿童想实现语言和非语言的沟通，更需要借用外在工具的辅助和专业教育，而天才儿童的沟通能力则是表现为超出普通儿童的沟通能力发展速度和品质，因此其沟通能力一般较好。而智力障碍、多动、自闭、学习困难的儿童，则可以通过简单的游戏活动，在游戏活动中渗透教学（游戏干预的形式）提升其沟通能力。以下具体谈论有关游戏对这几类儿童的促进作用。

（一）游戏能提升特殊儿童的注意集中能力，从而提升沟通能力

关于有注意力缺陷的儿童方面，周韦华等人研究发现，注意力缺陷多动的儿童表现为明显的控制能力差、行事冲动而不顾后果、多动、注意力难以集中，不能建立良好的同伴关系，不能很好地融入集体活动中等问题。这些都会使其在人际交往沟通过程沟通效率低下，难以开展互动。

（二）游戏能促进特殊儿童感知觉发展，帮助其实现社会化沟通

关于智力障碍儿童方面，李晓庆在研究中发现，智力障碍儿童在非语言沟通方面表现为交往水平低、品质差，交往手段运用困难；表情单一，缺少变化，动作重复，缺乏沟通与交往功能等问题。在语言交往沟通中，智力障碍儿童存在忽略交际对象的身份、违反交际语境、不顾及交际对象感受、缺乏语言交往技巧、语言交往不适当等行为。在游戏活动中，尤其是剧场表演类游戏，需要儿童充分运用肢体和语言的表达形式，因此可以全面促进其感知觉发展，帮助其实现社会化沟通。

（三）游戏能改善特殊儿童的学习焦虑、对人焦虑、孤独倾向和冲动倾向

关于学习困难儿童方面，张承芬等人发现，学习困难儿童在社交技能方面明

显弱于非学习困难儿童，社会认知水平低是学习困难儿童社交技能差的重要原因。然而，在学校生活中，学习困难儿童受到更多的冷落和孤立，缺乏沟通交往的机会；同时学业失败造成的不良自我认知也降低了学习困难儿童社会沟通交往的胜任能力和自信，这两方面无疑给学习困难儿童的人际交往沟通造成了更大的障碍。游戏教学给予儿童充分参与的机会，为儿童创造轻松愉悦的学习环境，加上一定的教学策略，即可为儿童建立信心，提升其人际交往沟通能力。刘敏娜等人的研究表明，游戏治疗提高了儿童在家庭生活、同伴交往、学校生活、自我认识和抑郁体验方面的生活质量，改善了他们在学习焦虑、对人焦虑、孤独倾向和冲动倾向方面的心理情况。

（四）游戏环境能促进特殊儿童自我调整和模仿能力，促进其社会化的沟通发展

关于自闭症儿童方面，王倩指出，自闭症儿童突出的症状之一是缺乏想象性和象征性的游戏。人类的语言和非语言沟通皆是在互动和模仿的环境中学习而得的，而自闭症的儿童缺乏象征性游戏，代表着儿童很少出现模仿行为，这也就意味着他们的社会化水平低下，社会沟通技能严重缺乏。而在游戏环境下，他们能够调整和模仿，参与大规模的运动游戏，即使是单独游戏时，也可能会出现模仿说话等行为，这对其社会化的沟通发展将会起到大力推动的作用。同时毛颖梅等人也证明，非指导式游戏治疗能有效减少个案的刻板行为，有利于增进孤独症个案的沟通意向，提高其沟通的主动性。

（五）游戏能促进特殊儿童沟通能力的发展

关于社交障碍的儿童方面，张福娟等人认为游戏对于特殊儿童的沟通发展有重要作用。首先，游戏为特殊儿童沟通发展早期诊断提供线索。对于特殊儿童而言，其社会交往存在着相当大的困难，尤其是有沟通障碍的儿童，家人和教师不易了解其沟通发展的真实情况。而游戏为教师和家长了解儿童提供了机会，因为在游戏中儿童很容易表现出沟通能力、兴趣和特长。比如通过扮演游戏，可以了解儿童的模仿能力、表达能力等。其次，游戏能够发展特殊儿童的注意能力以及沟通能力。针对儿童好动的特点，教师利用游戏的活动性，调动其多种感官参与，激发兴趣，维持注意力，提高学习效果。在游戏中，他们会模仿成人，利用想象扮演成人的角色；即使他们在独自进行游戏时，也有一些刺激儿童说话的玩具（如娃娃、木偶）会引起他们自言自语的诉说。有时，他们会一边操作玩偶，一边自

然地发声、说话、交谈，以此增加语言的经验；他们还可以通过念儿歌、讲故事等营造语言环境，培养说话的能力。此时，若教师和家长能给以一定的指点，沟通能力会得到显著提高。

游戏能促进儿童沟通能力的发展，在特殊儿童的沟通发展中起着不可忽视的作用。在个体游戏中，能够使儿童的个性化发展得以提升；而在团体游戏中，儿童在游戏中作为集体的成员，能学会互相沟通和了解，这种相互作用极大提升了其沟通交往能力，有助于他们的社会化功能的实现。

三、沟通发展目标

特殊儿童的沟通发展能力的目标是指语言方面的目标技能和非语言方面的目标技能。

表 7-1　沟通发展目标

	基本目标	发展目标
内在语言能力	注意力、学习动机、静坐等待、模仿能力、遵从指示、适应能力	提升儿童基本的听说读写的能力，能读懂他人的手势动作，通过符号行事，借用文字，工具等来表达需求等
听的能力	听前准备，对名词动词的适当反应，对短句适当反应，对形容词、副词之短句适当反应，对否定、疑问句适当反应，对两个以上句子适当反应	
说的能力	说前准备，说出常用名词、动词，说出有动词、名词的短句，说出有形容词＋副词的简单短句，说出否定句、疑问句，说出两个以上句子，表达技巧	
读的能力	读前准备，认读环境中常见视觉字，认读常用名词、代名词、动词，认读简单短句，认读简单否定句、疑问句，认读两个以上句子，认读其他重要文字或符号，有正确的阅读技巧	
写的能力	书写的基本能力，写前准备，仿画汉字部首，仿画简单汉字，默写常用名词，默写简单句子，默写简单否定句、疑问句，默写两个以上句子，默写其他重要文字或符号，有正确的书写技巧	
非语言能力	依别人的动作、手势行事，以动作、手势表达需求，依他人手语行事，以打手语表达需求，依图、照片的指示行事，能以图、照片表达需求，依符号行事，以出示符号表达需求，按文字指示行事，以文字表达需求，以其他方式与人沟通	

四、设计思路

对于特殊需要儿童而言，教育的品质、适切性更是关注的重点。

（一）评估儿童的感官偏好，投其所好

首先，观察儿童日常兴趣所在主题，观察儿童喜欢的细节，评估其感官偏好类型（视觉、本体、前庭、触觉），比如：儿童总是自己转圈，说明其感官偏好是前庭活动；儿童总是看风扇、看手机，说明其感官偏好是视觉活动；儿童总是踮脚、跳，说明其感官偏好是本体活动；儿童总是玩水、玩毛绒玩具，说明其感官偏好是触觉活动。

其次，投其所好地设计社会性互动游戏。根据每个儿童的自身兴趣发展，从儿童自身经验出发，促进新的能力发展，制造需要你的部分（加入他的游戏）。以"人的游戏"为主，情感为主的互动有如视觉：数量多、颜色多、高、转；前庭：秋千、跑、摇晃、翻跟斗；本体：挤压、跳、颠；触觉：大风、挠养、水、肥皂泡。延伸活动促进与人更多互动。建立以情感为主的与人互动的环节。比如，对于具有摇晃的前庭需求的特殊儿童，投硬币的摇摇车，一样可以满足儿童前庭的需求，但缺少与人互动，缺少情感，玩这种游戏就无法实现其与人互动的发展目标；而两个成人将儿童放入被单摇晃，玩"被单摇啊摇"游戏，既能投其所好，又能增进亲子情感与互动。对于喜欢视觉、触觉、本体觉的儿童，玩"蹦床"，可以满足其需求，但缺少与人互动及情感交流，而成人用"举高高""开飞机""骑马"等游戏，则有利于亲子情感的建立与互动。游戏的过程远比结果重要；互动的情感关系，比理解规则重要。

（二）遵循条件反射学习原理，一次强化一个行为

遵循条件反射学习原理，S→R+，刺激S呈现后，观察儿童的反应R，及时强化R+儿童发展所需要的行为。避免将刺激S变成指令或提问，尽可能提供儿童喜欢的刺激，诱导其自发的反应R。控制环境S、R+，增加儿童与你沟通的机会，提供的儿童喜欢的刺激一定在可以控制的范围。环境刺激S、R+可能是物件、玩具、表情、音调、感官，只要儿童喜欢都可以。强化R+尽可能用内在强化，即让儿童发自内心地喜欢这个刺激和伴随的强化，喜欢与人的互动，体验到参与活动本身的快乐。如吃饭的时候练习吃饭，好好利用吃饭的机会，发展儿童需要的能力；玩耍的时候利用儿童所喜欢的游戏，在游戏中促进儿童能力的发展。

（三）儿童不关注你的时候，你可以模仿儿童的行为

模仿可以提高儿童对你的关注。中重度的特殊儿童常常沉浸在自己的世界里，

你对他行为的跟随与模仿，有利于让他看到有人与他一样，有人与他在一起，慢慢就会发现他也会有变化。你全身心的模仿与跟随，表达了你对他的理解和接纳和你对他的好奇，等他习惯了你的存在后，你适时地改变，可能会诱导他跟着改变。模仿儿童的全部行为，尽可能全身心投入，表情、动作夸张，面对面进行，有利于引起他的注意和兴趣。有互动就停下，一旦儿童与你互动，满足他的好奇心或生理需求或情感需求后，就暂停，等待儿童发起"再来一次"信号，再开始重复之前的游戏。

（四）热情饱满地投入游戏

做一个敏感的父母和老师，细心观察儿童所有言语与非言语的表现，理解儿童的需求和喜好，利用儿童的喜好设计互动游戏。同时，与儿童玩耍的过程，很费心力和体力，父母和老师一定先照顾好自己，保持充分的休息与睡眠，才会有充沛的体力全身心地投入到与儿童的互动中。父母及老师用夸张的动作、声音和表情呈现游戏，与儿童互动，会较快地吸引儿童的注意力，感染儿童，有利于儿童感受到游戏的快乐，建立亲密的关系，引导儿童更好地投入到游戏中。

（五）注重游戏的主体性、多样性、互动性原则

沟通游戏的设计中，特殊儿童本身才是游戏的主体，所以要关注游戏主体的反应，再根据特殊儿童的个性与需要适时调整游戏。同时，沟通学习的方式还应该多样化，加入多种感官，以及一些实物等元素使活动更加丰富，也能提高学生的兴趣。通过发声和扮演类游戏，比如用身体摆出"山"的形状等，可以使儿童的情感体验深刻，帮助学习，加深意义认识，促进内化学习。同样通过创设情境的剧场游戏，扮演相关事物可以使其达到在体验中内化学习的目。同时加入一定的实物进行教学辅助，通过"囊中探物""笼中摸物"等游戏形式，可充分挖掘儿童的认知程度。比如用"苹果"为教学范例时，可将苹果装进黑布袋里，让学生通过摸、闻、猜的方式充分了解其特征并促进语言表达。在语段游戏教学设计中，通过指认游戏和剧场扮演游戏等可将教学内容充分融合扩大。

（六）循序渐进和层层深入的原则

儿童的沟通发展顺序：无口语—单字词—双字词—词组—简单句—复杂句—段篇章。在教学前要充分了解和评估儿童的现有沟通能力，是否有用动作和表情表达需求，是否有用语言表达需求，是只具备单音节发声能力还是对语句有一定表达能力等，这样才能有针对性地更好地进行有效的教学。

相应地，沟通能力的培养应该遵循循序渐进的原则，并且提倡儿童根据自己的能力和需要进行学习，使儿童在认知活动中通过自己的兴趣进行自由选择、独立操作、自我矫正，努力把握自己和环境的关系。特殊儿童本身的年龄和生理心理特征也要体现在游戏设计之中，教师和家长不能提出过高的发展要求，可以适当地在最近发展区内设立一些目标。沟通游戏的设计需要贴近儿童的生活，使他们看得见、摸得着、有熟悉感，这样才方便教学和学习，包括儿童将来的运用，这样才能实现最大的实效性。秉着循序渐进和层层深入的原则，我们可以从特殊儿童的能力基础准备角度入手，从单音节、字、词、句、语段表达横向扩展，而每一类型的教学也可以纵向发展。

而在家庭活动游戏中，儿童洗澡的时候，可以吹泡泡，教授儿童从基础的单音节"P"到"pao"，再到"泡泡""吹泡泡""我要吹泡泡"等。

第二节　沟通发展游戏教学范例

特殊儿童沟通发展游戏的教学范例由教师引导，涉及合作与沟通，通过合作游戏增强了学生的沟通交流能力，也促进了教学效果。整个活动教学时间一般在 30 ~ 60 分钟。

一、摇被单（前庭）

（一）活动目标

1. 学生能够用动作表达"还要玩"。

2. 学生能够使用眼神、声音等非语言表达"还要玩"。

3. 学生能够使用语言表达"要""还要""还要玩"。

（二）适用对象

1. 对于具备口语能力并有前庭刺激需求的儿童。

2. 适用于二对一的个体形式，即两个成人为一个儿童服务。

（三）活动准备

1. 海洋球。

2. 适合学生体重和个头大小的被单，能承受儿童的重量，能将儿童包裹在里面。

3. 即兴编的《摇摇歌》，比如：摇啊摇，摇啊摇。摇到外婆桥，摇到桥上"哗"，咕噜咕噜滚下来。

（四）重点与难点

1. 重点是学生能有玩耍的兴趣。

2. 难点是学生能用动作、声音、表情或字词表达需求。

（五）活动过程及策略

阶段	活动流程	活动目标	活动建议
热身	摇被单 1. 邀请学生，建立常规活动（制造乐趣）。两个成人将被单折成足够大小的宽度和长度，放地上，邀请学生爬上被单，成人边摇晃被单边唱"摇啊摇，摇啊摇。摇到外婆桥，摇到桥上'哗'，咕噜咕噜滚下来"，其中一个面向学生脸的主教的动作、声音、表情，夸张到位，同时这些动作、表情和声音成为特定动作的信号。让学生完整地感受一次，观察过程中学生的表情、动作和声音，判断学生的喜欢程度。发现学生很喜欢这个活动时，就进入第二步。 2. 中断、停下来（不能有指令）。通过儿童的表情、声音和动作，感受到儿童非常喜欢这个游戏，而且摇晃时成人很费力，可以假装很累，就停下来。观察儿童的反应。 3. 等待儿童的自发性沟通。在成人停下来后，儿童由于正处于兴奋中，前庭的刺激需求会让儿童还想要继续玩，可能会继续爬进被单，拉被单，表示"还要玩"。 4. 立即回应。成人看到儿童用动作表达还想要玩时，就同步描述"还要玩"。就马上继续与儿童玩一次完整的体验。	1. 学生能参与游戏，感受到乐趣。 2. 学生能觉察到活动停下来了。 3. 学生能用动作表示"还要玩"。	1. 活动之前充分地观察、评估，发现儿童喜欢摇晃。我们就可以开始这一步。 2. 面向学生脸的主教的动作、声音、表情，要夸张到位。 3. 观察学生表达的信息。 4. 对学生的需求及时回应。 5. 一次一个目标，不要加入其他教学目标。
发展	我要 1. 诱导学生用动作和声音表达需求。以上循环多次以后，学生表达"还要"时，最初只需要做还要的动作就可以满足。循环重复多次，确保学生会用动作和声音表达"要"。 2. 诱导学生动作和发声"要"表达需求，只要满足条件就马上回应。循环重复多次，确保学生会说"要"。 3. 诱导学生用动作和词语"还要"表达需求。只要满足条件就马上回应。循环重复多次，确保学生会说"还要"。 4. 诱导学生用动作和句子"我还要"表达需求。只要满足条件就马上回应。循环重复多次，确保学生会说"我还要"。 5. 这些都会了后，再增加他去拉成人的手或把被单送到成人手里说"摇摇"——"要摇摇"——"我要摇摇"。一步步地，在重复的游戏中增加挑战。	1. 学生能用声音表达"还要"。 2. 学生能用语词表达"还要"。 3. 学生能用语词表达"我还要"。 4. 学生能用语词表达"我还要摇摇"。	1. 确保学生非常喜欢这个游戏。 2. 一次一个目标，不要加入其他教学目标。 3. 目标是逐级提升的。 4. 只要学生喜欢这个游戏，可以不同时间多次重复，重复中有新的要求的变化。

阶段	活动流程	活动目标	活动建议
结束	摇篮曲 教师边唱摇篮曲边把学生包裹在床单里轻轻地摇晃，和学生一起慢慢静下来，表扬学生的进步。	学生能安静下来。	教师声音要温和、舒缓。
延展活动	1.根据之前的观察评估，发现儿童喜欢看鲜艳的颜色。我们就可以开始这一步。成人将被单折成足够大小的宽度和长度，放地上，将所有的海洋球都放在被单里，成人与儿童一起摇，边摇晃被单边唱"冰冰嘭嘭，冰冰嘭嘭，321，哗，吃米花"。主教的动作、声音、表情，夸张到位，同时这些动作、表情和声音成为特定动作的信号。让儿童完整地感受一次，观察过程中儿童的表情、动作和声音，判断儿童的喜欢程度。发现儿童很喜欢这个游戏后，就可以进入第二步。诱导儿童表达需求，只要出现目标行为就满足需求。表达"要""还要""我还要""我还要摇摇""我还要爆米花"等，逐级提升要求。 2.根据之前的观察评估，发现儿童喜欢挠痒。我们就可以开始这一步。成人将儿童放在床上或地垫上，伸出手指头，用夸张的动作和表情面向儿童，表示即将挠痒痒，慢慢接近儿童的胳肢窝，成人边做动作边说"小蚂蚁，小蚂蚁，悄悄悄悄爬进来"，同时这些动作、表情和声音成为特定动作的信号。让儿童完整地感受一次，观察过程中儿童的表情、动作和声音，判断儿童的喜欢程度。发现儿童很喜欢这个游戏后，就可以进入第二步。诱导儿童表达需求，只要出现目标行为就满足需求。表达"要""还要""我还要""我还要摇摇""我还要小蚂蚁"等，逐级提升要求。 3.根据之前的观察评估，发现儿童喜欢看特别的东西。我们就可以开始这一步。成人面向儿童脸，用夸张的动作、声音、表情表演吃辣椒、被辣椒辣到口舌难受、身体难受、喝水、跳、跺脚等动作，夸张到位，同时这些动作、表情和声音成为特定动作的信号。让儿童完整地感受一次，观察过程中儿童的表情、动作和声音，判断儿童的喜欢程度。发现儿童很喜欢这个活动时，就进入第二步。诱导儿童表达需求，只要出现目标行为就满足需求。表达"要""还要""我还要""吃辣椒""我还要看""我还要看吃辣椒"等，逐级提升要求。	学生能运用前面学会的动作或声音或语词，表达"还要"。	1.在"摇床单"的游戏的基础上，增加了一个视觉刺激物，一次呈现一个刺激，玩具逐一地增加。 2.对学生的要求逐级增加。 3.根据儿童喜欢的刺激改编游戏。

（六）教学活动效果评量

阶段	活动	目标	形成性评量					评量方式	评量结果	通过与否	教学决定	备注
			1	2	3	4	5					
热身	摇被单	1.学生能参与游戏中，感受到乐趣。										
		2.学生能觉察到活动停下来了。										
		3.学生能用动作表示"还要"。										
发展	我要	1.学生能用声音表达"还要"。										
		2.学生能用语词表达"还要"。										
		3.学生能用语词表达"我还要"。										
		4.学生能用语词表达"我还要摇摇"。										
结束	摇篮曲	学生能安静下来。										

二、"a 之歌"

（一）活动目标

1.学生能够认读"a"的四个声调。

2.学生能够使用非语言沟通。

（二）适用对象

1.适用于具备口语能力并有一定的感知觉能力，需要发展单字词能力的学生。

2.适用于 10 人以内班级的团体形式，也适用于一对一的个体形式。

（三）活动准备

1.写着四种"a"声调的气球（在气球上用彩笔写"a"）。

2.音乐：单韵母儿歌。

（四）重点与难点

1.重点是学生能够学会认读字母。

2.难点是学生能与同学合作摆出字母的造型。

（五）活动过程及策略

阶段	活动流程	活动目标	活动建议
热身	1."a"的演习。 场景布置：教师提前在教室的各个角落放不同景点的照片，如瀑布、高山、大海等。 （1）搭火车：教师在教室里将学生组成一列，后一个学生搭着前学生的肩，面向老师。 （2）"开火车"：教师在队伍的最前方当驾驶员，带领学生去探险，带领学生发"啊"这个词。如看到瀑布，言语提示学生"瀑布真美啊"；看到高山，语言提示学生"高山真高啊"；看到大海，语言提示学生"大海真大啊"；"突然，我们往下坡走了，好害怕啊！" 2.助教打开单韵母儿歌 a 的部分音乐，教师带着学生一边唱着 a 的音调歌，一边开火车回家了。	1.学生能在口语提示下做出搭肩的动作。 2.学生能模仿教师发出"啊"的声音。 3.学生能跟随儿歌唱"a"的声调。	在刚开始时教师可以运用丰富的肢体动作和表情来吸引学生的注意力，让其注意到声音的变化。
发展	跳动的"a" 1.教师带领学生用"a"的四种音调发声，注意每一次的声音大小、声调、长短要有不同（教师可用手势引导：手张开，声音变大；手合拢，声音小……）。 2.教师在四个气球上写上"a"的四种声调，教学生认读后，通过拍气球的形式进行游戏互动。 3.跳动的气球。 （1）教师拍起一个气球，而学生根据老师拍起的气球需要读出上面"a"的音。 （2）学生根据拍的高度不同，读的声音也不同，声音越高越响亮，越低越小声。	1.学生能在手势提示下发出 a 的四种声调。 2.学生能够准确读出 a 的声调。 3.学生能根据气球的高低，来读出 a 的声音的大小。	刚开始时可以从小声的音调开始，轻轻地拍打气球，然后不断加高读音音量，循序渐进。 若学生有害怕气球等情况，此活动需酌情考虑。
	外星人对话： 1.二人组（每组依次）走到场地中央，互相以"a"的声音对话，只能发"a"声；两人表演结束后鞠躬、挥手说再见（教师可事先示范）。 2.学生 4 人组队，（每组依次）走到场地中央，互相以"a"的声音对话，只能发"a"声，表演结束后鞠躬、挥手说再见。	1.学生能模仿教师用"a"的音进行对话。 2.学生能够运用进行简单的社交技能（鞠躬、挥手、再见等）。 3.学生能进行三人及三人以上的团体间的交流和"a"的对话。	教师可先和一名学生做示范。

续表

阶段	活动流程	活动目标	活动建议
发展	"a"的家族 1. 一半学生先单独用身体摆出"a"的字形，并给自己的 a 定一种声调。另一半学生依次欣赏并读书 a 的音调。 2. 两人一起组合共同摆成一个"a"，并给小组的 a 定一种声调。其他人依次欣赏并读书 a 的音调。 3. 四人或多人形成一个"a 的家族"，同学们可以商量自己想扮演 a 家族里的谁，比如"a 爸爸""a 妈妈""a 宝宝""a 姐姐"等。摆出一个场景造型，其他人猜测。	1. 学生能够独自用身体摆出"a"的造型。 2. 学生能主动命名"a"的一种音调，并读出来。 3. 学生能与另外一个同学合作摆出造型"a"。 4. 学生能够和 3 人及 3 人以上的团体合作摆出造型"a"。 5. 学生能辨识家族角色。	教师也可参与其中，带领学生，鼓励学生。
结束	单韵母之歌 1. 教师教唱单韵母 a 之歌，学生模仿。 2. 学生能跟随音乐《单韵母儿歌》中有关"a"的一节，一起歌唱。	1. 学生跟模仿唱韵母歌 a。 2. 学生能随音乐唱出韵母歌 a。	在教其他单韵母时也可以用儿歌或者其他歌谣结束本次活动。
活动延展	1. 多重奏：学生们分组进行"a"发音，分为"高音组""中音组""低音组"，按照教师的指令进行发音，儿童们在发音的时候感受到音的变化。 2. 可以延伸到其他单音节、英文字母以及简单字词活动。 3. 拍气球的环节可以替换为敲打其他打击乐器来发出指令，或者是其他多种多样的艺术表现形式。		教师可根据学生的能力水平，在前面活动的基础上选用恰当的延展活动，拓展学生的能力。

（六）教学活动效果评量

阶段	活动	目标	形成性评量					评量方式	评量结果	通过与否	教学决定	备注
			1	2	3	4	5					
热身	"a"的演习	1.学生能在口语提示下做出搭肩的动作。										
		2.学生能模仿教师发出"啊"的声音。										
		3.学生能跟随儿歌唱"a"的声调。										
发展	跳动的"a"	1.学生能在手势提示下发出"a"的四种声调。										
		2.学生能够准确读出"a"的声调。										
		3.学生能根据气球的高低，来读出"a"的声音的大小。										
	外星人对话	1.学生能模仿教师用"a"的音进行对话。										
		2.学生能够运用进行简单的社交技能（鞠躬、挥手、再见等）。										
		3.学生能进行三人及三人以上的团体间的交流和"a"的对话。										
	"a"的家族	1.学生能够独自用身体摆出"a"的造型。										
		2.学生能主动命名"a"的一种音调，并读出来。										
		3.学生能与另外一个同学合作摆出造型"a"。										
		4.学生能够和3人及3人以上的团体合作摆出造型"a"。										
		5.学生能辨识家族角色。										
结束	单韵母之歌	1.学生跟模仿唱韵母a之歌。										
		2.学生能随音乐唱出韵母a之歌。										

三、欢乐山林

（一）活动目标

1.学生能够认读"山"。

2.学生能够在言语指导下完成山的造型设计。

3.学生能够对自然产生热爱。

（二）适用对象

1.对于具备口语能力并有一定的感知觉能力，需要发展单字词能力的学生使用。

2.适用于 10 人以内班级的团体形式，也适用于一对一的个体形式。

（三）活动准备

1.奥尔夫音乐《森林火车》、轻音乐。

2.动植物玩具、木杖、多媒体动画（山的演变过程）等。

（四）重点与难点

1.重点是学生能够认读山。

2.难点是学生能与同学合作作出山的造型。

（五）活动过程及策略

阶段	活动流程	活动目标	活动建议
热身	过山车 课前布置：在教室中设置一些简单的障碍。用障碍物作路障。 1.教师带领学生排成一列，在奥尔夫音乐中，教师做"车头"，带着学生走过障碍物"翻山过岭"。 2.让学生做"车头"，带领游戏。 3.教师发出指令请"车头"后面同学双手搭在前面同学肩上，让同学闭上眼睛穿过障碍物。	1.学生能跟着教师翻越障碍物。 2.学生能跟指令当车头，充当指挥者。 3.学生能跟指令闭眼，开火车。	保持火车的行进速度，避免过快。在通过障碍物的时候也需要注意安全。
发展	雄伟山峰 1.教师使用动画让山从自然界的山到象形文字，到最后认字卡片上的山，让学生跟着教师读，学生会认读"山"字。 2.超级变变变 （1）教师指导学生用自己的身体摆成"山"的造型。 （2）教师发出指令让学生两人组合变成一座山。 （3）教师发出指令学生可以三人或者三人以上多人组合形成群山或是一座大山。	1学生会认读"山"字。 2.学生能够独自用身体摆出"山"的造型。 3.学生能与另外一个同学合作摆出造型"山"。 4.学生能够和3人及3人以上的团体合作摆出造型"山"。	如果出现落单或者不愿意与他人合作的学生时，教师可以参与活动与其组合，带其参与到集体活动中。
发展	探索山林 1.教师将学生分成三部分，第一部分学生做山，第二部分学生充当深林里面出现的动物和植物，第三部分的学生充当登山者。 2.身体造型。 （1）教师引导第一部分的学生组合摆成山，并点到哪个学生的肩，那个学生就介绍自己是山的哪部分。 （2）教师指导第二部分同学手里拿着动植物玩具摆成森林里的其他动植物等，教师指到谁，谁就自我介绍。 3.教师引导第三部分的学生充当登山者的角色与山和植物进行互动。如：挥挥手、拍拍肩、抱一抱。	1.学生能通过言语指示知道学生自己的角色。 2.学生能够说出自己的角色。 3.学生能运用简单的社交技能，如挥挥手、拍拍肩、抱一抱。	一个学生探索山林时可以增加对探索山林感兴趣的同学，增添活动的有趣性。
结束	森林大联欢 1.所有山林里的人、"动物"、"植物"一起开心地唱歌跳舞。 2.告诉学生："夜深了，玩累了，睡觉吧(学生静息休息)。"	1.学生能在言语提示下一起跳舞。 2.学生能在言语提示下安静下来。	最后学生静坐休息的时候，可以将房间的光线调暗，帮助学生安静下来。
活动延展	1.在探索山林的环节中，教师可以添加一些绘本故事，使山林里的内容丰富多样，增加学生的积极性与主动性。 2.同样的情景故事可以延伸为花园中、大海里等，多种多样。		教师可根据学生的能力水平，在前面活动的基础上选用恰当的延展活动，拓展学生的能力。

（六）教学活动效果评量

阶段	活动	目标	形成性评量					评量方式	评量结果	通过与否	教学决定	备注
			1	2	3	4	5					
热身	过山车	1.学生能跟着教师完成翻越障碍物。										
		2.学生能跟指令当车头，充当指挥者。										
		3.学生能跟指令手闭眼，开火车。										
发展	雄伟山峰	1.学生会认读"山"字。										
		2.学生能够独自用身体摆出"山"的造型。										
		3.学生能与另外一个同学合作摆出造型"山"。										
		4.学生能够和3人及3人以上的团体合作摆出造型"山"。										
	探索山林	1.学生能通过言语指示知道自己的角色。										
		2.学生能够说出自己的角色。										
		3.学生能运用简单的社会技能，如挥挥手、拍拍肩、抱一抱。										
结束	森林大联欢	1.学生能在言语提示下一起跳舞。										
		2.学生能在言语提示下安静下来。										

四、香甜苹果

（一）活动目标

1.学生能认识"苹果"。

2.学生能在言语的指导下完成"苹果"的造型设计。

3.学生能够获得一定的模仿和适应能力，能够学会依照他人动作、手势等行事。

（二）适用对象

1.适用于具备双字词能力并有一定的感知觉能力，需要发展词组能力的学生。

2.适用于 10 人以内班级的团体形式，也适用于一对一的个体形式。

（三）活动准备

1.苹果、大小适中的黑色布袋。

2.音乐《菠菜进行曲》。

（四）重点与难点

1.学生能说出苹果的色、香、味、形。

2.学生能与同学合作完成苹果造型。

（五）活动过程及策略

阶段	活动流程	活动目标	活动建议
热身	苹果进行曲 教师将《菠菜进行曲》的歌词改编为"来来，我是一个苹果，来来来来来来"，带领学生跟着音乐的旋律一起唱并跳动起来。	1.学生能在音乐中跳动。 2.学生能唱出部分歌词。	结合音乐节奏的点做动作，可引导学生多模仿几次动作。
发展	囊中摸物 教师引导学生闭上眼睛，用丝巾将眼睛蒙上，并将苹果装进黑色的布袋子中，让学生把手伸进袋子中，通过摸、闻来猜一猜袋子里的是什么。	学生能调动摸、闻等多种感官来认识苹果。	对于猜中的学生可以给予表扬和奖励。
发展	苹果之家 1.教师指导学生们先单独用身体摆出"苹果"。 2.教师指导两人组队，合作一起组合共同摆成一个"苹果"。 3.教师指导可以三人或多人形成一个"苹果的家族"，同学们可以商量自己想扮演苹果家族里的谁，比如"苹果爸爸""苹果妈妈""苹果宝宝""苹果姐姐"等（用手、头等扮演均可）。	1.学生能够独自用身体摆出"苹果"的造型。 2.学生能与另外一个同学合作摆出"苹果"造型。 3.学生能够和 3 人及 3 人以上的团体合作摆出"苹果家族"造型。 4.学生能命名自己在家族中的角色。	对在扮演过程中表现积极和创新的学生可以予以表扬和奖励。教师也可参与其中。
结束	吃苹果 轻音乐，教师和学生们在休息的时候吃苹果。	学生能在休息时吃苹果。	

（六）教学活动效果评量

阶段	活动	目标	形成性评量					评量方式	评量结果	通过与否	教学决定	备注
			1	2	3	4	5					
热身	苹果进行曲	1.学生能在音乐下跳动。										
		2.学生能唱出部分歌词。										
发展	囊中摸物	学生能用摸、闻等多种感官来认识苹果。										
	苹果之家	1.学生能够独自用身体摆出"苹果"的造型。										
		2.学生能与另外一个同学合作摆出造型"苹果"。										
		3.学生能够和3人及3人以上的团体合作摆出造型"苹果家族"。										
		4.学生能命名自己在家族中的角色。										
结束	吃苹果	学生能在休息时吃苹果。										

五、可爱的兔子

（一）活动目标

1.学生能说简单陈述句。

2.学生能指认兔子。

3.学生能遵从简单命令。

（二）适用对象

1.对于掌握双字词、词组，并有一定的感知觉能力，需要发展简单句的学生适用。

2.适用于10人以内班级的团体形式，也适用于一对一的个体形式。

（三）活动准备

1.布袋、玩具毛绒兔子、玩具兔子耳朵（可用纸折、购买）。

2.兔子舞音乐。

（四）重点与难点

在互动游戏环境中，学生能够学会使用常用句子进行沟通。

（五）活动过程及策略

阶段	活动流程	活动目标	活动建议
热身	1.教师指导学生戴上玩具兔子耳朵。 2.学生模仿动作。 （1）教师指导学生组成一列，并通过后面的学生搭在前面学生的肩上，最前面的同学的手搭在老师的肩上。 （2）教师播放兔子舞音乐，学生根据音乐的旋律，跟随老师做半蹲跳的动作。 3.教师指导学生交回兔子耳朵。	1.学生能在言语指导下戴上耳朵。 2.学生能在言语指导下完成搭肩动作。 3.学生能在教师示范下完成半蹲、跳等动作。 4.学生在言语提示下能交回兔子耳朵。	结合音乐节奏的点做动作，可引导学生多模仿几次动作。
发展	1.教师将毛绒玩具兔子放在布袋中，让儿童轮流去摸一摸，感受一下触感，猜一猜是什么东西，如"里面是兔子吗？""它的耳朵是长的还是短的？""有没有尾巴？" 2.教师指导学生将毛绒玩具兔子从袋子里拿出来，并轮流让学生抱在怀里，引导学生说出小兔子的一个特点。 3.在所有儿童都感受过毛绒兔子后，描述小兔子的特点。	1.学生对布袋里的玩偶有好奇心。 2.学生能回答教师的简单句。 3.学生能说出和兔子有关的简单词。 4.学生能和同伴简单描述小兔子的特点。	如果儿童出现胆怯的情况，教师可以先做示范给予学生尝试的勇气。
发展	1.将儿童两两分组，一个学生当"雕刻家"，一个学生来当"黏土"。"雕刻家"可以任意运用"黏土"，扮演黏土的学生在扮演雕刻家的学生的指挥下摆出兔子的造型，即"雕刻出了兔子"（教师可先进行示范）。 2.教师将兔子耳朵发给"雕刻家"，让雕刻家把耳朵戴在"黏土"的头上，并说"现在你们被施了神奇的魔法，都从雕刻的兔子变成的真兔子啦！"	1.学生能根据教师指令确认自己的角色。 2.学生能根据教师的言语提示完成雕塑造型。 3.学生能根据教师的言语提示，将兔耳朵戴在雕塑上。 4.学生能在教师的语言提示下模仿出兔子的动作。	在摆完造型之后，可以请儿童来讲解一下本组的作品，对创新有趣的造型可以给予奖励。
发展	1.教师将学生分成几个小组，每个小组分配几个角色，让学生自由选择。 2.指导学生表演一个发生在兔子家族的故事（根据学生能力进行适当的补充）。设置的场景可以是一家人在吃饭，在上学，在睡觉，也可以是拔萝卜。 3.如一家兔子在拔萝卜。一只小兔子蹲下当萝卜，第一个兔子抓着萝卜，第二个兔子抓住前一只兔子的衣角。以此类推，做出很费力的样子往后面拉，嘴里喊着"拔呀、拔呀、用力的拔呀"，最后拔出个大萝卜。	1.学生能在教师指导下选择出自己扮演的角色。 2.学生能在言语指导下做出相应动作，如拔、拉的动作。	1.教师也可加入学生的故事和兔子家族； 2.多次换人重组进行，用多种对话方式进行。
结束	场景布置：教师在活动开始之前要搭造简单的房子。 1.在音乐《小兔子乖乖》中，学生扮演小兔子，教师扮演大灰狼去敲门，一起演绎"狼来了"的故事。 2.教师鼓励学生在"小兔子乖乖"中的"不开门"，引导学生做到不给陌生人开门。	1.学生能在音乐下扮演小兔子。 2.学生能在教师的引导下不给陌生人开门。	让学生明白"狼"的危险，把狼与坏人相联系。
活动延展	1.可以采用其他绘本故事如《三只小猪》《小红帽》等。 2.可以将小兔子换成其他的物品，让儿童去感受并且编排故事，同样具有促进儿童语句表达的效果。		

（六）教学活动效果评量

阶段	活动	目标	形成性评量					评量方式	评量结果	通过与否	教学决定	备注
			1	2	3	4	5					
热身	兔子舞	1.学生能在言语指导下戴上耳朵。										
		2.学生能在言语指导下完成搭肩动作。										
		3.学生能在教师示范下完成半蹲、跳等动作。										
		4.学生在言语提示下能回收兔子耳朵。										
发展	笼中摸物	1.学生能通过多种感官刺激对布袋里的玩偶进行探索。										
		2.学生能回答教师的简单句。										
		3.学生能说出和兔子有关的简单词。										
		4.学生能和同伴简单地描述小兔子的特点。										
	兔子雕刻家	1.学生能根据教师指令确认自己的角色。										
		2.学生能做到根据指令完成雕塑造型。										
		3.学生能根据指令，将兔耳朵戴在雕塑上。										
		4.学生能在指令下模仿出兔子的动作。										
	兔子家族	1.学生能在教师指导下选择出自己扮演的角色。										
		2.学生能与小组的其他成员进行简单的语言交流和沟通。										
结束	小兔子乖乖	1.学生能在音乐下扮演小兔子。										
		2.学生能在教师的引导下不给陌生人开门。										

六、老鼠嫁女儿

（一）活动目标

1. 学生能够对太阳、风、云等词语进行图文配对。

2. 学生能说出简单陈述句。

3. 学生能遵从指令。

4. 学生能对环境中常用的简单句做出肢体反应。

（二）适用对象

1. 适用于具备词组能力并有一定的感知觉能力，需要发展简单句能力的学生。

2. 适用于 10 人以内班级的团体形式，也适用于一对一的个体形式。

（三）活动准备

1.《老鼠嫁女儿》故事相关绘本，故事中包含的重要名词对应的未上色卡片，比如太阳、云、风，彩笔若干，糖果若干。

2. 儿歌《小老鼠偷油》。

（四）重点与难点

1. 重点是让学生在语言方面和非语言方面的沟通技都能得到发展。

2. 难点在于学生能串联起教与学活动之间的整体连贯性。

（五）活动过程及策略

阶段	活动流程	活动目标	活动建议
热身	1. 教师提前将老鼠洞的区域画好。 2. 由教师或一个学生来扮演猫咪，其余学生扮演老鼠，在场地里划出一片区域当作老鼠洞。在听到儿歌《小老鼠偷油》的时候猫咪要在一个角落睡觉，老鼠们都在洞外活动寻找食物，音乐节奏一停，老鼠们就要四处逃窜跑到安全的老鼠洞里，猫咪则可以奔跑抓老鼠（但是猫不能进老鼠洞里抓老鼠）。	学生能根据教师指令完成被抓的游戏。	在教室中奔跑时需要注意安全，保证场地的安全性。
发展	1. 分发有相关图形（太阳、云等）的卡片给儿童，让学生涂色，并根据学生的能力在一旁标注出对应词语。 2. 教师让学生将涂好色的卡片一一摆在面前，教师的口令是"小孩小孩真爱玩，摸到××（卡片上的一种），小手缩回来"。学生们需要指认教师刚刚说到的事物，在说到"小手缩回来时"，学生就要马上把手缩回来。也可以让学生来发出口令。	1. 学生能在规定区域上色。 2. 学生能听从教师的言语提示来指认卡片。	在学生需要指认事物前，教师中间需停顿观察一下儿童是否指认正确等。
发展	1. 教师先根据绘本讲一遍故事。 2. 将"老鼠嫁女儿"的故事分角色演绎出来。分别有太阳、云、风、墙、老鼠和墙洞几种角色。 3. 扮演太阳的时候，两人一组，其中扮演太阳的学生给扮演老鼠的学生进行身体按摩等，象征着太阳带给老鼠舒适和温暖。 4. 扮演云的时候，学生们扮成漂浮的云，教师可以挥动纱巾，当纱巾挥动时，就表示吹大风，云朵就要被吹得乱散滚动等。 5. 扮演风的时候，可以一起玩"大风吹"的游戏，当教师说到"大风吹，吹××"的时候，相应的学生就要做出被风吹倒的样子倒在地上，可以由其他学生来下口令。 6. 当扮演墙的时候，可以二人一组分别扮演风和墙，扮演风的学生要去推扮演墙的同学，无论"风"怎么吹，"墙"就是坚韧不动。 7. 扮演老鼠打洞的时候，所有学生排成一列将身体弓起来，形成一个长长的洞，排头的学生可以先作为老鼠去钻洞，钻完之后排到队伍最后，依次进行。 8. 老鼠嫁女儿，两人一组，由一个学生背另一个，作为嫁女儿的形式。教师播放喜庆的音乐，带领新人游行。	1. 学生能够认真听教师讲故事。 2. 学生能说出太阳、云、风的关键词。 3. 学生能够根据言语指示完成相应的动作，如"按摩""躺下""滚动""倒地"。 4. 学生能够自主发挥一些有关的动作和语言等。 5. 学生能进行两人之间的合作和沟通。	1. 此处涉及的多种角色，在不同的角色下教师需要把握住其特点，动作可以夸张一些，让学生对其特点印象深刻，加深故事对学生的影响力。 2. 等学生熟悉流程、角色特点后，由学生按照故事组织语言进行剧场表演。
结束	喜庆时光 1. 现在老鼠嫁了女儿了，教师假装老鼠家长给大家发喜糖，学生尽情享用。 2. 教师带领学生一起回忆老鼠嫁女的故事，引导学生说出主要的故事情节。	1. 学生能感受婚礼的喜庆。 2. 学生能说出主要故事情节。	问学生喜欢吃糖吗？（引导学生用语言来表达心情。）
活动延展	"老鼠嫁女儿"的故事课换成其他的童话故事或民间故事，让儿童去感受并且自己编排故事角色、内容等，可以更深地促进儿童沟通的效果。		

（六）教学活动效果评量

阶段	活动	目标	形成性评量					评量方式	评量结果	通过与否	教学决定	备注
			1	2	3	4	5					
热身	猫捉老鼠	学生能根据教师言语完成被抓的游戏。										
发展	爱玩的小孩	1.学生能在规定区域涂色。										
		2.学生能听从教师言语提示指认卡片。										
	讲啊讲故事	1.学生能够认真听教师讲故事。										
		2.学生能说出太阳、云、风的关键词。										
		3.学生能够根据言语指示完成相应的动作，如"按摩""躺下""滚动""倒地"。										
		4.学生能够自主发挥一些有关的动作和语言等。										
		5.学生能进行两人之间的合作和沟通。										
结束	喜庆时光	1.学生能感受婚礼的喜庆。										
		2.学生能说出主要故事情节。										

第三节　沟通发展游戏家庭范例

在与特殊儿童的家庭游戏互动中，家长一定要注意并掌握以下几个原则。

跟随儿童。在游戏中以儿童为中心，以儿童的沟通行为和反应为主，如根据儿童选择的玩具去参与他的活动，和他沟通，而不是强行引导儿童去做什么。

为儿童创造一个沟通或参与的环境。可以在活动中模仿儿童的行为，引起儿童的注意。或是在儿童的游戏中设置有趣的障碍物，如在儿童玩车类游戏时，拿另一辆车开在儿童的车的面前，等待儿童说出"移开你的车"。注意轮换，比如经常说"现在该我（你）啦"，可以使用一定的强化物。

待儿童沟通或参与时，抓住儿童回应你的时机及时进行强化，如儿童和你的目光接触，其手势、身体姿势的变换，面部表情，情绪的变化，或是字词的发音等。

把儿童的任何沟通行为视为有意义的并做回应，遵从儿童的行为，并为儿童示范一种更复杂的反应。注意在示范和互动的过程中，家长的面部表情、声音、肢体动作等一定要足够夸张，甚至有戏剧性。如当你示范喝水后，而儿童也拿起杯子喝一口时，你也可以做出喝水的动作并且之后做出很夸张的表情和动作，大声说"太棒了！真好喝"等。

必要时，给予儿童更具支持性、帮助性的沟通提示，包括语言、动作和表情等。如在儿童拿起杯子只喝水的时候，家长可以在一旁一直演示"咕噜咕噜"的喝水声等。

利用好点心时间，实现自发性沟通。主要步骤如下：

第一步，观察并记录儿童所喜好的食物，作为强化物。

第二步，让食物与儿童保持适当的距离，让儿童能看得到，但拿不到食物。

第三步，处理食物的大小，以增加沟通的量。如把一块海苔分成四份，一次给一小片，让儿童吃完一片后，还想吃。

第四步，旁白或示范。儿童看到食物，如果直接抢，不能给，让他坐好就可以吃；没有语言的儿童，可以让他模仿动作，如轻轻拍老师手，指食物，模仿发一个音"吃"或"要"；对于有一个字表达能力的儿童，就可以增加一个字表达的要求，如"海苔""要吃""还要"；能力再好一点的孩子，可以再增加一个字"我要吃""我还要"——"我要海苔"——"妈妈，我要海苔"等。

第五步，立即满足。儿童一旦做出我们期待的行为，及时强化。如妈妈在儿童吃饭的时候加入（跟随儿童的引导），让儿童看见果汁（制造沟通的机会），妈妈等待儿童发起互动（等待儿童沟通），儿童伸手拿果汁。妈妈指着果汁说"果汁"（示范一个大人期待的行为），并且将果汁递给儿童（立即回应）。

在以上原则的基础上，进行家庭游戏活动教学，可以保证以儿童为中心，从儿童的角度出发，促进其学习。而这里也将给出儿童在家庭中常见的一日活动的相关沟通游戏和一些将游戏融合进家庭常见情境的活动，使儿童在一日活动中也能得到沟通的学习和锻炼；而家长也能在生活中进行教学，节省时间和精力，达到家庭教学最大的实效性。

一、我爱洗澡

（一）活动目标

1. 儿童能掌握双字词的发音。

2. 儿童能获得一定的模仿能力，学会依照他人手势、动作行事。

（二）适用对象

适用于具有双字词能力、动手操作能力，需要发展简单句的儿童。

（三）活动准备

1. 澡盆、洗澡水、能产生较多泡泡的洗浴用品。

2. 歌曲《我爱洗澡》。

（四）重点与难点

1. 重点是让儿童能够学会对单音节字母、拟声词的正确发声和理解、反应。

2. 难点是儿童能够跟随模仿发声。

（五）活动过程及策略

阶段	活动流程	活动建议	家长反思
主体活动	搓泡泡 小孩在浴盆里洗澡，家长可带领儿童一起玩水，并且玩出大量泡泡。	在搓泡泡时可以多鼓励儿童说话。	1. 儿童是否会主动吹泡泡？ 2. 儿童在吹泡泡的过程中是否模仿你的行为？ 3. 儿童是否有发声行为？
	吹泡泡 1. 家长示范捧起泡泡，并发出"p"的单音节字母发音，然后吹掉，由儿童模仿。 2. 家长可以变成"pao"的发音，重复动作。 3. 家长慢慢可以从试探着儿童的反应变为边吹边说"吹泡泡"。（注意儿童在过程中一定要有语言模仿行为，根据儿童的情况决定进度，不可操之过急。）	根据儿童的情况，可以在洗澡过程中加入主语，渐渐变为含主、谓、宾成分的短句等，比如"我们吹泡泡"等。	1. 儿童是否注意你的行为？ 2. 儿童是否主动模仿你的行为？ 3. 儿童是否伴随发声行为？ 4. 儿童是否出现互动行为（比如将泡泡吹向你）？ 5. 儿童做出这些行为的频率如何？
	我爱洗澡 家长可以给儿童播放歌曲《我爱洗澡》，并且家长一边唱边给儿童洗澡、一边教儿童跟着一起哼唱。	可以多找一些有关洗澡的歌曲放给儿童听。	1. 儿童是否注意到歌曲？ 2. 儿童对歌曲的兴趣如何？ 3. 儿童是否模仿歌曲，即出现哼唱等模仿行为？
活动延展	1. 在其他与泡泡类事物有关的活动中都可以使用此家庭游戏，如刷牙和真正的吹泡泡中。 2. 在洗澡的时候，可以放入相关的动物类塑料玩具到水中，模仿相应动物的叫声、行动方式。 3. 可以将活动形式套用到其他日常生活活动中。	家长可以根据儿童的能力水平及参与情况，适当重复相关活动，并在重复中增加一点言语表达、理解方面的延展活动，增加活动的趣味性，拓展学生的能力。	

二、包汤圆

（一）活动目标

1. 儿童能理解包汤圆的动作和歌词。

2. 儿童能表达吃汤圆的需求。

3. 儿童能体验包汤圆的乐趣。

（二）适用对象

适用于具有词语能力、一定的精细动作能力、需要发展简单句的儿童。

（三）活动准备

1. 包汤圆的材料。

2. 汤圆之歌：磨呀磨，揉呀揉，搓呀搓汤圆，花生芝麻放里面，圆圆滚滚丢水里，咕噜咕噜浮上来。

（四）重点与难点

1. 重点是儿童能理解包汤圆之歌。

2. 难点是儿童能表达玩耍糯米粉或糯米团的需求。

（五）活动过程及策略

阶段	活动流程	活动目标	活动建议	家长反思
主体活动	包汤圆之歌 1. 家长与儿童面对面坐，家长边念儿歌边做动作示范。 2. 教儿童念儿歌，并引导儿童模仿动作。 3. 家长将自己当作皮，儿童做馅抱在怀里，边念儿歌边互动。	1. 儿童能够在言语提示下说出"汤圆"。 2. 儿童能在言语提示下唱出包汤圆之歌。	1. 中间注意停顿以及和儿童的互动玩耍，观察和询问儿童的反应。 2. 可根据儿童能力，适当重复，念儿歌时根据儿童能力引导儿童填词。	1. 儿童是否表现出充分的兴趣？ 2. 儿童是否出现模仿你的行为？ 3. 儿童是否和你有交流（言语或者肢体）？
	做汤圆 1. 感知糯米粉：家长用小盆装好糯米粉，让儿童感受糯米粉的质感；加入适量水，教师示范搅拌和揉，然后引导儿童表达玩的需求，并学着搅拌、揉，将糯米粉做成团；然后，带领儿童尝试多样化玩粉团的方式，引导儿童通过揉、捏、摔、拍、捶等动作，做出不同的形状，引导儿童自由探索。 2. 做汤圆：家长示范做汤圆，边念儿歌边做动作；家长引导儿童模仿做汤圆；引导儿童独立边念边做汤圆；熟练后，与儿童比赛做汤圆。（唱一句做一个动作：磨呀磨——用手磨面团；揉呀揉——用手揉汤圆；搓呀搓——用手搓面团；花生芝麻放里面，圆圆滚滚丢水里。）将做好的汤圆放到盘子里。操作熟练后，可以与儿童比赛，看谁包得又好又快。也可以准备一点食用色素，让儿童添加自己喜欢的颜色。 3. 煮汤圆：汤圆做好之后，与儿童一起洗锅、烧水，引导儿童观看水的变化；水开后，家长带领儿童一边念儿歌，边将汤圆放锅里；然后家长与儿童坐在锅旁，一起观察汤圆的变化过程，等待煮熟。	1. 儿童能在家长的引导下感知干湿糯米粉的区别。 2. 儿童能在家长的示范下完成相应动作如磨、揉、搓、放等。 3. 儿童能观察汤圆煮熟的过程。	1. 尽量让儿童自己放手大胆地去捏揉面团，过程中注意语言的简洁，引导儿童表达需求和模仿和互动。 2. 家长动作示范要慢，引导儿童一步一步做，引导儿童完成包汤圆的一步或完全模仿到独立做。	1. 儿童是喜欢和你互动还是单独玩面团？ 2. 是否喜欢听你说话或看你动作？ 3. 儿童是否和你产生互动（言语或者肢体）？ 4. 儿童是否主动出现言语或动作？
	汤圆熟啦 1. 将儿童自己的"劳动果实"挑出来，给予表扬。 2. 和儿童一起品尝汤圆，在品尝过程中，也可以经常夸张地表现出"好烫啊""真好吃"等语言和动作。	儿童能说出"好烫啊""真好吃"等词语。	尽量多多鼓励儿童，并且注意他的反应。	1. 儿童是否感到开心和自豪？ 2. 儿童吃汤圆时是否有言语行为（包括肢体和语言）？ 3. 儿童和你是否有互动？
活动延展	1. 在生活中其他食品类活动中都可以使用此家庭游戏，如包包子、饺子等。 2. 用黏土代替食材，陪伴儿童玩耍并引导其言语行为。			根据儿童的情况适当重复并延展，诱导沟通和需求表达。

三、睡前故事

（一）活动目标

1. 儿童能够完成家长的指令。

2. 儿童能够模仿家长的动作。

3. 儿童能复述喜欢的词语或句子。

（二）适用对象

适用于具有组词能力，需要发展简单句的儿童。

（三）活动准备

专门的故事绘本及手偶。

（四）重点与难点

1. 重点是儿童能复述喜欢的词语或句子。

2. 难点是儿童能自己讲出故事。

（五）活动过程及策略

阶段	活动流程	活动目标	活动建议	家长反思
主体活动	1.家长先给儿童翻阅绘本，找找、数数里面的人物图片等。 2.角色扮演，如"三只小猪"故事，家长可以先和儿童翻一翻绘本里的小猪和大灰狼，并且扮成猪和狼的样子和儿童互动（狼嚎、猪叫、追赶等）。	儿童能认真听家长讲故事。	注意引导儿童自己去"找"里面的角色，并且选择他要扮演的角色和要求你扮演的角色等。	1.儿童的积极主动性如何？ 2.儿童是否要求主动扮演某个角色？ 3.儿童是否要求你表演一个角色并且指导你如何做？ 4.儿童和你的互动如何？
	1.家长充分利用书里的手偶（也可以自己准备手偶）给儿童一边讲故事，一边传递动作信息；请儿童跟着模仿。 2.然后可以让儿童来玩手偶并且讲出自己记住的、感兴趣的语句、情节。在儿童讲故事时，家长要注意引导和配合。当儿童语言能力发展较好时，可由儿童单独讲述，也可自由做一些改编。	1.儿童能认真听家长讲故事。 2.儿童能在家长示范下模仿动作。 3.儿童能说出故事中简单的语句。 4.学生能在家长的言语提示下完成对故事情节的讲述。	让儿童自己用手偶或者表演等方式再次演绎一遍故事内容。	1.儿童能否集中注意力？能否跟着模仿？ 2.在讲故事过程中，儿童是否积极参与并试图猜测故事等？ 3.儿童自己复述故事的效果如何？是否充分利用肢体或者手偶？ 4.儿童和你的互动如何？
活动延展	可以在家长的引导下，让儿童把故事在图纸上简单画一画，并且在一旁标注出相应名词，比如在画的小猪的旁边标注小猪或者小猪的名字等，然后让儿童讲一讲这个故事。			主要是根据儿童现有水平决定是否进行。

四、日常家庭生活中的沟通发展游戏活动

时间	活动流程及策略	活动目标	家长反思
早上	1.起床：叫儿童起床的时候可以和儿童玩"炸春卷"的游戏。把儿童裹在被子里，放在床上轻轻推动翻滚，并且念着"炸呀炸春卷，丢油锅，滚过来，滚过去，香喷喷，一口咬"等歌谣，也可以自己随意发挥语言，和儿童互动，注意引导儿童的反应。 2.穿衣服：家长可以带着儿童穿衣服，并一边穿一边念歌谣。（小背心，开窗户，先套头，再伸手，哈哈哈，穿好咯。） 3.漱口：家长示范刷牙（或是家长给儿童刷牙）的时候进行。 （1）一边刷一边唱《刷牙歌》："小牙刷，手中拿，张开我的小嘴巴；上面牙齿往下刷，下面牙齿往上刷，左刷刷，右刷刷，里里外外都刷刷；早晨刷，晚上刷，刷得干净没蛀牙；刷完牙齿笑哈哈，露出牙白花花。"家长一定要观察儿童的反应，注意互动和尽量夸张地表现肢体和语言动作。 （2）接着可以和儿童一起玩"吐泡泡"的游戏，并且注意夸张地表达"pao""po"等音节。	1.儿童能对家长的言语有动作反应。 2.儿童能在家长言语指导下说出歌谣中的句子，如"小背心，开窗户，先套头，再伸手，哈哈哈，穿好咯"。 3.儿童能在家长的言语指导下完成穿衣服的动作。 4.儿童能在家长的引导下说出部分歌谣。 5.学生能在家长的语言提示下完成刷牙的动作。 6.学生在言语提示下准确发出"pao""po"的音。	1.家长对儿童是否有足够的耐心？ 2.还有什么能够帮助儿童轻松愉快地学会生活技能的歌谣？ 3.在整个过程中是儿童主动的还是家长主动的？ 4.儿童是否对歌谣产生了兴趣？没有兴趣的原因是什么？
上午	1.洗菜。家长语言指导儿童洗菜，一边洗，一边念歌谣或者自编。如"绿衣裳，洗干净，真好看"，让儿童在一边帮忙一跟着说。 2.吃饭前，问问儿童应该做什么——洗手。家长和儿童一起搓搓小手，搓到哪里就说哪里，让儿童跟着说（如小手搓搓，搓搓手心，搓搓手背，搓搓小指头）。 3.吃饭。 （1）家长的口令是"小孩小孩爱吃饭，点到什么吃什么"，念着口令指着菜或者饭，然后指到什么，儿童就要吃一口那一样食物。反过来也一样，儿童的口令是"妈妈（爸爸）妈妈爱吃饭，点到什么吃什么"，当儿童点到一种食物的时候家长也要吃一口对应的食物。采取一人一次的形式进行，如果儿童不能表达那句口令，那么也要尽量让儿童用动作表达，并且渐渐学会口令。 （2）等待学生已经学会简单句后，需要发展复杂句的时候，可以将内容具体化，如"点到白菜吃白菜"。	1.儿童在家长的示范下完成洗菜的动作。 2.学生能在言语提示下和家长说出"绿衣裳，洗干净，真好看"。 3.儿童能回答简单的疑问句。 4.儿童能准确地回答家长的指令。 5.儿童能独自完成"妈妈（爸爸）妈妈爱吃饭，点到什么吃什么"的口令。 6.儿童能在家长的言语指导下完成擦嘴的动作。	

续表

时间	活动流程及策略	活动目标	家长反思
上午	4. 擦嘴。 （1）家长引导儿童饭后擦嘴，然后告诉儿童这个纸很脏，所以要撕掉并且丢进垃圾桶。 （2）撕纸。将撕的纸揉成团，和儿童比赛扔进垃圾桶，看谁扔得准。中间注意语言的引导，比如提问"我扔进去了吗"等，也要注意动作、手势的引导。 5. 吃饭后整理餐具，家长让儿童帮忙，说"你可以帮我的忙吗？"引导儿童参与。	7. 儿童能在言语指导下将垃圾扔进垃圾桶里。 8. 儿童能回答家长的问题。 9. 儿童能用简单陈述句回答家长问题。	1. 家长对儿童是否有足够的耐心？ 2. 还有什么能够帮助儿童轻松愉快地学会生活技能的歌谣？ 3. 在整个过程中是儿童主动的还是家长主动的？ 4. 儿童是否对歌谣产生了兴趣？没有兴趣的原因是什么？
下午	1. 喝水。家长可以对儿童说"好渴啊，我要喝水"，然后举起一个杯子示范喝水，中间用嘴发出响亮的"咕噜咕噜"的喝水声，并且做出夸张的动作和表情，喝水之后擦着嘴说"真好喝，你也喝一点吧"。可以多次重复并鼓励儿童做出相应行为以及语言等，之后可以举起杯子说："让我们一起干杯！" 2. 出去玩。引导儿童用声音或动作或语言，说出"我想出去玩"之后，带儿童出门。 3. 玩游戏。 （1）抓迷藏。家长带着儿童玩抓迷藏的游戏，家长蒙上儿童的眼睛，让儿童数到十，并找到家长，家长这个期间可以一直问："你知道我在哪里吗？" （2）红灯停，绿灯行。家长说出红灯停，儿童要停下来，只有在绿灯行的时候儿童才能动，当碰到家长的时候胜利。角色互换，由儿童说出红灯停绿灯行。 （3）锁小手。家长和儿童一起进行游戏，一家长作"锁"，张开一只手；儿童作"小手"，伸出一手指，抵在"锁"的手心，听"锁"念儿歌（金锁锁，银锁锁，咔嚓咔嚓一锁锁）。当念到儿歌最后一个字时，"锁"把手收拢，抓住小手指即为胜利。	1. 儿童能根据家长的示范自己喝水。 2. 学生能在言语提示下说出"我想出去玩"。 3. 儿童能在家长的提示下知道家长的位置。 4. 儿童能在家长的命令下完成游戏的动作。 5. 儿童能主动说出"红灯停绿灯行"。 6. 儿童能在家长的示范下念出游戏中的儿歌。 7. 儿童能对"锁"字有行动上的反应。	
晚上	1. 休闲时间。家长和儿童一起玩玩偶，一起逛街，看到月亮可以说：小月亮，天天有，有时像小船，有时像皮球。 2. 睡觉。家长给儿童用手偶书讲睡前故事，具体过程和策略参考家庭活动范例。	1. 儿童能主动说出"月亮"的词语。 2. 儿童能在家长的言语示范下说出月亮的儿歌。 3. 儿童能听家长讲故事。	
温馨提醒	跟随儿童当下注意、兴趣的焦点，适时教导，在玩中学。		

第八章

特殊儿童认知发展与游戏 ◁▷

本章内容主要包括认知发展概述、特殊儿童认知发展游戏教学范例与家庭范例。范例部分会详细描述游戏活动的步骤，每个教学范例后面都会有一个评估量表，供教师评估使用。同样，也可以作为家庭范例评估的模板。

第一节 概 述

人的认知能力与人的认知过程是密切相关的，可以说是认知过程的一种产物。提升特殊儿童的认知能力，是特殊儿童的康复与发展的重要组成部分，有利于特殊儿童更好地认识社会、适应环境。

皮亚杰认为认知的本质就是适应，即儿童的认知是在已有图式的基础上，通过同化、顺应和平衡等机制，不断从低级向高级发展。特殊儿童作为一种需要家长和教师投入更多精力和时间的群体，其智力发展水平及个体差异性与普通儿童之间的差异性很不同，因此，特殊儿童的认知教育应该比普通儿童更形象、直观。游戏作为一种虚拟性与实在性共存的方式，能达成活动经验增加、形成自我的思维方式、参与社会活动等目标。可以很好地引导特殊儿童的认知发展。

一、认知发展的定义

认知能力是指接收、加工、储存和应用信息的能力，包括知觉、记忆、注意、思维和想象等能力，是人们成功地完成各项活动最重要的心理条件。美国心理学家加涅提出3种认知能力：言语信息（回答"是什么"问题的能力）；智慧技能（回答"为什么"和"怎么办"问题的能力）；认知策略（有意识地调节与监控自己的认知加工过程的能力）。

　　心理学家指出，儿童智力的发展是在各种特殊活动中显露出来的。5 岁儿童的活动已经具有初步的目的性、积极性和创造性，他们的发育已经接近成熟水平，会用语言表达自己的意思和进行交际。6 岁时，语言的运用便有相当的技巧，在读、写、算以及用石头、木块、玩具进行创造性活动等方面，均有进步。到了 7 岁，儿童在阅读、绘画、创造性游戏等活动中，目的性更强，且能做自我批判，他们开始独立阅读神话、寓言等，寻根问源的倾向出现了。到了 8 ~ 9 岁，阅读的兴趣有所扩大和加深，已经开始着手搜集自己喜欢的石头、虫子、邮票等，并且广泛地阅读各种内容的书籍。在 10 ~ 12 岁这段时间，儿童的分化性兴趣、独立工作的能力、积极而严密的科学推理能力均有发展。许多儿童能做读书研究，就某一个特别有趣的题目，写出较有创见的报告。

　　儿童语言的学习和推理能力的发展，是智力发展状况的主要标志。有许多心理学家实验证明，语言学习的有效性有赖于心理上的成熟。其中，福斯特的研究具有独到之处。他为了弄清楚言语 - 记忆水平对学习和解题的影响，把智龄作为儿童能否学习的重要标志。他以 2 ~ 7 岁和 4 ~ 9 岁的儿童作为被试，选择 8 篇情节不同的故事作为实验材料。实验时，他将 8 篇故事逐一读出，每一篇故事重读 10 次。每次朗读时，他在故事的某一地方暂时停下来，要求儿童尽可能接着讲完整个故事。儿童如果读得好，以赞许来鼓励。接着要求儿童回忆故事的情节。研究表明，智龄低于 3 岁 2 个月的儿童心理上不成熟，无法借助一定的方法记住这些故事，他们能够记忆的平均字数还不到 5 个，因而给学习带来了一定的困难。智龄在 5 岁 8 个月时，记忆能力逐步提高，他们能够回忆的平均字数已达 60 ~ 70 个，因而给学习带来了方便。实验表明，儿童阅读—记忆的能力一般在智龄 5 岁时开始出现。不做好这方面的心理准备，阅读—记忆就不能顺利进行。

　　推理能力的准备状况也对儿童的学习产生影响。推理能力是解决问题的前提，儿童是否做好推理上的心理准备，直接影响到学习是否能顺利进行。心理学家对儿童的推理能力做过很多方面的研究。有的实验认为，3 ~ 5 岁的儿童已经能迁移自我发现的概念，并根据先前的经验进行推理，以运用于新问题的情境之中。这就是说，当问题的复杂性与儿童的成熟水平相适应时，哪怕是 3 岁儿童都已具备了推理的条件。有的研究不同意这种看法，认为推理是一种比较高级的心理活动，它需要儿童达到一定的成熟水平，而 3 ~ 5 岁的儿童还不具备这些条件。尽管对这一问题争论颇多，但都认为儿童推理能力的发展，是随着年龄而递增的。年龄越小，成熟水平越低，推理能力越差；相反，年龄越大，成熟水平越高，推理能力越强。

二、游戏促进了特殊儿童的认知发展

游戏为特殊儿童增加了学习机会，促进其注意、感知觉、记忆、语言、思维等认知能力的发展。

（一）提高了特殊儿童动作的协调性和大脑对外反应的灵敏度

特殊儿童由于大脑的某些损伤，其感知觉和动作的发展比较迟缓，水平也比较低。他们的认知发展大多处于感知运动阶段，在认知发展过程中，动作是一切知识的源泉。游戏为他们提供更多动手、动脑的机会，通过活动使大脑获得有关身体各部位的信息。从而使动作协调起来，对外界刺激作出正确反应。

（二）发展了特殊儿童的注意能力

特殊儿童年龄小，有意注意的时间短，如果单用语言讲授或教法单一的教学方式，容易使他们疲劳、注意力不集中、分神。活泼和趣味性的游戏活动能吸引他们的注意力，特别是那些新颖而有趣的教玩具，更能引起他们的关注和好奇，这对培养其有意注意能力有很大的帮助。针对儿童好动的特点，教师利用游戏的活动性，调动其多种感官参与学习，激发了兴趣，提高了学习效果。

（三）促进了特殊儿童思维的发展

布鲁纳认为游戏是一个充满快乐的问题解决过程，游戏为儿童提供了在各种条件下大量尝试的机会，激活了儿童的思维，使游戏中知识的获得、转化以及评价过程得以实现。在游戏活动中，特殊儿童会不由自主地思考怎样完成这个活动，是自己一个人完成还是求助？需要什么道具来完成？模仿教师的动作，观察后经过大脑加工变成自己的，再控制身体把它表现出来。这样的游戏对于特殊儿童的思维发展是很有益的。

（四）提高特殊儿童的记忆能力

特殊儿童在记忆力上普遍存在识记速度缓慢、记忆容量小、保持不稳定等特点，从信息加工的观点来看，特殊儿童无论是短时记忆还是长时记忆，无论是信息的存储还是信息的提取都有一定的困难，而游戏通过自然地、多次重复、调动身体各个部位全方位参与的方式来帮助特殊儿童发展记忆。教师和家长通过游戏活动把需要特殊儿童记忆的点形象化、立体化和结构化，特殊儿童通过参与、操作、表达来构建对知识的记忆。

三、认知发展目标

特殊儿童的认知发展应以其身心发展水平及规律为依据，以培养和提高特殊儿童多项认知能力为目标，以图形、数字、符号及文字为训练材料。根据《双溪个别化教育课程》里的发展培养目标，特殊儿童认知发展训练的具体领域包括物体恒存性、记忆力、配对和分类、顺序、解决问题等，以实现提高特殊儿童感知觉、记忆、表象、思维等各方面能力，达到全面发展的康复目标（详细见表8-1）。

表 8-1　认知发展目标

基本目标		发展目标
物体恒存性	物体恒存性	提高特殊儿童的感知觉、记忆、表象、思维等各方面能力，达到全面发展的康复目标
记忆力	经历事件之记忆能力、物品操作之记忆能力、地点位置之记忆能力、物品所属之记忆能力	
配对和分类	相同物品配对和分类、立体形状配对分类、依大小配对和分类、依颜色配对和分类、依质料配对和分类、配对和分类不同条件的物品、图片配对和分类、比较 x 项和 y 项、依功能分类	
顺序	顺序排列物品、依序完成活动	
解决问题	设法取得物品、寻求帮忙、应用所学、自我修正错误、了解因果关系	

教师和家长需要根据特殊儿童当下的预备状态及特定发展目标，抓住儿童的兴趣点，采用适当的游戏形式促进儿童认知的发展。

四、设计思路

我们从特殊儿童的实际情况出发，以游戏为载体，遵循满足特殊儿童认知需求、主体性、动力性等原则来达到提高特殊儿童认知能力的目标。

（一）满足特殊儿童认知需求

处于象征性游戏阶段的儿童，表现出游戏的组合性、结构完整性、个体性、嬉戏性。针对这些特点设计了如《小黑鱼》这样的游戏活动，利用已有的认知水平去模仿鱼儿游的动作；大鱼带小鱼的动作，体会到团队意识；再到大鱼出去玩耍时注意安全。从简单的体验发展到深层次的体会。随着认知水平的提高，特殊儿童追求更高要求的游戏，就如《小黑鱼》活动设计中，通过身体感受、视觉感受去传达大鱼外出游玩需要注意安全，所以必须遵守一些规则，不能独自行动、不能去碰危险等。

（二）蕴含主体性、动力性

皮亚杰认为，游戏给儿童提供了巩固他们所获得的新的认知结构以及发展他们情感的机会。游戏活动中，特殊儿童是参与的主体，在家长和教师的引导下去学习，发展自己认知能力。教学范例《狼和羊》中，儿童通过模仿动作和声音、涂动物轮廓慢慢深入扩展对狼和羊的认知；再通过狼吃羊的游戏，充分体验后将经验具体化。这样的形式儿童会很有兴趣地去参与其中，随着游戏的慢慢深入，儿童愿意去表达情感，同时也达到了获得新的认知结构。

（三）注重认知游戏的多样性、互动性原则

认知学习的方式还应该多样化，加入绘画、戏剧、音乐等元素使活动更加丰富，学生的兴趣自然也能提高。儿童在认知活动中，通过自己的兴趣去进行自由选择、独立操作、自我矫正，努力把握自己和环境。在《小黑鱼》团体游戏中，学生在游戏中加强身体互动，彼此了解，增加情意。游戏中还需要加强儿童之间、家长或教师与儿童之间的互动。如《小手拍拍》活动中，家长在儿童放松的状态下，和儿童在进行手指谣的学习，再通过把身体部位藏起来的方式，引导儿童先从简单的身体互动开始，再到发展语言能力。无论是教师和儿童的沟通，还是家长和儿童的沟通，都有利于了解儿童的真实想法，让特殊儿童能表达自己的愿望和要求。

（四）循序渐进和层层深入的原则

特殊儿童本身的年龄和生理心理特征要被考虑在游戏设计之中，不能提出过高的发展要求，可以适当地在最近发展区内设立一些目标。如藏宝游戏中，儿童先通过自我探索和教师引导感受球，再以不同形式感受球、传球、寻球，一步步把儿童的能力拔高，根据学生能力状况再决定是否进入下一个环节。同时，游戏设计从纵向和横向上都应该是层层递进的，如关于动物的学习可以就一个动物的外形、颜色、声音进行学习，也可以扩展学生学习不同类型的动物或者动物园相关场景。尊重特殊儿童的个性化，就要因材施教地利用游戏，不能过于急躁地提高某方面的能力，要符合特殊儿童的认知能力发展速度的要求。

第二节　认知发展游戏教学范例

根据感悟游戏教学原则，针对特殊儿童认知发展教学目标，特给出以下针对性教学范例供参考，教学时间一般掌握在 30 ～ 45 分钟。

一、藏宝游戏（团体活动）

（一）活动目标

1. 学生能通过对球的感知，表现出其对物体恒存性的认知。

2. 学生能与同伴互动，合作完成传球。

3. 学生能将不同的球进行配对和分类。

4. 通过寻宝、合作，学生能设法取得想要的物品。

（二）适用对象

1. 具一定的动手能力、基本的听说能力以及理解能力，需要发展物体恒存性能力及配对分类能力的特殊儿童。

2. 10 人以内班级的团体形式，也可以用于一对一的个体形式。

（三）活动准备

1. 音乐播放器及轻音乐。

2. 各种颜色且足量的橡皮泥、各种颜色的纸、彩笔，一个或多个大橡皮球。

（四）重难点

1. 学生理解并适应生活中的改变，增加其物体感知能力。

2. 注意观察学生寻球过程中可能出现的方法、策略。

3. 活动过程中，需要合理处理学生可能出现的抗拒情绪，积极引导学生之间的主动性合作。

（五）活动过程及策略

阶段	活动流程	活动目标	活动建议
热身	传球 1. 教师与学生围成圈站，教师首先拿出一个大球滚动到学生身边，让学生们一个一个用手传递下去，感受一下球的形状和触感。 2. 教师与学生们围成圈坐地板上，伸直腿，依次传球从腿上传下去，用腿感受球的重量。 3. 教师与学生们围成圈躺地板上，伸直腿，依次传球从肚子上传下去，用肚子感受球的重量。 4. 教师把学生按两人一组进行分组，学生背对背站，合作用背把球从一个地方搬到另一个地方。 5. 两人一组，学生用手和背之外的身体部位把球从一个地方搬到另一个地方（告知他们，两人协作，可以用任何的方式）。	1. 学生能用手传球。 2. 学生能用手和腿传球。 3. 学生能用手和肚子传球。 4. 学生能用背合作运球。 5. 学生能有创意地运球。	1. 教师可以将此活动延伸为大团体活动。 2. 若只有一个球，则合理分配好每一组搬运球的距离；若球多，进行搬运比赛。
发展	做球 1. 学生用身体做成球，在地上滚动。 2. 两个学生一组，合作用身体做成球，并一起移动到指定位置。 3. 教师分发橡皮泥，学生用橡皮泥做球。	1. 学生能用身体做成球。 2. 学生能合作用身体做成球。 3. 学生能用橡皮泥捏成球形。	1. 教师在过程中积极引导和适当反馈。 2. 教师当学生完成作品后，可以按大小球分组进行玩偶剧表演。
	玩球、寻球 1. 教师摆出大家制作的不同大小的球，要求学生按从小到大的顺序将球排列好。 2. 学生用不同颜色的纸将球包裹。 3. 学生给球画上脸谱。 4. 学生按颜色的种类进行分类放置。 5. 藏宝游戏：教师将学生们做的球藏于室内的各个角落，要求学生能够将球一一找到并分类（按颜色、大小……）。	1. 学生能依据大小排序。 2. 学生能够将球包裹。 3. 学生能够在球上画出图形、脸谱。 4. 学生能够依据球的颜色进行分类。 5. 学生能用一定的方法找到球，体会到物体恒存性。	教师在下次游戏课程中，根据儿童喜好，可以将"球"换为其他形状。
结束	整理 1. 学生收拾好自己的作品和球。 2. 学生躺在地垫上，在舒缓的音乐中放松，教师用丝巾轻轻地在儿童身上摇动，并轻声地表扬学生课上的积极表现。	1. 学生能收藏自己的作品。 2. 学生能够保持愉悦的心情并放松下来。 3. 学生能够体会到教师的鼓励，肯定自己。	教师动作中充满关爱，及时反馈儿童的积极表现，让儿童获得成就感。
活动延展	1. 还可以让学生们给球画简单线条，用白纸包裹小球来用彩笔上色；若儿童的在听、说能力上有一定发展，可以一起讨论以小球编故事进行分享。 2. 用球娃娃进行角色扮演，面对家人分享故事。		这对有语言能力的学生适用。

（六）教学活动效果评量

阶段	活动	目标	形成性评量					评量方式	评量结果	通过与否	教学决定	备注
			1	2	3	4	5					
热身	传球	1.学生能用手传球。										
		2.学生能用手和腿传球。										
		3.学生能用手和肚子传球。										
		4.学生能用背合作运球。										
		5.学生能有创意地运球。										
发展	做球	1.学生能用身体做成球。										
		2.学生能合作用身体做成球。										
		3.学生能用橡皮泥捏成球形。										
	玩球、寻球	1.学生能依据大小排序。										
		2.学生能够将球包裹。										
		3.学生能够在球上画出图形、脸谱。										
		4.学生能够依据球的颜色进行分类。										
		5.学生能用一定的方法找到球，体会到物体恒存性。										
结束	整理	1.学生能收藏自己的作品。										
		2.学生能够保持愉悦的心情并放松下来。										
		3.学生能够体会到教师的鼓励、表扬，肯定自己。										

二、狼和羊（团体活动）

（一）活动目标

1.学生认识狼和羊的形象，能显示对物体种类的记忆力。

2.学生认识狼与羊的稳定性特征和区别，表现对物体恒存性的理解。

3.发展物体种类的记忆力、分辨狼和羊的能力、理解简单游戏规则能力。

（二）活动对象

1.具有一定的动手能力、图片理解能力、口头或肢体语言表达能力。

2.适用于 10 人以内班级的团体形式，也可以用于一对一的个体形式。

（三）重难点

1.重点是学生对狼和羊的理解，如何用自己的方式来进行表达、区分。

2.难点是学生在游戏过程中可能会丧失兴趣，且注意力不集中，需增加游戏的趣味性。

（四）活动准备

1.音乐播放器、欢快的音乐。

2.教师准备：各类带图案的动物卡片（包括狼、羊等），狼、羊的相关视频，彩笔。

（五）活动过程及策略

阶段	活动流程	活动目标	活动建议
热身	感受羊和狼 （1）教师呈现羊的图片，模仿图片动作，让学生猜是什么。 （2）让学生观看羊的视频，模仿羊的叫声和动作，形成对羊的认知。 （3）所有人模仿羊的动作行走，用羊的叫声相互问候。 （4）用上述相同步骤感受狼	1.学生能说出羊的名称。 2.学生能模仿羊的声音和动作。 3.学生能模仿羊的动作互动打招呼。 4.学生能说出狼的名称。 5.学生能模仿狼的声音和动作。 6.学生能模仿狼的动作互动打招呼。	1.教师可以适当对学习较快的学生进行奖励，对慢的给予支持。 2.对于视觉障碍儿童，可以采用声音辨别为主的游戏方式对狼、羊区分，再用触觉感受相关的玩具等。
发展	分辨羊和狼 1.教师将画有羊和狼轮廓的图片随机放在学生面前，让他们找出其中的羊；然后，给羊涂色。 2.教师将画有羊和狼轮廓的图片随机放在学生面前，让他们找出其中的狼；然后给狼涂色。 3.教师将上了色的狼、羊的图片放在学生们跟前，分别选出狼、羊。	1.学生能选出羊的图片并涂色。 2.学生能选出狼的图片并涂色。 3.学生能够选出涂色后的羊、狼。	1.学生分开进行狼与羊的特征学习，循序渐进。 2.如果学生们能够认识到狼的危险，教师可以适当组织"羊"来一起抵抗"狼"，而大灰狼尽量由教师扮演。 3.让所有学生都动起来，参与其中。
	模仿羊和狼 学生选自己喜欢的狼或羊的图片，并贴在胸前；扮演狼或羊走路，学狼或羊的叫声，模仿狼或羊的日常生活动作。	1.学生能够模仿出羊的声音、动作。 2.学生能够模仿出狼的声音、动作。 3.学生在模仿过程中有一些互动。 4.学生能扮演狼或羊的动作。	
	狼吃羊 1.教师将学生分成羊群和狼群，开展游戏。 2.狼群听号令从狼村出发抓羊，羊跑动则会被狼看到，不动则安全；被抓的羊关在狼村，并由一只狼看守，其他狼继续抓羊。 3.场地一角属于安全区，羊从羊村跑到安全区则完全不受狼干扰了。 4.结束后，教师给狼、羊鼓励。	1.学生能理解狼吃羊的意思。 2.学生在游戏过程中能够明确指令、游戏规则。 3.学生能够积极参与，感受到快乐。	
结束	动物欢聚 1.让学生们选择自己喜欢的作品。 2.动物和好，大欢聚。羊和狼一起跟着音乐节拍走步、跳舞、唱歌。	1.学生能够保持愉悦的心情，收藏自己的作品。 2.学生能够加深对羊和狼特征、联系与区别的记忆。	教师可以让学生们简单表达自己对狼与羊的认识、感受。
活动延展	1.学生们一起看动画片《喜羊羊与灰太狼》，学习其中歌曲。 2.学生进行其他动物的特征区分、分类，增强对生活中物体的记忆。 3.学生们画出自己心中的狼与羊。 4.学生们用自己画出的狼和羊编故事。		主要针对学生的事物记忆、理解恒常性的能力。

（六）教学活动效果评量

阶段	活动	目标	形成性评量					评量方式	评量结果	通过与否	教学决定	备注
			1	2	3	4	5					
热身	感受羊和狼	1.学生能说出羊的名称。										
		2.学生能模仿羊的声音和动作。										
		3.学生能模仿羊的动作互动打招呼。										
		4.学生能说出狼的名称。										
		5.学生能模仿狼的声音和动作。										
		6.学生能模仿狼的动作互动打招呼。										
发展	分辨羊和狼	1.学生能选出羊的图片并涂色。										
		2.学生能选出狼的图片并涂色。										
		3.学生能够选出涂色后的羊、狼。										
	模仿狼和羊	1.学生能够模仿出羊的声音、动作。										
		2.学生能够模仿出狼的声音、动作。										
		3.学生在模仿过程中有一些互动。										
		4.学生能扮演狼或羊的动作。										
	狼吃羊	1.学生能理解狼吃羊的意思。										
		2.学生在游戏过程中能够明确指令、游戏规则。										
		3.学生能够积极参与，感受到快乐。										
结束	动物欢聚	1.学生能够保持愉悦的心情，收藏自己的作品。										
		2.学生能够加深对羊和狼特征、联系与区别的记忆。										

三、箱子大战（团体活动）

（一）活动目标

1. 学生能辨认机器人。

2. 学生能模仿机器人的动作。

3. 学生能根据大小来配对和分类相同物品，提高解决问题的能力。

（二）活动对象

1. 具有动手能力、有一定的图片理解能力、语言表达能力的学生。

2. 适用于 10 人以内班级的团体形式，也可以用于一对一的个体形式。

（三）重难点

1. 儿童对机器人理解以及反应。

2. 儿童在游戏过程中可能会丧失兴趣，且注意力不集中，需增加游戏的趣味性。

（四）活动准备

1. 音乐播放器、轻音乐。

2. 有关机器人的视频、玩具，若干个箱子（箱子比人多四五个）、彩笔。

（五）活动过程及策略

阶段	活动流程	教学目标	活动建议
热身	体验机器人 1. 教师发给学生们机器人玩具，自由玩耍、探索。 2. 学生们观看机器人动作视频。 3. 教师模仿机器人走路、挥手、说话……让学生模仿，形成对机器人的一种认知。	1. 学生能知道机器人的形状。 2. 学生能辨认出视频中的机器人。 3. 学生能模仿机器人声音、动作。	教师注意机器人的动作，一步一步清晰地、连贯性地教学生模仿动作。
发展	玩箱子 1. 教师将若干个箱子随机放在学生面前，让他们按照箱子的大小排序。 2. 每个学生选一个箱子，给箱子画脸谱或其他图形，涂色。 3. 教师把学生分组，扮演机器人一家人在一起的情境进行互动。 4. 机器人搬家：比赛哪一组搬运箱子更快。 5. 然后由学生们按大小（左右、上下）顺序叠箱子。	1. 学生能按箱子大小排序。 2. 学生能画出自己喜欢的脸谱或其他图形。 3. 学生能用机器人动作、声音互动、交流。 4. 学生能独立搬动箱子。 5. 学生能够理解机器人搬家的意思。 6. 学生之间有合作，能共同解决问题。 7. 学生能一起按箱子大小顺序重叠。	1. 在这个过程中，箱子尽量无尖锐棱角，由学生自己进行搬动。 2. 对不能画脸谱的学生，可以由教师先画好，然后由学生涂色。 3. 教师用适当的团队和个人竞争方式进行，提升学生的兴趣。
	藏人游戏 1. 教师把学生分两组，让一半学生藏在箱子里，另一半学生在限定时间内开始找人。 2. 然后两组学生互换角色进行。 3. 教师对两组战况进行比较，奖励。	1. 学生能把自己藏在箱子里。 2. 学生能一起合作去箱子里找人。 3. 学生能在合作过程中有不同的解决问题办法。	教师注意观察寻人游戏时，学生是否有方法、策略出现（一群人找一个箱、一人找一个……）。
结束	机器人大进军 1. 所有人排一排，先有教师当司令，学生听从司令指令用机器人的脚步在教室行进。 2. 由自愿的学生担任司令，其他学生听指令变换队形。 3. 卸下纸箱，两人一组相互按摩放松。	1. 学生能整齐一致模仿机器人走路，肢体、协调控制力有所提升。 2. 学生能积极尝试司令的角色。 3. 学生能相互按摩放松。	1. 教师注意根据学生能力给予不同的协助和指导，促进学生能顺利下达指令。 2. 教师注意引导学生使用适当的按摩的力度。
活动延展	1. 学生用箱子扮演成自己喜欢的玩具，在箱子上涂画等，进行"大战"。 2. 学生站在箱子上面扮演哨兵，听口令做动作。 3. 教师和学生用箱子组装成隧道、城堡等，创编故事。		1. 教师延展活动以发展儿童认知的为前提，也可以促进其听说能力发展。 2. 教师根据学生们实际发展水平进行选取。

（六）教学活动效果评量

阶段	活动	目标	形成性评量					评量方式	评量结果	通过与否	教学决定	备注
			1	2	3	4	5					
热身	体验机器人	1.学生能知道机器人的形状。										
		2.学生能辨认出视频中的机器人。										
		3.学生能模仿机器人声音、动作。										
发展	玩箱子	1.学生能按箱子大小排序。										
		2.学生能画出自己喜欢的脸谱或其他图案。										
		3.学生能用机器人动作、声音互动、交流。										
		4.学生能独立搬动箱子。										
		5.学生能够理解机器人搬家的意思。										
		6.学生之间有合作，能共同解决问题。										
		7.学生能一起按箱子大小顺序重叠。										
	藏人游戏	1.学生能把自己藏在箱子里。										
		2.学生能一起合作去箱子里找人。										
		3.学生能在合作过程中有不同的解决问题办法。										
结束	机器人大进军	1.学生能整齐一致模仿机器人走路，肢体、协调控制力有所提升。										
		2.学生能积极尝试司令的角色。										
		3.学生能相互按摩放松。										

四、来，玩一玩

（一）活动目标

1.学生能认识扑克牌上的数字和花色。

2.学生能根据两个不同条件来配对和分类物品。

3.发展特殊儿童的数字和形状概念、配对和分类能力。

（二）活动对象

1.具有一定的图片理解能力、语言或动作表达能力的学生。

2.适用于 10 人以内班级的团体形式，也可以用于一对一的个体形式。

（三）重难点

1.重点识记扑克牌上的点数和花色，加强记忆能力。

2.难点是根据扑克牌上的点数和花色进行配对。

（四）活动准备

1.音乐播放器、轻快的音乐。

2.教师准备：扑克牌多副（根据学生人数准备，每人一副）。

（五）活动过程及策略

阶段	活动流程	教学目标	活动建议
热身	走走停 1.教师放音乐，学生在音乐中自由走动，音乐停时定格变雕像，教师检查学生定格情况，以适当的语言描述雕像质量，激励学生控制身体。重复三次。 2.学生在音乐中自由地在场地里走动，听到教师身体触碰的口令时，作出对应的反应，比如教师说头碰头、肩碰肩、手拉手、背靠背、膝盖碰膝盖、脚碰脚。 3.学生在音乐中自由地在场地里走动，听到教师数字与身体部位组合口令时，做出相应的反应，比如教师说三只脚在一起、五个肩膀在一起、八个膝盖在一起等。	1.学生能控制身体不动。 2.学生能觉察身体部位。 3.学生能协调地用身体部位作出对应的反应。 4.学生能与他人保持适当的肢体接触。	教师开始的指令应简单，变化速度慢一点，熟悉身体部位后再加入数字信息的指令。
发展	扑克游戏 1.学生认识扑克花教师拿着一副扑克牌让学生们随机取，请学生说是什么花型，像什么。抽出的一张张牌渐渐排成一个图形。 2.教师将一副扑克牌随机摆在地垫上。学生听教师指令找出对应花色的牌，如找出地上的方块、红桃、梅花、黑桃、人物（重复玩，直到学生能准确找出对应图形）。 3.教师将人物类牌放一边，只用数字牌，将学生分四组，每组一种花色。听教师说数字，每组学生找出有相应数字的卡片。重复玩，直到学生都能找出正确的数字（可以由四组共用1～4四副牌）。 4.教师给每个学生一副牌的数字牌。然后，教师随机拿出自己手中的牌，比赛谁先找出与教师一样数字、花型的牌，先找到的就可得到教师手中那张牌。累积的牌数多者胜。	1.学生能辨别出扑克牌的不同花色。 2.学生能辨别扑克牌上不同的数字、花型。 3.学生能将花色与数字正确地找出来。 4.学生在游戏中能互助解决问题。	1.教师的花色分组玩的次数可多一点，确保每一个学生都认识是种花色。 2.教师说数字指令时，开始可慢点，到学生熟悉后，指令可加快。 3.教师和学生为胜者欢呼，尽可能让每一个学生都有获胜的机会。 4.学生在分组寻找过程中，是否出现组与组之间的互助行为，传递卡片。
结束	庆祝会 1.教师引导学生为胜者鼓掌，肯定每一个学生的努力。 2.教师播放轻快的音乐，学生站成两列，形成星光大道，学生模仿扑克牌中国王或王后的样子行走，游行庆祝。	1.学生能感受到成功的喜悦和老师的鼓励。 2.学生能用喜欢的姿态自我肯定。	教师给予每个儿童个别化的鼓励。
活动延展	1.拖拉机：均等分牌，一人出一张牌，凡是出现与前面牌的数字一样的人收牌，谁牌多谁获胜。 2.教师可以将扑克牌变成其他图片，如需要学生认识的食物、动物、植物、职业、交通工具、图形、情绪等，来进行辨认、匹配。 3.教师让学生选择自己喜欢的图片，说出自己看到的、想到的，造句子。 4.学生用图片创编故事。		教师需要根据儿童实际发展水平进行选取延展活动。

（六）教学活动效果评量

阶段	活动	目标	形成性评量					评量方式	评量结果	通过与否	教学决定	备注
			1	2	3	4	5					
热身	走走停	1.学生能控制身体不动。										
		2.学生能觉察身体部位。										
		3.学生能协调地用身体部位作出对应的反应。										
		4.学生能与他人保持适当的肢体接触。										
发展	扑克游戏	1.学生能辨别出扑克牌的不同花色。										
		2.学生能辨别扑克牌上不同的数字、花型。										
		3.学生能将花色与数字正确地找出来。										
		4.学生在游戏中能互助解决问题。										
结束	庆祝会	1.学生能感受到成功的喜悦。										
		2.学生能用喜欢的姿态自我肯定。										

五、小黑鱼（绘本教学）

（一）活动目标

1. 学生理解绘本故事，重点认识海浪、小黑鱼、小红鱼等海洋生物。

2. 学生理解绘本故事，体会小黑鱼团结协作的过程；认识危险，共同解决问题。

（二）活动对象

1. 具有动手能力、有一定的图片理解能力、语言表达能力、身体控制能力的学生，需要发展概念认知、情感表达、团结协作能力的特殊儿童。

2. 适用于 10 人以内班级的团体形式，也可以用于一对一的个体形式。

（三）重难点

1. 重点认知海浪、小黑鱼、小红鱼、水母、龙虾、大鱼、树、海草。

2. 难点是认知小黑鱼团结协作的过程。

（四）活动准备

1. 音乐播放器，音乐《豆豆丁》《走和跑》《童年的回忆——日光海岸》《许多鱼儿游来了》。

2. 场景布置材料：丝巾、球、丝带。

3. 教师准备：绘本《小黑鱼》；水彩笔、油画棒、双面胶、A4 纸若干；海浪鼓、三角铁；海浪、小黑鱼、小红鱼、水母、龙虾、大鱼、海草的图片，大鱼、小鱼轮廓图片。

（五）教学活动的具体过程

本活动设计分三次教学进行。

第一次

阶段	活动流程	活动目标	活动建议
热身	鱼儿游 1.教师播放音乐《许多鱼儿游来了》，教师用手做鱼儿游的动作，学生模仿鱼儿游的动作在场中随音乐游来游去。 2.教师用手作鱼儿的动作与其他鱼儿打招呼，引导学生用眼神相互打招呼、问候。	1.学生能模仿鱼儿游的动作。 2.学生能用眼神模仿鱼儿问候的动作。	教师的动作尽可能形象生动。
发展	感受海浪鼓 1.教师用敲击方式玩海浪鼓，之后传递海浪鼓给学生，请学生用自己的方式玩海浪鼓给所有人看，然后传递给下一位学生，直到所有人都体验过一次。 2.教师用海浪鼓模拟大海的声音，学生听后依次模仿、传递听海浪的声音。	1.学生能够有创意地使用海浪鼓。 2.学生能用海浪鼓模拟海浪的声音。	教师用学生最容易理解的方式来进行解释、表达。
	小黑鱼的故事 1.教师拿出海浪、小黑鱼、小红鱼、水母、龙虾、大鱼、海草的图片讲述小黑鱼的故事。 2.教师给每个学生一套绘本内容图片，教师再讲一次故事，边讲述边引导学生辨别海浪、小黑鱼、小红鱼、水母、大鱼、海草，拿出故事中对应的图片。 3.教师放下绘本，边讲故事边用身体动作表现绘本内容，引导学生回答小黑鱼遇到水母、大龙虾、大鱼、树会怎样？并模仿水母、大龙虾、大鱼、树的动作。	1.学生能够辨认海浪、小黑鱼、小红鱼、水母、龙虾、大鱼、树、海草。 2.学生能模仿海浪、小黑鱼、小红鱼、水母、龙虾、大鱼、海草的动作。	教师划定的安全区域尽量小，让学生更紧密地接触。
	鲨鱼来啦 1.教师用一黑色丝巾扮演大鲨鱼，作鲨鱼来了的信号。播放音乐《豆豆丁》。 2.一名学生扮演小黑鱼、其他扮演小红鱼出来游。 3.教师扮演大鲨鱼出来捉小鱼，小鱼儿赶快回到你们的家（划一块区域为礁石）里。 4.愿意体验的学生扮演鲨鱼，一名学生自愿扮演小黑鱼，其他扮演小红鱼（可重复2次）。	1.学生能在大鲨鱼出现时，表现出小红鱼、小黑鱼的躲避反应。 2.学生能理解表达自己的扮演愿望。	对于危险（鲨鱼），还可以由学生思考是否还有其他办法解决（时间依据实际而定）。
结束	放松好时光 1.教师引导学生有序整理好教学用品。 2.教师播放音乐《童年的回忆——日光海岸》，学生躺在地垫上放松身心。 3.教师用舒缓的声音帮助学生回顾整个学习过程，积极肯定学生的课堂表现。	1.学生能收藏自己的作品。 2.学生能放松心情。 3.学生能获得成就感。	教师表扬学生在课堂中的积极表现。

第二次

阶段	活动流程	活动目标	活动建议
热身	鱼儿游 1.教师播放音乐《许多鱼儿游来了》，教师用手做鱼儿游的动作，学生模仿鱼儿游的动作在场中随着音乐游来游去。 2.教师用手作鱼儿的动作与其他鱼儿打招呼，引导学生用手扮演鱼头相互打招呼、问候。	1.学生能模仿鱼儿游的动作。 2.学生能用手模仿鱼儿问候的动作。	教师的动作尽可能形象生动。
发展	小鱼大联欢 1.复习绘本故事。教师播放音乐《童年的回忆——日光海岸》为背景。边讲故事边用身体动作表现绘本内容，并引导学生模仿小黑鱼（横向摆尾）、水母（下方摆尾）、龙虾（机器动作）、水草（上方摆尾）的动作。 2.小黑鱼之旅。教师引导学生选择自己想扮演的角色小黑鱼、小红鱼、水母、龙虾、水草，并在想象的海洋空间里找到自己的位置。小黑鱼、小红鱼出来自由游，遇到水母（下方摆尾）、龙虾（机器动作）、水草（上方摆尾）作出该有的反应。 3."大鱼带小鱼"。三人一组。教师示范，类似"吊南瓜藤"：两小鱼扮演一只大鱼，两双手交叉搭肩；小鱼吊在交叉着的两只手臂上；大鱼带着小鱼走一段距离。教师播放音乐《童年的回忆——日光海岸》为背景音乐，交换角色进行体验。 4.为小鱼涂色。教师给每个学生发一条小鱼轮廓图片，教师示范为小鱼画眼睛并涂色，学生选喜欢的颜色涂色、为鱼儿画眼睛。	1.学生能够模仿多种鱼类、水母、龙虾、水草的动作。 2.学生能理解小黑鱼的旅程。 3.学生能合作完成"大鱼带小鱼"的游戏。 4.学生能给小鱼自由涂色和添加眼睛。	1.教师用学生最容易理解的方式来进行解释、表达。 2."大鱼带小鱼"对体力消耗较大，教师选身体强壮点的"大鱼"来带，需要视情况而定。
	海洋之家 每位学生将手中已涂色的图片贴放A3纸上，添画海水、海草及其他的鱼。为作品取名和签名。	学生能添加海洋物品并取名。	
结束	星光大道 1.学生站成两列，依次拿着自己的作品介绍自己的作品和名字，然后从队伍中间走过。 2.整理作品，放进百宝箱。	1.学生能用自己的语言表达作品内容。 2.学生能收藏好自己的作品。	教师以欢快的方式结束课程。注意给学生拍照，增强成就感。

第三次

阶段	活动流程	活动目标	活动建议
热身	鱼儿游 1.教师播放音乐《许多鱼儿游来了》，教师用手做鱼儿游的动作，学生模仿鱼儿游的动作在场中随音乐游来游去。 2.教师用手作鱼儿的动作，引导学生用身体（肩膀、背部、腰部、腿部等）相互打招呼、问候。	1.学生能模仿鱼儿游的动作。 2.学生能用不同方式模仿鱼儿问候的动作。	1.教师的动作尽可能形象生动。 2.教师尽量引导儿童多做一些动作变形，发挥想象力。
发展	小鱼的玩耍和安全 1.教师分配角色，给每人发一张小鱼图片贴上衣胸前，教师拿大鱼图片贴胸前。 2.小黑鱼、小红鱼出来玩；大鱼不允许。 3.小鱼挣扎、反抗，问原因，教师引导对话。最后表达出：大鱼应该让小鱼有自己的玩耍时间，但是要注意安全。 4.播放音乐《豆豆丁》，A段音乐时小鱼自由玩，B段音乐时教师扮演鲨鱼，看小鱼们怎么处理（引导小鱼跑回安全区，呼救，请大鱼帮忙）。	1.学生能够感受到自由和阻碍的感觉。 2.学生能够用语言表达需求，积极解决问题。 3.学生能够在玩耍时注意安全、积极应对危险。	1.教师用学生最容易理解的方式来进行解释、表达。 2.教师注意引导学生意识到"小鱼"是可以和"大鱼"商量、谈判的；在外玩耍注意安全，想办法解决问题。
发展	小黑鱼之家 1.复习小黑鱼故事。教师讲述故事，同时引导学生随着故事情境，模仿小黑鱼（横向摆尾）、水母（下方摆尾）、龙虾（机器动作）、水草（上方摆尾）的动作。 2.海洋场景再现。大家一起布置教室成一个海洋：球当石头、丝带当海草，用丝巾把自己装扮成各种大鱼、小鱼、龙虾、水母。教师播放音乐《童年的回忆——日光海岸》为背景，并为大家拍照。 3.学生观赏、表达自己喜欢的部分。	1.学生能理解绘本内容，作出相应动作。 2.学生能有创意地创设场景。 3.学生能表达自己喜欢的作品。	
结束	小鱼变大鱼 1.为每个学生发一张小鱼轮廓，请学生添画并写名字。教师画大鱼轮廓在黑板上，学生在准备好的小鱼和黑鱼图片贴在大鱼轮廓里，展示与分享、照相。 2.小鱼变大鱼。所有学生变成小鱼，所有小红鱼朝着一个方向游，小黑鱼在大鱼前部当眼睛。教师播放音乐《童年的回忆——日光海岸》为背景，并为大家拍照。	1.学生能够添画并张贴在大鱼轮廓里。 2.学生能理解小鱼团结协作的内涵。	教师根据学生的能力提出不同的贴画要求，促进学生的发展。
活动延展	1.学生一起去海洋馆看鱼，为鱼儿拍照。回家后画自己喜欢的鱼，并自己喜欢的海洋故事。 2.请学生看各种鱼儿图片，按照体积大小来进行排序。 3.请学生看海洋馆各种生物图片，为海洋生物分类。 4.用生物图片讲故事。		教师可根据学生的能力水平，在前面活动的基础上选用恰当的延展活动，拓展学生的能力。

（六）教学活动效果评量

第一次

阶段		目标	形成性评量					评量方式	评量结果	通过与否	教学决定	备注
			1	2	3	4	5					
热身	鱼儿游	1.学生能模仿鱼儿游的动作。										
		2.学生能用眼神模仿鱼儿问候的动作。										
发展	感受海浪鼓	1.学生能够有创意地使用海浪鼓。										
		2.学生能用"海浪鼓"模拟海浪的声音。										
	小黑鱼的故事	1.学生能够辨认海浪、小黑鱼、小红鱼、水母、龙虾、大鱼、树、海草。										
		2.学生能模仿海浪、小黑鱼、小红鱼、水母、龙虾、大鱼、海草的动作。										
	鲨鱼来啦	1.学生能在大鲨鱼出现时，表现出小红鱼、小黑鱼的躲避反应。										
		2.学生能理解表达自己的扮演愿望。										
结束	放松好时光	1.学生能收藏自己的作品。										
		2.学生能放松心情。										
		3.学生能获得成就感。										

第二次

阶段		目标	形成性评量					评量方式	评量结果	通过与否	教学决定	备注
			1	2	3	4	5					
热身	鱼儿游	1.学生能模仿鱼儿游的动作。										
		2.学生能用手模仿鱼儿问候的动作。										
发展	小鱼大联欢	1.学生能够模仿多种鱼类、水母、龙虾、水草的动作。										
		2.学生能理解小黑鱼的旅程。										

续表

阶段	目标		形成性评量					评量方式	评量结果	通过与否	教学决定	备注
			1	2	3	4	5					
发展	小鱼大联欢	3.学生能合作完成"大鱼带小鱼"的游戏。										
		4.学生能给小鱼自由涂色和添加眼睛。										
	海洋之家	学生能添加海洋物品并取名。										
结束	星光大道	1.学生能用自己的语言表达作品内容。										
		2.学生能收藏好自己的作品。										

第三次

阶段	目标		形成性评量					评量方式	评量结果	通过与否	教学决定	备注
			1	2	3	4	5					
热身	鱼儿游	1.学生能模仿鱼儿游的动作。										
		2.学生能用不同方式模仿鱼儿问候的动作。										
发展	小鱼的玩耍和安全	1.学生能够感受到自由和阻碍的感觉。										
		2.学生能够用语言表达需求，积极解决问题。										
		3.学生能够在玩耍时注意安全、积极应对危险。										
	小黑鱼之家	1.学生能理解绘本内容，作出相应动作。										
		2.学生能有创意地创设场景。										
		3.学生能表达自己喜欢的作品。										
结束	小鱼变大鱼	1.学生能够添画并张贴在大鱼轮廓里。										
		2.学生能理解小鱼团结协作的内涵。										

第三节　认知发展游戏家庭活动范例

"记住，你永远比我更熟悉自己的孩子。"

——Spock 给父母的建议

一、我的书包

（一）活动目标

1. 儿童能将物品按顺序排列。

2. 儿童能根据物品颜色配对。

3. 儿童能表达自己的喜好。

（二）活动对象

具有一定的动手能力，能够理解简单句，需要发展颜色和大小概念能力的特殊儿童。

（三）活动准备

三个颜色、大小不同的书包。

（四）重难点

儿童能理解大小和颜色的概念。

（五）活动过程及策略

阶段	活动流程	活动建议	家长反思
主体活动	家长拿出三个不同大小和颜色的书包。让儿童在其中选择最小的书包出来有奖励；再选出最大的书包，给予奖励。	家长可以通过言语提示来引导儿童进行选择。	1. 儿童能比较出书包的大小吗？ 2. 儿童是怎样进行比较、选择的？
	家长拿出三个不同大小和颜色的书包出来。让儿童选择指定颜色的书包；再按照颜色排序。	同上。	怎样能让儿童用最快的速度找出目标书包？
	家长拿出三个不同大小和颜色的书包出来。让儿童在其中选择出自己最喜欢的书包。	同上。	1. 儿童能选出最喜欢的书包吗？ 2. 儿童为什么喜欢这个书包？
活动延展	1. 可以将书包换成爸爸的公文包、妈妈的手提袋来进行区分。 2. 儿童给自己最喜欢的书包添加装饰品。		尽量多引导儿童表达（说、写、比划）出自己的想法。

二、小手拍拍

（一）活动目标

1. 儿童认识身体的部位。

2. 儿童能感知身体的恒存性。

3. 儿童能和父母进行互动，促进亲子关系。

（二）适用对象

具有一定的听力理解能力、身体控制能力，需要发展身体部位配对分类能力的特殊儿童。

（三）活动准备

1. 印有眼睛、小手图片（是宝宝自己的照片最好）并配有名称的纸，彩笔。

2. 手指谣：小手拍拍，小手拍拍（拍拍双手）→手指伸出来（伸出食指）→眼睛在哪里？（用一种夸张的语气问）→眼睛在这里（指眼睛）→用手指出来，用手指出来。

（四）重点与难点

1. 儿童能模仿手指动作。

2. 儿童的语言能与动作配合。

（五）活动过程及策略

阶段	活动流程	活动建议	家长反思
主体活动	手指谣念白与动作 1.家长与儿童面对面坐在地垫上或床上，家长先独自边唱儿歌边做动作。小手拍拍，小手拍拍（拍拍双手）→手指伸出来（伸出食指）→眼睛在哪里？（用一种夸张的语气问）→眼睛在这里（指眼睛）→用手指出来，用手指出来。 2.家长一句一句教儿童念"手指谣"，并示范动作，引导儿童模仿动作。重复多次，直到儿童听到儿歌能做出相应的动作。 3.家长与儿童面对面坐，一方唱儿歌，一方做动作。	1.家长注意给儿童留出做动作的时间。 2.家长灵活变化：可以把眼睛改成其他任何身体部位，比如鼻子、嘴巴等。	1.儿童是否能接受妈妈的触碰？ 2.儿童是否愿意模仿妈妈的动作？ 3.家长一边指着自己的眼睛一边用眼神鼓励儿童。
	儿童记住身体眼睛、手的部位的名称 1.家长将手缩回衣袖里（或者将脚缩进裤子里），儿童观察家长身体变化并询问自己的手去哪了，让儿童来寻找。 2.家长拿出印有眼睛、小手图案并配有名称的纸，让儿童沿着图、字轮廓进行涂画。 3.儿童在另一张白纸上照着画出眼睛、手的图形、文字。 4.家长问儿童关于眼睛、手在身体哪里，怎么画，怎么写这几个字。	1.家长在将手缩回衣袖时，不要让儿童看到手是缩进了袖子（可以让儿童回避一下）。 2.家长尽量使用有眼睛、小手的有凹凸感的学习道具。	1.儿童是否能立即发现视线里"消失"的身体部位？ 2.儿童是怎样寻找的？ 3.儿童能否记住相应的笔画、图形轮廓？
活动延展	1.变换手指谣玩，步骤与上同。 我有一双小小手，小手拍一拍，小手拍一拍（拍手）。→小手藏起来，小手藏起来（让儿童把小手藏在身后）→小手在哪里？小手在哪里？（留时间让儿童想一想）→小手在这里，小手在这里（把小手从身后拿出来，拍一拍）→我有一双小小脚，小脚踩一踩，小脚踩一踩（踏地）→小脚藏起来，小脚藏起来（用小手把小脚捂住）→小脚在哪里，小脚在哪里？（留有时间想一想）→小脚在这里，小脚在这里（把小手拿开，小脚欢快踏一踏）。 2.把手、脚贴在画纸上，用铅笔勾画轮廓。		1.家长一步一步引导儿童记忆、熟悉身体部位的名称。 2.家长对于年龄大点的儿童，可以引导他认识左、右手和脚。

三、拼图

（一）活动目标

1.儿童能集中注意力完成拼图。

2.儿童能从具体事物过渡到图片，提升空间想象力。

（二）活动对象

具有一定的动手操作能力，需要发展注意力、提升空间想象力的儿童。

（三）活动准备

新鲜苹果、多种水果图片、拼图两份（苹果、猫）

（四）重难点

1. 重点是儿童的认知从实物过渡到图片，以及对拼图的理解以及反应。

2. 难点在于儿童在游戏过程中保持注意力集中。

（五）活动过程及策略

阶段	活动流程	活动建议	家长反思
主体活动	感知新鲜苹果 1. 家长拿出苹果，给儿童触摸、看颜色、闻、吃，感受苹果的色、香、味、形。 2. 家长给儿童换一种水果进行感受。	也可选用儿童所喜欢的水果。	1. 儿童是否喜欢苹果？ 2. 儿童是否能将两种不同水果的特性识记、区分？
	实物过渡到图片 1. 家长将水果（苹果）与相应的多种水果图片并排放在一起，让儿童找出与实物一样的图片。 2. 家长选择一个比较简单的拼图（苹果），让儿童独立动手操作，家长可在一旁出主意，直到最终拼出完整的拼图。	1. 让儿童在享受游戏快乐的同时从中获益。 2. 家长引导儿童独立解决问题。 3. 家长可以先从简单开始，分部分完成。	1. 儿童是否认识并喜欢苹果的拼图？ 2. 儿童是否有兴趣动手？ 3. 儿童在拼图时是否出现自己的一些想法、方法？
	游戏升级，家长选择一个比较难的拼图（猫），与儿童一起动手，拼出完整的图形。	1. 家长要时刻与儿童交流感受。比如在拼图的过程中，家长一边拼图一边教导儿童识别颜色的不同…… 2. 家长以儿童喜欢的拼图样式、部分为主。	1. 儿童是否能独立完成一个拼图？ 2. 怎么更好地引起儿童的兴趣？ 3. 儿童在拼的过程中有什么规律？
活动延展	1. 一起在拼图上面覆盖薄纸，用笔描绘出拼图的图案。 2. 让儿童将拼图的板块拆分，按照一定的顺序放置、排列。 3. 家长将拼图与实物进行对比，由儿童来将拼图各部分与实物的部分对应。		家长可根据儿童的能力水平，在前面活动的基础上选用恰当的延展活动，拓展其能力。

四、对齐啦

（一）活动目标

1. 儿童能认识自己身体的各部位。

2. 儿童能用身体完成指令。

3. 儿童能对自己的身体部位进行配对和分类。

（二）活动对象

具有听从简单指令、肢体互动、记忆能力，需要发展对自己身体部位进行配对和分类的能力的孩子。

（三）活动准备

1. 儿歌《幸福拍手歌》、奥尔夫音乐《音乐有个洞》。

2. 儿歌：脚尖对脚跟，一一对对好。脚跟对脚跟，一一排排好。

（四）重难点

1. 重点：儿童对儿歌的理解以及反应，若儿童存在听力障碍，可以用有节律的动作来代替。

2. 难点：在于儿童在游戏过程中可能会手脚不协调。

（五）活动过程及策略

阶段	活动流程	活动建议	家长反思
主体活动	幸福拍手歌 家长和儿童面对面站好。 1.家长先对儿童唱一遍儿歌，并同时做一遍动作示范：如果感到快乐你就拍拍手（拍手）→如果感到快乐你就摸摸头（摸摸头）→如果感到快乐你就跺跺脚（跺跺脚）。 2.家长唱并做动作，儿童跟着模仿。按照顺序，一个个动作分别学会（重点认清身体各部位名称），然后依次进行。 3.儿童唱歌，改变动作，家长模仿。	1.家长在游戏中，可以拍自己的手、头。 2.家长也可以拍对方的，增进互动交流。	1.游戏是否可以两人同时做，进行比赛。 2.或者加快游戏的进度。 3.儿童是否会搞混顺序？
	走走停 1.家长和儿童面对面站好，一起听音乐《音乐有个洞》，当音乐停时，家长发出指令来做动作；音乐起时，家长和儿童自由跳。 （指令如：念到"脚尖对脚尖"时，双方将各自的左脚前伸，碰一下脚尖；念到"脚跟对脚跟"时，碰一下脚跟。然后，难度加大：左脚对右脚、脚板对脚背……） 2.让儿童下指令，家长跟随指令。	家长循序渐进，逐渐加大难度。	1.儿童对左右顺序的理解是否有困难？ 2.儿童是否能在指令发出后及时反应？ 3.儿童是否主动和家长记账互动？
活动延展	1.由儿童来发出指令，指挥家长按指令做动作。 2.吃饭的时候，在桌上与家长一起将碗、筷进行分类，慢慢尝试让儿童表达出分类的依据。		儿童可能存在一些能力局限，多动用各种感官，让儿童用合适的方式来表达、发出指令。

五、吹气球

（一）活动目标

1.儿童能根据颜色、大小来配对和分类相同物品。

2.儿童能根据图画加以配对和分类。

3.儿童能显示其对物品操作的记忆能力。

（二）活动对象

具有一定的精细动作能力、基本的听说能力以及理解能力，需要发展配对分类能力、物品操作记忆力的孩子。

（三）活动准备

各种颜色且足量的气球、笔、小绳子。

（四）重难点

儿童对于家人的反应及理解。

（五）活动过程及策略

阶段	活动流程	活动建议	家长反思
主体活动	家长吹气球：家长拿出并吹大气球，吸引儿童的注意力；吹好之后不打结，放开气球任其飞。	家长利用气球的颜色、大小来吸引儿童的注意力。	1. 儿童是否对气球有兴趣？ 2. 儿童是否能够追视气球？
	吹气球： 1. 家长把所有气球放在一起，让儿童根据气球的颜色进行分类。 2. 家长和儿童一起吹气球并打结或捆绑，让儿童根据气球的大小分类。 3. 儿童分类过后，做气球家族，在气球上画上脸谱，要求儿童将气球按一家人分类。 4. 家长和儿童可以互相发指令：听指令上抛相应颜色、大小的气球。	1. 儿童刚开始吹的气球，可能需要家长帮忙打结、捆绑。 2. 家长发指令可以结合口头、动作语言，让儿童理解。	1. 儿童是否害怕吹气球、是否能自己吹大气球？ 2. 儿童怎么表达、区分这些气球的颜色？ 3. 儿童用什么方法进行区分的？
	1. 结束阶段，家长和儿童一起用身体部位顶气球，不让气球落地。 2. 家长与儿童一起捏或踩破气球。	家长注意增加活动的趣味性。	儿童是否害怕弄破气球？
延展活动	1. 家长在气球上面挂适量的重物，让其从高处飘落，儿童去接住，提升其精细动作、定位能力。 2. 在墙上，家长与儿童一起用气球贴出不同形状。 3. 家长购买一些可变形的气球，捏出不同形状。	家长可以着重训练儿童的精细动作、定位能力。	

六、布偶家族来了

（一）活动目标

1. 儿童能显示其对物品的记忆能力。

2. 儿童能进行分类、配对和排序活动，来解决日常生活中的问题。

（二）活动对象

具有一定的语言理解能力、对物的探索能力，需要发展配对分类能力的儿童。

（三）活动准备

各种颜色、大小、动物类型的布偶，印有牛的纸、玩具牛角、玩具小车、气球。

（四）重难点

儿童通过玩耍、认识布偶，促进认知能力发展。

（五）活动过程及策略

阶段	活动流程	活动建议	家长反思
主体活动	1. 感受"牛牛"。 （1）家长与儿童一起戴上玩具牛角，观看动漫牛的图片、牛牛布偶；进行互动：头碰头、发出哞哞的声音…… （2）家长加入牛牛布偶，结合布偶来互动：发声、动作…… 2. 迎接"牛牛"。 （1）家长将儿童的布偶和一些家里的日用品混合放在一起。 （2）家长与儿童一起开着玩具小车去接牛，让儿童在混乱的物品中识别出自己的"牛牛布偶"。（识别出时家长可给予适当的糖果奖励）	家长结合牛的体型、声音、样貌特征给儿童呈现牛，让儿童更容易记住、识别。	1. 扮演牛牛的互动能否引起儿童的兴趣？ 2. 儿童是否能记住牛的特征、识别牛牛布偶？ 3. 视觉注意成功或失败的原因是什么？ 4. 儿童能否把牛的特征过渡到牛牛布偶身上？ 5. 是识记了牛的什么特征来辨别牛牛布偶的？
	整理队列 1. 家长先和儿童一起进行队列训练，儿童根据手势、命令行动。 2. 家长将所有布偶放在一起。 （1）做布偶家族：家长请儿童选出最像爸、妈、自己等的布偶，放在一起，然后再选择其他最像表哥、表姐……一家人的布偶放在一起，问问他们在做什么？ （2）选择布偶出列：让儿童根据布偶的颜色选取布偶放一起。 （3）家长让儿童根据布偶的大小分类：最大的站在……最小的站在……	家长灵活运用表达方式，让儿童理解命令。（如果儿童不理解什么是颜色，可以拿一个颜色的玩具示范，儿童选择类似的即算成功）。	1. 儿童在分类的过程中是否能够成功？ 2. 儿童是按玩具的什么特点来理解一家人的？ 3. 儿童最容易接受什么方式发出的指令？
	布偶家族聚会 给儿童选出的布偶"一家人"绑上气球飞起来。	家长增加活动的趣味性。	是否还可以添加一些要素？
延展活动	1. 家长拿一些布偶和大小不同的纸若干，让儿童将每个布偶分别放在一张纸上，问问儿童为什么这样放？然后示范将布偶的大小与纸的大小一一对应，看儿童能否发现一些规律？再设置一些指令来放置布偶。 2. 儿童与家长一起扮演所用玩偶的物种，创设情境，进行探险、角色对话，胜出的得到一些奖励。		1. 家长尽量引导儿童自己表达出解决问题的想法。 2. 家长引导儿童自己一点点去发现游戏任务的规律。

七、日常生活游戏活动

时间	活动流程及策略	活动目标	家长反思
早上	1. 闹钟提醒起床。家长先放轻音乐按摩儿童的身体部位，按摩到哪里给儿童说该身体部位，待儿童慢慢苏醒过来，再换成轻快的音乐按摩。 2. 穿衣服。家长用儿童喜欢的歌的旋律来唱穿衣服的顺序。 3. 下床穿鞋的顺序。家长念白（左右脚配对）：小朋友，穿鞋子；左对左，右对右；马上穿好小鞋子。 4. 洗漱间先看刷牙、洗脸用具的摆放，拿了之后知道怎么复原。放对了表扬，放错示范正确的。家长边说边描述儿童的动作，如××把牙刷放到了杯子里面，把面巾放到洗脸盆里面。可以让儿童配对家长的和自己的刷牙、洗脸用具。 5. 吃早餐。摆放、收拾餐具，家长在儿童摆放不同餐具的时候，描述儿童拿起来的是大盘子还是小盘子，是白色的还是有花的。 6. 儿童跟家长出去买菜。走在路上可以看交通信号灯，看红绿灯的放置顺序；看各种菜，选取自己喜欢吃的菜、水果等；注意食品安全，看看哪些菜脏需要洗等（可以事先在家里面和儿童玩角色扮演的游戏，再在其协助下进行生活场景的演习）。	1. 儿童能理解身体部位的名称。 2. 儿童能依正确的穿衣服顺序进行操作。 3. 儿童能按左右脚对鞋子。 4. 儿童能区分自己和家长的洗漱用品。 5. 儿童会做饭前准备及饭后收拾。 6. 儿童能按交通规则行事。 7. 儿童能将学习过的技能应用在日常生活中。	1. 儿童能否接受身体的按摩？ 2. 儿童能否按顺序穿衣服？ 3. 儿童能否按左右脚穿对鞋子？ 4. 儿童能否复原洗漱用品？ 5. 儿童能否独立吃早餐？ 6. 儿童能否看到红绿灯的信号指示？ 7. 儿童能否选取自己喜欢吃的食物？
上午	1. 玩有关记忆力的游戏（家长藏东西，让儿童隔一段时间去找），进行放松。 2. 洗菜，可以注意一下顺序，儿童按照菜的大小选择不同的盘子；根据洗菜的顺序编一首儿歌，家长带着儿童做，边唱边做。 3. 做菜的时候，事先告诉儿童一些简单物品的放置地，需要的时候请儿童去取来（给儿童派小任务，完成后给予赞扬）。 4. 吃饭前，问问儿童应该做什么，洗手，家长和儿童一起搓搓小手，搓到哪里说哪里。如小手搓搓，搓搓手心，搓搓手背，搓搓手指头。 5. 吃饭时整理餐具，叫爸妈吃饭等；提醒儿童吃饭要用筷子或勺子；按照吃饭完成的先后顺序进行任务分配。 6. 饭后午睡，家长选择轻音乐，有节奏地拍儿童的身体哄着入睡。慢慢地调节情绪。边拍边讲今天经历了什么。	1. 儿童能表现出其对物体恒存性的认知。 2. 儿童能按洗菜顺序完成活动。 3. 儿童能设法取得他想要的物品。 4. 儿童能做饭前准备。 5. 儿童能有适当的用餐习惯。 6. 儿童能显示其对经历事件记忆能力。	1. 儿童找东西的时间是长还是短？ 2. 儿童能否按顺序洗菜？ 3. 儿童能否取来简单物品？ 4. 儿童能否知道饭前需要做什么准备？ 5. 儿童能否独立完成就餐？ 6. 儿童能否记得睡前说要做的事情？

时间	活动流程及策略	活动目标	家长反思
下午	1. 约朋友一起玩。打招呼、一起做游戏，组队捉迷藏。 2. 家长带着儿童按时间回家，回家路上可以引导儿童关注树的高矮，和树比比谁高；观察车的颜色和速度。注意进家门所做事情的顺序：拿钥匙、开门转动钥匙、推门、脱鞋等（可以让儿童和家长一起完成，轮流来。完成给予表扬）。	1. 儿童能参加团体活动。 2. 儿童能懂得简单的时间概念。 3. 儿童能观察回家路上的事物。 4. 儿童能依序活动。	1. 儿童能否和同伴友好互动？ 2. 儿童能否知道什么时间该回家？ 3. 儿童能否注意到回家路上的事物？ 4. 儿童能否知道进门前要做什么？
晚上	1. 晚饭，帮助妈妈将碗筷进行分类、配对摆放；先从儿童自己碗筷摆放开始，再引导帮助家人摆放。 2. 休闲时间，家长和儿童一起玩玩偶，看看不同玩偶之间的区别；一起逛逛小区，熟悉门牌号、楼栋、小区名。一起逛超市，让儿童自己选择一个商品，尝试着自己付款。家长在一旁陪伴。 3. 睡前，儿童将衣服、裤子放在床的不同地方，并用手势或语言表达衣服和裤子分别放在哪里。讲睡前故事或播放轻音乐。	1. 儿童能按功能进行配对和分类。 2. 儿童能区别不同玩偶。 3. 儿童能整理家长的物品。 4. 儿童能进行睡前阅读。	1. 儿童能否把筷子和碗摆放正确？ 2. 儿童能否以玩偶的不同特点进行区别？ 3. 儿童能否把自己的衣服放在正确位置？ 4. 儿童能否完整地听完故事？ 5. 儿童能否对故事中的内容提问？ 6. 故事重复多次后，儿童能否复述故事？

第九章

◁▷ # 特殊儿童社会技能发展与游戏

　　社会技能是人类在进行社会化过程中不可或缺的一种能力，在儿童的社会生活和社会交往中起着重要的作用，提高儿童社会技能有助于儿童和谐人际关系的建立与保持、生活质量的提高和改善。有效的社会技能是儿童拥有成功未来的重要影响因素。培养儿童良好的社会技能，有助于其未来积极有效地适应社会，特别是在这个认识发展关键、迅速时期——儿童阶段。

　　对于特殊儿童而言，社会技能是其感知觉、动作、认知发展到一定程度时可学习的一种高阶能力。它以其他能力的发展为基础，同时又与其他能力的发展相互渗透，共同发展。特殊儿童的社会技能发展迟滞，或者是发展得不完全。但是通过游戏的方式，调动其感知觉能力，挖掘其认知潜能，训练其动作能力，特殊儿童的社会技能会得到发展，并且得到很好的学习和掌握，从而将其运用到生活、社会当中。社会技能游戏的发展目标就是培养、训练特殊儿童社会化的能力，在游戏活动中，充分利用特殊儿童的感知觉能力，与其动作技能和认知发展相协调，从而促进其社会技能的发展。

　　本章主要包括社会技能发展的基本内容、社会技能发展游戏的目标与设计思路，以及社会技能发展游戏的教学范例与家庭范例。范例部分都会详细描述游戏活动的步骤，每个教学范例后面都会有一个评估量表，供教师评估使用。同样也可作为家庭范例评估的模板。

第一节　概　述

社会技能发展属于特殊儿童七大发展领域里促进特殊儿童适应社会生活、学习的必要项目。在这里主要明确社会技能发展的内涵、重要性、目标以及与游戏的关系，从而为特殊儿童社会技能发展性游戏提供指导。

一、社会技能发展的定义

社会技能是指被社会所接受的习得的行为，是个体运用已有知识在一定的社会情境中有效地与他人交往的技能，也是个人影响他人的一种本领，主要包括行为、认知、情绪三种成分。熟练掌握社会技能可以帮助儿童与家长、教师、同学等建立和谐友好关系，学会关心他人，在以后的生活、工作及学习中与他人进行良好合作，能够适应社会。

特殊儿童的社会技能发展是指在学校和家庭环境共同作用下，提供更多的指导与教育来帮助他们与人积极交往、合作及建立关系，掌握日常生活所需要的基本技能。

二、游戏与特殊儿童社会技能发展的关系

随着儿童社会性的迅速发展，越来越多地与人接触、交流，就需要学习更多的社会技能知识，并内化为自己的认知、行为方式。良好的人际交往是儿童身心健康成长的基础。儿童在成长过程中与人交往是不可避免的，良好的人际关系是儿童的重要社会支持，有利于解决学习、生活中的问题，这直接影响其社会关系水平。

特殊儿童与普通儿童存在共性和个性差异，发展社会技能的重要性同样也适合特殊儿童。

（一）特殊儿童社会技能发展研究现状

理论方面，有研究者对智力障碍、学习障碍儿童的社会技能做了较多研究，而对于其他类型的特殊儿童社会技能发展研究较少。通过"特殊儿童社会技能"等关键词查阅出文献也仅有一百篇左右，该方面的研究尚需加强，以帮助特殊儿童减小对家庭的依赖度，促进他们以后适应社会、拥有一定的独立生活能力。

佟月华研究发现目前运用于特殊儿童社会技能培养发展的方式方法，主要是一些行为干预与改变方法，包括操作学习干预法——塑造、强化、惩罚（慎用）等；社会学习干预方法——榜样或模仿技术、同伴中介；认知、行为干预方法——辅导和问题解决。但这些方法在使用上有局限性，单独使用的效果很有限，结合起来使用能达到较好学习效果，但是这会增加特殊儿童的学习任务、压力；并且这些训练多是在教学情境中进行的，儿童要将所学技能迁移到现实生活中还有难度。

所以，目前对特殊儿童的社会技能训练、发展研究还在继续完善现有方法、探索新方法。从儿童"玩耍"的天性出发，游戏所具有的人际交往功能、情境特性等也逐渐被重视，与社会技能发展的结合日渐紧密。

（二）游戏干预特殊儿童社会技能发展研究现状

伴随着对游戏理论研究的加深，以及游戏治疗改善儿童心理问题的有效性，研究者越来越关注将游戏应用于不同的儿童群体及解决相关问题，逐渐深入到特殊教育领域。研究表明，支持特殊儿童参与适宜的游戏可以促进他们社会技能的提高及社会性发展。

1. 游戏能够满足特殊儿童社会技能发展的需要

特殊儿童之间的个性差异是较大的，每种类型的儿童的能力水平不同，不能笼统地看待他们的社会技能发展需要。由于健康状况、身体机能、生活环境的限制，听障儿童、视障儿童、智力障碍儿童、注意缺陷多动症儿童、脑瘫儿童、自闭症儿童的社会技能发展缺陷、需求也各有差异。

智力障碍儿童：这一类儿童分为轻度、中度、重度三种，需要依据不同程度来进行不同难度的游戏。在人际交往能力方面他们主要表现为交往手段较单一，缺少灵活性；人的情绪控制能力低；人际认知能力低，缺乏对人际交往规则的理解；人际交往的意愿不强。但这些儿童对他人的拒绝很敏感，需要他人的关注、接纳。在游戏中很少会出现拒绝现象，游戏参与者之间的接纳程度是较高的，利于促进智力障碍儿童与人交往。日常生活能力尤其是工具性生活自理能力偏低，例如扫地、做饭、洗衣技能等，而家庭成员又较少与智力障碍者就家庭事务等进行沟通，致合作度较差。可以多进行工具性生活自理能力方面的游戏活动安排。

听力障碍儿童：这类儿童主要存在听力障碍，严重影响他们的语言发展、交流、也同样影响他们的游戏发展水平。他们游戏形式较固定单一，对声音刺激游戏不敏感，多出现攻击行为，在进行社会技能干预时需要以多种交流方式来进行。

视力障碍儿童：他们需要更多地以听觉、触觉、嗅觉形式来感知世界、与人交往。在社会技能方面，需要更多以这三种感觉通道形式来进行提升。若儿童同时存在听力、视力障碍，则触觉、嗅觉将是剩下的主要途径，需要多进行触觉、嗅觉类游戏活动。并且视、听障碍儿童在情绪方面均具有内倾性，多压抑内心想法、感受，不利于其心理健康。这一心理健康问题也是需要得到改善的。

自闭症儿童：这类儿童的人际交往主动程度很低，难以自发地与他人进行分享；不会使用适当的注视、脸部表情、身体姿势及手势等肢体语言以调整社会互动；缺乏情绪识别、互动能力等。与人交往的主动性、基本方式、情绪识别与互动能力是其社会技能发展的需要。

脑瘫儿童：这类儿童多存在运动障碍，感觉障碍，交流障碍，智力低下，情绪、行为、性格异常，有的儿童存在其中的多种障碍。在社会技能发展中，动作能力、感知觉能力、言语沟通、情绪和行为将会是阻碍因素，在社会技能干预中，考虑到这些因素，将个体训练与团体活动相结合，能达到更好的效果。

注意缺陷多动症儿童：这类儿童的认知、动作等能力的发展是较好的，但是难以集中注意力。在社会技能发展方面，提升注意力或者通过无意注意的方式更有利于社会技能的学习。

2. 游戏应用于特殊儿童社会技能发展中存在的问题

运用游戏的方式来进行干预，需要制订出特殊儿童社会技能发展的目标，有层次、有结构地开展游戏活动。在游戏中，需要就游戏的主题、规则、情节、玩法等进行交流，能够以象征、直观、趣味、轻松的交往形式帮助儿童发展，诸如轮流、等待、分享与合作等人际交往技能，对特殊儿童的社会技能具有重要意义。

目前将游戏运用于特殊儿童社会技能发展的研究还比较少，特殊儿童的社会技能发展主要是靠康复训练。

三、社会技能发展目标

在开展特殊儿童社会技能培训、发展干预时，应尊重特殊儿童的个别差异，发掘其潜力，康复其功能。社会技能发展的目的是让儿童习得恰当的行为、减少或消除不恰当的行为；内化为自己的知识，并能够应用于日常生活以提升生活实践能力。培养儿童亲社会的技能是对儿童心灵的培育。

根据培智学校义务教育课程设定的"智能发展、社会适应、生活实践"三大领域课程，并根据儿童社会技能发展内容，可以将特殊儿童社会技能发展内容及目标确定为8个小领域（详细见表9-1）。

表 9-1　特殊儿童社会技能发展目标

	基本目标	发展目标
数的应用	掌握数的概念、数数、认识数字、运算、测量、金钱概念、时间概念等	1. 在发展感知觉、动作技能的基础上，提高认知水平，灵活运用，相互发展 2. 培养、训练、掌握社会技能，并在实际生活中得到运用，适应社会生活
人际关系	掌握打招呼、团体活动、介绍、尊重别人、约会、求助助人等技能	
家务技能	掌握清扫、清洗器具、清洗衣物、整理物品、烹饪、缝纫部分或全部技能	
社区技能	认识社区、使用交通设施、使用商店、使用公家单位、参与社区活动	
休闲活动	运用音乐舞蹈、阅读、绘画、手工艺、运动、旅游、游戏、影视、写作部分或全部方式来进行休闲、放松，促进儿童健康生活	
身心健康	包括对生理健康、心理健康（情绪认识、控制及表达占重要地位）、性意识及行为的教育	
安全教育	让儿童在生活中注意交通安全、电气安全、用火安全、药剂安全、食物安全、提防陌生人、火灾安全，并且面对这些情况时能够妥善处理、回避，保证人身安全	
职前技能	让儿童能了解并具备一定的工作意识、工作态度、工作品质，可以合理处理薪资	

依据具体的特殊儿童社会技能发展目标，结合特殊儿童身心发展规律，制订出特殊儿童社会技能发展干预游戏的设计思路。

四、设计原则

本章针对特殊儿童社会技能发展的游戏训练主要从学校和家庭两个方面设计，遵循以下原则。

（一）遵循儿童认知发展水平的原则

皮亚杰认为游戏是发展儿童智力活动或认知活动的一个方式，是儿童学习一个新的复杂事物的一种方法，是巩固和扩大认知概念与技能的方法，是思维和行动相结合的方法，也是同化超过顺化的表现。儿童在游戏中通过同化作用改变现实，以此来满足自我在情感方面的需求，如果顺应的作用大过于同化，主体则完全不考虑现实的客观特征，而只是为了实现某种愿望去活动，去改变现实，所以游戏的设计活动取决于儿童的认知发展水平。在设计游戏活动和实施时，应注意游戏开展的频率，便于巩固儿童技能的提升；注意游戏开展时间，符合儿童注意力、身体特点，不宜过长。

（二）遵循环境支持原则

在游戏教学环节中，需为儿童提供一个支持性的教学环境，在教学实践与环境的相互作用下，儿童才能形成积极主动的交往态度；才能为儿童提供更多与同伴自由交往的机会，方便儿童建立友好的同伴关系，促进儿童主动交往的能力；才能为儿童提供一个支持的社会环境，增加儿童的勇气与自信心。真实的社会活动能更快使儿童获得基础社会交往技能和基本社交规则。

（三）遵循真实示范原则

真实示范是指儿童在自然情景中观察、学习真实榜样的社会行为，由于特殊儿童的特殊性，普通的认知行为传授方法见效较慢，真实示范更能带动儿童直接学习、模仿行为，通过模仿，加强对相关社会技能的熟悉与操作。游戏活动的情境尽量接近现实，有利于社交技能的学习、效果的迁移和保持。

第二节　社会技能发展游戏教学范例

本节的游戏教学范例，主要是由教师引导的团体游戏，这些游戏综合运用唱歌、跳舞、表演、体操等多种形式，引导儿童参与到游戏中来，并在游戏情境中学习与其他同伴沟通交流技能，学习如何与同伴相处，或者是学习一些简单的生活技能、生活常识。社会技能目标的主要内容都会有一个教学范例，同时个别教学范例又相互联系，通过这种联系来巩固儿童们习得的社会技能。

一、数字 1

（一）活动目标

1. 学生能够认识数字"1"。

2. 学生能够理解数字"1"的含义。

（二）适用对象

1. 适用于需要数字学习的特殊儿童。

2. 适用于 10 人以内班级的团体形式，也适用于一对一的个体形式。

（三）活动准备

1. 木棒、铅笔、粉笔。

2. 轻快的背景音乐。

3. 儿歌：你拍一，我拍一。

（四）重点与难点

能够理解"1"的形象与含义。

（五）活动过程及策略

阶段	活动流程	活动目标	活动建议
热身	1. 教师带领学生立正站直，并保持这个站姿。 2. 教师向学生示范：边说边向前跳，学生模仿；之后教师示范向后、向左、向右跳，学生模仿。 3. 随鼓声跳。教师敲鼓，改变鼓的方向及敲鼓的次数，示意不同方向及跳的次数，比如在教师胸前敲两下，表示向前跳两下；在教师身后敲鼓三下，表示向后跳三下；在教师右侧敲四下，表示向右跳四下；在教师左侧敲两下，表示向左边跳两下。 4. 由某个学生敲鼓下指令，其他学生做动作。	1. 学生能听指令站直身体。 2. 学生能向不同方位跳。 3. 学生能看鼓的方位及听敲鼓次数跳动。 4. 学生能主动表达需求。	1. 教师可以引入军训的情境，将学生带入到军训情境中。 2. 教师利用乐器进行敲打，每敲一次跳一次。
发展	1. 画出"1"。教师在黑板上写出"1"，引出"1"。同时将"1"与学生所站的姿势相联系，让学生走向黑板画出一个"1"。 2. 教师带领学生认识各种"1"。拿出相应的道具或是做出相应的动作，并和黑板上的"1"相对应。如："1"像木棒，拿出一根木棒；"1"像铅笔，拿出一根铅笔；"1"像大树，做出大树状；"1"像自己，教师做出一个立正站直的样子，其中每一个示范例子都与黑板上的"1"比照。 3. 教师带领学生做出"1"的样子，使"1"的形象更加具体。如"1"是手指，做出伸出一根手指的动作，反复练习。 4. 教师带领学生寻找教室中像"1"的物品，如粉笔、铅笔、桌子的一脚等。 5. 教师让学生站成一排，并让学生自由选择扮演刚才举例的事物，只要教师下指令"1"，则需要一个小朋友出来，教师询问"1，1什么"，学生则回答教师扮演的东西如粉笔，教师则向学生重复"1支粉笔"，以此类推，直至结束。	1. 学生能够了解和认识"1"。 2. 能够画出"1"。 3. 学生能够辨识"1"的外形。 4. 学生能够做出与"1"相似物品的形状。 5. 学生能够找到"1"。 6. 学生能够理解"1"的含义。	1. 教师在示范写"1"时，书写要规范。 2. 教师在举例时，可让学生亲自动手比较，便于学生直观感受。 3. 教师不要举过多的例子，给学生增加记忆负担。尽量是生活常见的物品。 4. 学生做出"1"，教师应立即给予奖励。 5. 学生找到"1"，教师奖励一朵大红花。所有学生都能找"1"则可以进行下一个阶段游戏。 6. 教师让学生站成一排与热身活动相呼应。
结束	1. 教师唱儿歌"你拍一，我拍一"，并做动作。学生模仿动作。 2. 教师边唱边做动作，学生一句一句模仿。 3. 教师将学生会分成两组，并带领学生唱"你拍一，我拍一，你我都是一……	1. 学生能边唱边做动作。 2. 学生能够与同伴边唱边做动作。	1. 教师可以根据自己上课的主要内容，自编歌诀、顺口溜。 2. 推荐音乐：《你拍一，我拍一》。
活动延展	1. 教师让儿童描述下"1"的特征。 2. 教师让儿童在"斜线""曲线""直线"中找与"1"最像的一条线。如： 		教师可根据学生的能力水平，在前面活动的基础上选用恰当的延展活动，拓展学生的能力。

（六）教学活动效果评量

阶段	活动	目标	形成性评量					评量方式	评量结果	通过与否	教学决定	备注
			1	2	3	4	5					
热身	跳跳"1"	1.学生能听指令站直身体。										
		2.学生能向不同方位跳。										
		3.学生能看鼓方位及听敲鼓次数跳动。										
		4.学生能主动表达需求。										
发展	认识"1"	1.学生能够了解与认识"1"。										
		2.学生能够画出"1"。										
		3.学生能够辨识"1"的外形。										
		4.学生能够做出与"1"相似物品的形状。										
		5.学生能够寻找到"1"。										
		6.学生能够理解"1"的含义。										
结束	你拍一，我拍一	1.学生能边唱边做动作。										
		2.学生能够与同伴边唱边做动作。										

二、打招呼

（一）活动目标

1.学生能够掌握打招呼的动作。

2.学生能够主动与人打招呼。

3.学生能够主动交朋友。

（二）适用对象

1.适用于学过数字 1 ~ 4，需要发展主动问好技能的学生。

2.一般特殊儿童，适用于 10 人以内班级的团体形式，也适用于一对一的个体形式。

（三）活动准备

1.音乐《伊比丫丫》。

2.1、2、3、4 四种数字的胸牌若干（根据教学人数而定）。

（四）重点与难点

儿童能够主动与人打招呼。

（五）活动过程及策略

阶段	活动流程	活动目标	活动建议
热身	1. 教师根据日常打招呼的方式，比如挥手、握手、拍肩、拥抱，将这些动作设计成舞蹈动作。教师一边唱《伊比丫丫》一边对学生进行慢动作的示范，再带领学生做这些动作。 伊比挥挥，伊比伊比挥 伊比握握，伊比伊比握 伊比拍拍，伊比伊比拍 伊比抱抱，伊比伊比抱 2. 在学生都掌握这些动作之后，教师让学生进行两两之间的互动。 3. 教师唱歌邀请所有人进行团体互动。	1. 学生能够将注意力集中到课堂中。 2. 学生能够模仿教师的动作。 3. 学生能够掌握打招呼的动作。	1. 教师可以将儿童分组，让其一起完成这些动作。 2. 教师结合音乐节奏设计动作，不应太复杂。 3. 教师示范时，速度放慢。
发展	找人玩 1. 教师将学生分成四组，第一组的儿童获得数字"1"的胸牌，第二组获得数字"2"，以此类推。 2. 下指令：胸牌为"1"的学生需要找其他胸牌为"1"的学生玩，其他数字也是一样。不过在玩之前需要给对方先打招呼，可以是挥手、握手、拍肩、拥抱，并且说："你好，我们一起来玩吧！"	1. 学生能够找到相同数字胸牌的小伙伴。 2. 学生能够使用打招呼的动作。 3. 学生能够主动向小伙伴打招呼并邀请对方一起玩耍。	教师一次性只教一个动作，避免动作太多造成不知该使用哪种动作打招呼。
	交朋友 教师将学生分为两列相对，1、2一列，3、4一列，并让相对的两个人打招呼交朋友，说："你好，我们可以做朋友吗？"例： 1　2　3　4 1　2　3　4 1　2　3　4	1. 学生能够主动交朋友。 2. 学生能够在交朋友之前打招呼。 3. 学生能够熟练使用打招呼的动作。 4. 学生能够获得交朋友的社交技能。	1. 教师观察学生是否按照要求去找朋友，或者是不是主动结交朋友。结交到朋友的学生给予一定的奖励。 2. 教师强调在结交朋友之前一定要打招呼。
结束	所有学生都成为好朋友，在一起玩。教师带领学生摆1、2、3、4数字阵型，比如胸牌为1的站成一行或者是一列。	学生能够体验到通过打招呼与同伴玩耍的乐趣，并复习数字。	队列可以多种多样。教师观察有没有学生分不清数字站错队列的。
活动延展	1. 教师可以让学生手拉手围成一个圈，然后1找2做朋友，3找4做朋友，而后2找3做朋友，4找1做朋友。各个数字可以交叉交朋友。 2. 教师可以让不同的数字使用不同的打招呼方式。1—拥抱，2—挥手，3—拍肩…… 3. 教师可以挥手、握手……		教师可根据学生的能力水平，在前面活动的基础上选用恰当的延展活动，发展学生的能力。

（六）教学活动效果评量

阶段	活动	目标	形成性评量					评量方式	评量结果	通过与否	教学决定	备注
			1	2	3	4	5					
热身	打招呼体操	1.学生能够将注意力集中到课堂上。										
		2.学生能够模仿教师的体操动作。										
		3.学生能够掌握打招呼的动作。										
发展	找人玩	1.学生能够找到与他胸牌一样的同伴。										
		2.学生能够使用打招呼的动作。										
		3.学生能够主动找同伴打招呼，邀请其玩耍。										
	交朋友	1.学生能够主动交朋友。										
		2.学生能够在交朋友之前打招呼。										
		3.学生能够熟练地运用打招呼的动作。										
		4.学生能够获得交朋友的社交技能。										
结束	数字联欢	学生能够熟练地用打招呼动作与其他同伴交朋友、玩耍。										

三、做清洁

（一）活动目标

1.学生能够学会基本的清洁动作。

2.学生能够使用清扫工具进行清扫。

（二）适用对象

1.适用于具有基本感知觉能力，需要发展清洁打扫能力的学生。

2.适用于10人以内班级的团体形式，也适用于一对一的个体形式。

（三）活动准备

1.扫帚、拖把、簸箕、碎纸、抹布。

2.轻快的背景音乐。

（四）重点与难点

学生能够使用清扫工具进行清扫。

（五）活动过程及策略

阶段	活动流程	活动目标	活动建议
热身	1.教师发扫帚给学生，并带领他们做清洁操。清洁操的动作包括扫地（拿着扫帚向前扫，做出扫地状），拖地（拿着拖把向前推），擦玻璃（拿着抹布做出擦玻璃状），拍衣服的灰尘（打扫时衣服弄脏了）。 2.教师一边念节奏，一边带领学生做动作。 　　扫一扫，扫一扫，大家一起扫一扫； 　　拖一拖，拖一拖，大家一起拖一拖； 　　擦一擦，擦一擦，大家一起擦一擦； 　　拍一拍，拍一拍，大家一起拍一拍。 动作重复两次。 3.教师在学生掌握基本动作后，拿出扫帚、拖把、抹布，教师边示范边发出口令，让学生进一步熟悉怎么操作清洁工具。	1.学生能够将注意力集中到课堂中。 2.学生能够熟悉清洁的基本动作。	1.学生先学最简单的扫地动作，再学其他的动作。 2.教师注意学生的动作是否正确，是乱甩扫帚还是轻轻地向前扫。
发展	1.教师将一些碎纸分布在教室几个不同的地方，告诉学生现在教室有一些垃圾，需要清洁工将其打扫。 2.教师指导并示范使用扫帚打扫，将地上的垃圾扫到一堆，再扫进簸箕，最后倒入垃圾箱，示范完毕后和学生配合口号一起扫地。	1.学生能够使用扫帚扫地。 2.学生能够将垃圾扫到一起。 3.学生能够将垃圾倒入垃圾箱。	1.教师对完成清洁的学生，给予奖励。 2.教师观察学生是否将垃圾扫成一堆，并且会使用簸箕，将垃圾倒入垃圾箱。如果会则进入下一个活动。
	教师检查后表示教室已经打扫干净了，需要使用拖把再拖一遍地，让教室看起来更加明亮。教师和学生一起进行拖地，在拖地时也加入口号。	1.学生能够使用拖把拖地。 2.学生能够养成主动做清洁的好习惯。	教师观察学生的拖地动作是否正确，是胡乱拿着拖把到处乱拖还是有规则地拖地。
结束	1.教师和学生清洁完成后，衣服上有很多灰尘，需要为自己的衣服做"清洁"。教师带领儿童轻轻地拍衣服。 　　拍一拍，拍一拍 　　大家一起拍一拍 　　拍走灰尘说拜拜 2.学生相互帮助拍衣服，拍那些自己拍不到的地方，比如背面。	1.学生能够拍走自己身上的灰尘。 2.学生能够帮助同伴拍走身上的灰尘。	教师注意让学生轻轻地拍，不可太过用力，对同伴也是。
活动延展	教师可以将学生分为两组，两块区域，看哪组打扫得整洁、拖得干净，进行评比。		

（六）教学活动效果评量

阶段	活动	目标	形成性评量					评量方式	评量结果	通过与否	教学决定	备注
			1	2	3	4	5					
热身	清洁操	1.学生能够将注意力集中到课堂。										
		2.学生能熟悉清洁的基本动作。										
发展	扫地	1.学生能够使用扫帚打地。										
		2.学生能够将垃圾扫成一堆。										
		3.学生能够将垃圾倒入垃圾箱。										
	拖地	1.学生能够使用拖把拖地。										
		2.学生能够养成主动做清洁的好习惯。										
结束	拍拍灰尘	1.学生能够拍自己身上的灰尘。										
		2.学生能够帮同伴拍身上的灰尘。										

四、卖报纸

（一）活动目标

1.学生能够使用钱买报纸。

2.学生能够熟悉买卖报纸的流程。

3.学生能够使用钱买卖东西。

（二）适用对象

1.适用于具有金钱的认知能力，需要更多社会体验的学生。

2.适用于 10 人以内班级的团体形式，也适用于一对一的个体形式。

（三）活动准备

1.报纸、小宝箱、一元钱。

2.《卖报歌》音乐。

（四）重点与难点

学生能够使用钱买卖东西。

（五）活动过程及策略

阶段	活动流程	活动目标	活动建议
热身	1.教师向学生示范卖报歌的动作,比如挥手卖报纸。 2.教师边唱《卖报歌》边和学生一起做出相应的动作。 3.教师播放《卖报歌音乐》,和学生边走边唱《卖报歌》,并做出相应的动作。	1.学生能模仿动作。 2.学生能边唱边模仿动作。 3.学生能与同伴合作唱歌并做动作。	教师带领学生,根据歌曲《卖报歌》的音乐节奏表演。
发展	1.找宝藏:教师与儿童站成一列,带领儿童去寻找宝藏。 2.挖宝藏:教师看到一个宝箱,做出挖宝藏的动作。挖出宝藏,让学生打开看一看,发现有一元钱。教师继续带领其他学生挖宝,直到所有人都挖到一元钱。 3.买报纸:教师的助手此时在一个报刊亭里卖报纸,吆喝着:"卖报纸喽,报纸一元一份。"教师引导学生去买报纸。 教师先向学生示范如何买报纸: (1)询问:"老板,你好,请问报纸多少钱一份?"助手:"一元。" (2)给钱:教师让学生拿出一元钱,让学生把钱交给自己,教师一边递钱给老板一边说:"这里是一元钱。" (3)选择:助理问教师需要哪种报纸,教师指出想要的报纸说:"我要这份报纸。"助手将报纸拿给教师。 (4)实践:教师带领其他学生熟悉买报纸的流程,并完成买报纸的过程。	1.学生能认识一元钱。 2.学生能够使用钱购买商品。 3.学生能够掌握买报纸的交易程序。	买报纸的过程需一步一步进行,学生掌握步骤后,教师可让其单独去买东西。
结束	教师带领学生将买到的报纸做成一顶简单的圆锥高帽。	学生能够做出圆锥高帽。	教师注意不能让儿童把报纸撕了。
活动延展	学生学会买报纸的交易流程后,可以让其单独去买其他商品。		

（六）活动教学效果评量

阶段	活动	目标	形成性评量					评量方式	评量结果	通过与否	教学决定	备注
			1	2	3	4	5					
热身	卖报歌	1. 学生能模仿动作。										
		2. 学生能边唱边模仿动作。										
		3. 学生能与同伴合作唱歌并做动作。										
发展	买报纸	1. 学生能认识一元钱。										
		2. 学生能够使用钱购买商品。										
		3. 学生能够掌握买报纸的交易程序。										
结束	折高帽	学生能够做出圆锥高帽。										

五、感受春天

（一）活动目标

1. 学生能够使用触觉、嗅觉、视觉、听觉感受春天。

2. 学生能够画出所感知到的春天。

3. 学生能感受到休闲活动的乐趣。

（二）适用对象

1. 适用于具有基本感知觉能力，需更多社会体验的学生。

2. 适用于 10 人以内班级的团体形式，也适用于一对一的个体形式。

（三）活动准备

1. 白纸、水彩笔、蜡笔、剪刀。

2. 音乐《春天在哪里》。

（四）重点与难点

1. 学生能够使用触觉、嗅觉、视觉、听觉感受的春天。

2. 学生能够画出所感知到的春天。

（五）活动过程及策略

阶段	活动流程	活动目标	活动建议
热身	1.教师为学生描绘春天的画面，或者请学生说出春天的画面。 2.教师带领学生做出陶醉在春天之中的表情与动作。比如，春天在哪里，开满了花；春天在哪里，杨柳飘飘；春天在哪里，小草绿油油的…… 3.教师带领学生唱《春天在哪里》。	1.学生能理解春天的画面。 2.学生能够模仿教师的动作与表情。 3.学生能边唱边做动作。	教师动作要夸张一点，吸引学生的眼球，引导他们想象。
发展	1.教师将学生排成一队列，带领学生外出感受春天。感受春天的花草树木，可以通过学生的视觉、触觉、嗅觉等感官，让儿童体验到春天的气息。 2.学生带回自己喜欢的树叶、草、花等物品。 3.听词找物。教师根据多数学生带回的物品，下指令，学生用手拿到指令物品。比如，"小孩小孩真爱玩，摸到绿叶（停顿，学生做动作）就拿起来。"重复3～5次。 4.学生选取自己喜欢的物品，在纸上依着物品画轮廓、线条，或利用花草等物品作画。 5.绘画完成后，教师让学生说一说自己画的是什么。	1.学生能够通过自己的感知觉去感受春天。 2.学生能带回自己喜欢的物品。 3.学生能辨识自己所带回的物品。 4.学生能够利用带回的物品作画。 5.学生能够说出自己绘画的内容。 6.学生能够在绘画时发挥想象力。	1.教师带领学生外出活动时注意学生的安全。 2.引导学生尽量选自然掉落的花草，不伤害植物。 3.学生完成绘画，教师应给予奖励。
结束	1.教师带领学生欣赏自己和他人的作品，并表扬学生，鼓励他们再接再厉。 2.学生拿着作品，教师拍集体照。	1.学生能够欣赏自己的画作。 2.学生能从作品中体验愉悦的情绪。	教师可以让学生与自己的画作拍照留念。
活动延展	1.绘画活动可以分小组合作绘画，几个人一组合作完成一幅画。 2.小组合作根据作品编故事，并表演故事。 3.构建春天：每人选出自己最喜欢的物品，用身体模仿该物品，创建春天的场景。		

（六）教学活动效果评量

阶段	活动	目标	形成性评量					评量方式	评量结果	通过与否	教学决定	备注
			1	2	3	4	5					
热身	春天在哪里	1.学生能理解春天的画面。										
		2.学生能够模仿教师的动作与表情。										
		3.学生能边唱边做动作。										
发展	感受春天	1.学生能够使用自己的感知觉去感受春天。										
		2.学生能带回自己喜欢的物品。										
		3.学生能辨识自己所带回的物品。										
		4.学生能够利用带回的物品作画。										
		5.学生能够说出自己绘画的内容。										
		6.学生能够在绘画时发挥想象力。										
结束	欣赏画作	1.学生能够欣赏自己的画作。										
		2.学生能从作品中体验愉悦的情绪。										

六、认识愤怒

（一）活动目标

1.学生能够认识到愤怒这一情绪。

2.学生能够进行简单情绪的表达。

（二）适用对象

1.适用于具有基本感知觉能力，需要情绪表达的学生。

2.适用于10人以内班级的团体形式，也适用于一对一的个体形式。

（三）活动准备

报纸、扫帚、簸箕、表情图。

（四）重点与难点

学生能够进行简单情绪的表达。

（五）活动过程及策略

阶段	活动流程	活动目标	活动建议
热身	1.教师向学生示范喜怒哀惧这四种情绪的表情表达：喜，哈哈大笑；怒，大"哼"一声；哀，揉眼睛哭；惧，双手的手指弯曲放入张大的嘴巴中，眼睛放大。 2.教师带领学生做出这四种表情。 3.教师随机说情绪，让学生快速做出表情。	1.学生能够将注意力集中到课堂上。 2.学生能够做出喜怒哀惧四种基本表情。	教师示范的表情可以用图片展示。
发展	1.教师做一个愤怒的表情，让学生模仿，传递下去，另一个学生又传给下一个学生，直到所有学生都能模仿出愤怒的表情。教师再引出愤怒的这一情绪。 2.教师将学生分为两批。教师先面对墙壁，背对一批学生，背对的学生可以自由走动。教师叫1、2、3后，背对的学生需要做出愤怒的表情，像雕塑一样，表情定格，不允许随意乱动。然后教师带领另一批学生来参观雕塑。 3.两批学生交换。 4.学生做游戏的指导者，发号口令。 5.两批学生轮流做雕塑和参观者。	1.学生能够认识愤怒情绪。 2.学生能够表达出愤怒情绪。	1.教师观察每个学生传递的表情，看是否都是愤怒。直到所有学生传递的都是愤怒才可以进行下一个阶段活动。 2.教师可以让学生描述一下愤怒表情是什么样的。
	1.教师将报纸分发给两批学生，指引学生使用愤怒的表情撕报纸来宣泄，尽量撕碎一点。再让两个人一起合作撕报纸，最后让团体里的多人进行互动撕报纸。 2.教师要求两队分别将撕碎的报纸捏成小纸团，进行报纸团大战。 3.教师要求两队将扔在地上的报纸分别堆成一个形状，向对方示好求和，并大声说出自己的求和口号。 4.教师要求两队人把所有报纸合在一起，组成一个重新和好的形状，表示两方重归于好，和谐相处。	1.学生能够撕报纸宣泄愤怒。 2.学生能够主动去思考和小伙伴和谐友好相处的方法。	教师向学生强调，撕报纸可以，但不能撕书。
结束	教师带领学生将撕掉的报纸打扫干净，以此复习家务技能。	学生能够养成打扫清洁的习惯。	通过打扫，学生能够联想起以前学过的清洁技能。
活动延展	学习完人类四种基本表情后，可以让学生区分一下表情：哪种表情是愤怒，哪种表情是喜悦，哪种表情是哀伤，哪种表情是恐惧？		

阶段	活动	目标	形成性评量					评量方式	评量结果	通过与否	教学决定	备注
			1	2	3	4	5					
开始	认识情绪	1.学生能够将注意力集中到课堂上。										
		2.学生能够做出喜怒哀惧四种表情。										
发展	认识愤怒	1.学生能够认识愤怒的表情。										
		2.学生能够表达出愤怒的情绪。										
	宣泄愤怒	1.学生能够撕报纸宣泄愤怒。										
		2.学生能够主动去思考和小伙伴和谐友好相处的方法。										
结束	清洁	学生能够养成打扫清洁的习惯。										

（六）活动教学效果评量

七、提防陌生人

（一）活动目标

1.学生能够提防陌生人。

2.学生能够拒绝陌生人的诱惑，保护自我。

（二）适用对象

1.适用于具有基本社交能力，需要练习与陌生人相处技能的学生。

2.适用于 10 人以内班级的团体形式，也适用于一对一的个体形式。

（三）活动准备

1.胡萝卜、青草、兔子玩偶。

2.音乐《小兔子乖乖》。

（四）重点与难点

1.学生能够提防陌生人。

2.学生能够拒绝陌生人的诱惑，保护自我。

（五）活动过程及策略

阶段	活动流程	活动目标	活动建议
热身	1.大家齐围圈，教师教唱《小兔子乖乖》。 2.教师一句一句唱并做动作示范，学生一句一句学唱并做动作。重复练习两次。 3.学生两人合作，边唱边做动作。 4.播放歌曲，教师和学生合作表演《小兔子乖乖》。	1.学生能模仿教师的动作。 2.学生能边唱边做动作。 3.学生能与其他人一起表演歌曲。	教师表演要夸张，动作简易明了，让学生看得明白。
发展	表演故事：《兔宝宝与大灰狼》（教师扮演兔妈妈，助手扮演大灰狼，学生扮演兔宝宝）。 1.第一幕剧情：兔妈妈出门买菜，告诉兔宝宝，不要随意给陌生人开门，尤其是大灰狼。不要相信大灰狼的话，不要接受大灰狼给的东西，也不要可怜大灰狼。说完兔妈妈就出门了。 2.第二幕剧情：大灰狼来到兔宝宝家，叫兔宝宝开门，兔宝宝听出是大灰狼的声音，没有开门。大灰狼装作很可怜，说自己快要饿死了，叫兔宝宝救他，他以后一定会报答兔妈妈和兔宝宝，并保护兔宝宝和兔妈妈，不受老虎和狮子的欺负。其中有一个兔宝宝相信了大灰狼的话，并且可怜大灰狼，开门给大灰狼食物，结果被大灰狼抓走了。 3.第三幕剧情：兔妈妈回到家，发现少了一个兔宝宝，再次告诫兔宝宝们不要相信大灰狼的话，不要可怜大灰狼，也不要接受大灰狼的任何东西。 4.第四幕剧情：大灰狼又来了，兔宝宝们发现是大灰狼，没有开门。大灰狼说上次谢谢兔宝宝，救了他一命，这次他带来了很多新鲜的胡萝卜和青草来感谢兔宝宝，希望兔宝宝能明白他的好意，有一只兔宝宝看到这么多的胡萝卜，忍不住开门，结果又被大灰狼给抓走了。 5.第五幕剧情：兔妈妈回家发现又少了一只，只能再强调，不要给大灰狼开门，无论他说什么、做什么，不要和他说话，也不要相信他说的话。 6.第六幕剧情：大灰狼装扮成兔妈妈的样子，敲门叫兔宝宝开门。可是兔宝宝听出声音不是兔妈妈，没有为大灰狼开门。大灰狼再一次用东西诱惑兔宝宝，用甜言蜜语欺骗兔宝宝，兔宝宝们仍旧不开门，除了兔妈妈，他们谁也不信。 7.第七幕剧情：兔妈妈回来看到大灰狼正在自己家的门口，就用一根木棒将其赶走。发现兔宝宝没有少，夸奖兔宝宝们听话。	1.学生能够了解陌生人的含义。 2.学生能够拒绝陌生人给的诱惑。 3.学生能够在危险面前保护自己。	1.教师在表演的时候应该重点强调陌生人的危害。 2.教师和学生可共同装饰教室环境,更有代入感。

续表

阶段	活动流程	活动目标	活动建议
结束	教师拿一个兔妈妈玩偶，学生拿一个兔宝宝玩偶，教师用兔妈妈玩偶对兔宝宝们说话。告诉他们不要听陌生人的话，陌生人就像大灰狼一样可怕，要小心提防陌生人，懂得保护自己。	学生能够在陌生人面前保持警惕，懂得保护自己。	
活动延展	可以让一个陌生教师来诱惑儿童，检验儿童是否真的能够提防陌生人。		最好是熟悉该游戏流程的陌生教师。

（六）活动教学效果评量

阶段	活动	目标	形成性评量					评量方式	评量结果	通过与否	教学决定	备注
			1	2	3	4	5					
热身	小兔子乖乖	1.学生能模仿教师的动作。										
		2.学生能边唱边做动作。										
		3.学生能与其他人一起表演歌曲。										
发展	兔宝宝与大灰狼	1.学生能够了解到陌生人的危害。										
		2.学生能够拒绝陌生人的诱惑。										
		3.学生能够在危险面前保护自己。										
结束	兔妈妈与兔宝宝	学生能够在陌生人面前保持警惕心，保护自己。										

八、卖报郎

（一）活动目标

1.学生能够初步了解卖报郎的职业。

2.学生能够具备基本的工作意识和工作品质。

（二）适用对象

1.适用于具有口语表达能力，需要更多社会体验的学生。

2.适用于 10 人以内班级的团体形式，也适用于一对一的个体形式。

（三）活动准备

1.报纸、金钱、闹钟。

2.儿歌《卖报歌》。

（四）重点与难点

学生能够具有基本的工作意识和工作品质。

（五）活动过程及策略

阶段	活动流程	活动目标	活动建议
热身	教师带领学生唱《卖报歌》，并带领学生表演《卖报歌》的内容。 1.教师拿出报纸，和学生讨论"怎么买报纸与怎么卖报纸"，教师根据学生说的内容，和学生一起示范表演买报纸和卖报纸的动作。 2.教师边唱《卖报歌》，边把刚才所表演的动作融入歌曲里，向学生示范并引导学生一起做动作。 3.教师与学生进行重复表演，在这个过程中，独立表演可变为两人互动表演，一人表演买报一人卖报。 4.播放《卖报歌》，教师和学生一起表演卖报歌后，再两人一起合作表演。	1.学生能够将注意力集中到课堂上。 2.学生能够掌握卖报纸的基本动作。 3.学生能够和同伴一起表演《卖报歌》。	教师让学生说一下做卖报郎的体验。
发展	我是卖报郎（学生分两批，一批扮演路人，一批扮演卖报郎）。 1.第一幕剧情：早上，卖报郎起床、刷牙、叠被。 2.第二幕剧情：闹钟铃声响，卖报郎出去到指定地点拿报纸（守时）。 3.第三幕剧情：卖报郎走在街上吆喝："卖报纸，卖报纸！"其他学生扮演路人。卖报郎问路人："您好，请问需要报纸吗？"路人买报纸。 4.第四幕剧情：铃声响起，卖报郎们手牵手下班回家。 5.第五幕剧情：换另一组学生扮演卖报郎，体验卖报郎的生活。另一组扮演路人。 6.第六幕剧情：卖报郎比赛卖报纸，看谁卖得多。 7.第七幕剧情：铃声响起，下班。	1.学生能够体验卖报郎的生活。 2.学生能够了解卖报纸的操作步骤。 3.学生能够吆喝卖报纸。 4.学生能够守时。 5.学生能够使用钱币购买报纸。	
结束	教师准备小红花，表扬卖报郎认真工作、守时（铃声的作用），并将小红花送给卖报郎。	学生能够体验卖报郎的职业。	
活动延展	体验卖报郎职业后，还可以体验其他职责明确的职业。		

（六）教学活动效果评量

阶段	活动	目标	形成性评量					评量方式	评量结果	通过与否	教学决定	备注
			1	2	3	4	5					
开始	卖报歌	1.学生能够将注意力集中到课堂中。										
		2.学生能够掌握卖报纸的基本动作。										
		3.学生能够和教师一起表演《卖报歌》。										
发展	卖报郎	1.学生能够体验卖报郎的生活。										
		2.学生能够了解卖报郎的操作步骤。										
		3.学生能够吆喝卖报纸。										
		4.学生能够遵守时间。										
		5.学生能够使用金钱购买报纸。										
结束	表扬卖报郎	学生能够愉快地体验卖报郎职业。										

第三节　社会技能发展游戏家庭活动范例

　　将游戏运用于家庭教育中，促进儿童的社会技能发展，除了需要遵循前面"设计思路"中提到的原则之外，还需要达到"随时随地可以开展家庭游戏活动"的要求，这就需要家长在家庭中善于发现社会技能的游戏资源。另外，与特殊儿童进行游戏的互动交流，主要是口头语言、手语、肢体动作等多种形式，根据儿童的个性差异特点来调整。

　　我们设计了以下活动作为参考（以下游戏中的"说"，包括口头语言、手语等）。

一、蔬菜变形

（一）活动目标

1. 儿童能够识别数字。

2. 儿童能够通过言语或者动作进行数字表达。

3. 儿童能够通过摆放数字的形状，掌握数字。

4. 儿童能够通过数字想象能力，在头脑中表征出数字的具体形象。

5. 儿童能通过数数的游戏，认识数字、应用数字。

（二）适用对象

适用于具有基本感知觉能力，需要发展数学认读能力的儿童。

（三）活动准备

1. 新鲜蔬菜：最好是豇豆或一些长条形的蔬菜。

2. 标准数字模型和图片。

（四）重点与难点

1. 儿童能够识别数字。

2. 儿童能够通过摆放数字的形状，掌握数字。

3. 儿童能通过数数的游戏，认识数字、应用数字。

（五）活动过程及策略

阶段	活动流程	活动建议	家长反思
主体活动	家长请儿童一起到厨房帮忙（玩游戏）。 1.家长与儿童一起先拿着豇豆（条形蔬菜）感受菜的形状、软硬、颜色，可以与儿童把豇豆用作"武器"进行"战斗"。 2.待儿童对豇豆熟悉、感兴趣后，家长给儿童展示标准的数字模型和图片。家长与儿童一起沿着标准模型用（一根或多根）豇豆做出数字形状"0～9"，并用手指沿着摆好的豇豆摸轮廓，伴随着读音，感受数字的轮廓。 3.家长带领儿童看着摆好的豇豆"数字"，读出数字或用手指（沾水）在空中、墙壁、地板上画"数字"的形状。	1.按数字"0～9"顺序进行，一个个数字的形、声被了解掌握后再开始下一个。 2.让儿童觉得这是在与家长一起合作、游戏，而不是被命令做事。	1.儿童能否感受到这些蔬菜可以变形？ 2.儿童是否去扭动蔬菜？ 3.儿童的发音是否存在问题？
	待儿童对基础数字的声、形有了解之后： 1.家长带领儿童用一定数量的豇豆摆成相应的数字（如：5根摆成"5"）。 2.家长带领儿童拆开用豇豆摆好的数字（比如用两根豇豆摆好的"2"），分开摆出拆分的数字（分成两个"1"），让儿童感受到数字间的简单关系。	儿童能逐渐理解一些数字之后，让儿童自己选择用多少根豇豆来摆不同的数字。	1.儿童能否自己选出规定数量的豇豆？ 2.需要练习多久才能达到下一个阶段？
	最后，家长与儿童互相发出指令，请对方用（一根或多根）豇豆摆出数字形状。	家长逐渐减少提示、帮助。	儿童对于哪些数字的反应较快？
活动延展	1.扮演蔬菜，进行对话。 2.一起洗菜，感受水带来的触感。 3.在纸上画出蔬菜的轮廓。 4.仿照蔬菜摆出的数字，用手指沾水沿着其轮廓进行图画。 5.在纸上，看着蔬菜制作的数字，用笔画出数字。 6.在儿童基本掌握10个基本数字之后，进行交易练习：X根豇豆=Y个西红柿……		家长可以根据儿童的能力水平及儿童的参与情况，适当重复相关活动，并在重复中增加一点延展活动，增加活动的趣味性，拓展学生的能力。

二、餐桌小礼仪

（一）活动目标

1.儿童能够主动帮助父母做简单的家务劳动。

2.儿童能够主动说出"谢谢""不客气"等简单的基本礼貌用语。

3.儿童能够掌握餐桌上的一些基本礼仪。

（二）适用对象

适用于具有独立吃饭能力，需要学习餐桌礼仪的特殊儿童。

（三）活动准备

1.儿歌：《亲爱的谢谢你》。

2.餐桌、火车图片、儿童喜欢的餐具。

（四）重点与难点

1.儿童能够主动帮助父母做简单的家务劳动。

2.儿童能够主动说出"谢谢""不客气"等简单基本的礼貌用语。

（五）活动过程及策略

阶段	活动流程	活动建议	家长反思
主体活动	儿童主动帮助家长 1.在饭前，一个家长做饭，另一个家长带着儿童看（听）儿歌《亲爱的谢谢你》，并尽量一起跟着发音唱。 2.传菜上桌：饭菜弄好后，几位家长示范传菜，接着家长带着儿童一起扮演"火车"过"地形障碍"；然后在厨房做菜的地方与餐桌之间，把儿童安排在"中间路段"，将较轻的菜传递到下一位家长手中。 3.在传递的过程中，第一位传递过来的家长对儿童说"谢谢"（并伴有微笑！）。请儿童用言语或动作回应"不用谢"。儿童将菜传递给下一位家长时，模仿前面的用语。	家长给儿童传递的菜尽量轻，小份，注意安全。可以用粉笔在地板上画出"火车"行驶路线。在传递菜的过程中，伴随着动作、声音模仿火车驶过的状态。	1.儿童喜欢这首歌吗？ 2.儿童传递菜品的过程中有什么动作上的困难？ 3.儿童喜欢扮演"火车"吗？ 4.还能扮演什么角色？ 5.儿童能够自己独立用语言、动作来表示感谢吗？
	入座顺序 将菜都传上桌之后，爸爸或妈妈作为火车头带着儿童走向餐桌（年长的在前，年幼的在后顺序），按前后顺序排号发出指令：请火车头1上桌，请火车厢2上桌……	家长变换"火车"行进顺序，看儿童能否让长辈先入座。	1.儿童在游戏过程中的感受、情绪如何？ 2.若打乱火车行进的前后顺序，儿童能遵循"让长辈先入座"的顺序吗？
	盛饭 开饭前，妈妈给爸爸盛饭进行示范，儿童进行观察，爸爸微笑（也可以伴随动作）说："谢谢你！"妈妈给儿童盛饭，爸爸引导儿童微笑着说："谢谢你！"下一次吃饭，可以请儿童去盛饭，对儿童表示感谢，还可以给予拥抱。	1.建议盛饭的地方不要太高，尽量贴合儿童的身高。 2.儿童第一次盛饭，可以由家长陪同、适当帮助。	1.儿童在这个盛饭前后的情绪、动作变化？ 2.怎么用类似的扮演方法，让儿童了解、学会更多的餐桌礼仪？
活动延展	1.家长用儿童喜欢的布偶、玩具，来讲故事或进行角色扮演，回顾学习过的餐桌礼仪，并进行新的礼仪学习。 2.家长与儿童一起进行菜品辨认。 3.家长邀请亲戚或邻居的儿童到家里做客，与儿童一起进行礼仪练习。		家长根据儿童的动作、言语表达能力，进行礼貌用语、动作的学习、练习，从有家长的帮助到独立进行。

三、用被子打出的节拍

（一）活动目标

1. 儿童能够使用多种方式打被子。

2. 儿童能够掌握叠被子的基本方式。

3. 儿童能够独立叠被子。

4. 儿童能够掌握简单的家务能力。

（二）适用对象

适用于基本感知觉能力，需要发展简单家务操作的特殊儿童。

（三）活动准备

1. 儿童歌曲：《伊比丫丫》。

2. 枕巾、适合儿童的儿童小棉被、闹钟。

（四）重点与难点

1. 儿童能够独立叠被子。

2. 儿童能够掌握简单的家务能力。

（五）活动过程及策略

阶段	活动流程	活动建议	家长反思
主体活动	1.家长与儿童约定好每天起床的时间,在儿童起床之后,播放儿歌《伊比丫丫》,并跟着一起哼唱。 2.家长和儿童跟着音乐节拍有节奏地按摩。 （1）"伊比压、压,伊比伊比压……"给儿童压压肩;然后换儿童来跟着节拍做压肩动作。 （2）"伊比推、推,伊比伊比推……给儿童捶背;然后换儿童来给家长捶背"。 （3）"伊比拉、拉,伊比伊比拉……"给儿童敲敲肩;然后换儿童来跟着做敲肩的动作。 （4）"伊比扭、扭,伊比伊比扭……"给儿童捏捏肩;然后唤儿童来做捏肩的动作。 3.等儿童熟悉节拍或动作之后,将动作连贯起来配合着音乐一起进行。	1.儿童醒来可能需要一点时间才能消除困倦,需要家长耐心。 2.将歌曲和动作搭配,分段进行;一种动作学会之后再进行下一种,逐步提升。	1.儿童是否喜欢家长给自己以及学习捶背、捏肩的动作? 2.儿童学习这些分解的动作是否有困难?能否再进一步细化来帮助动作掌握?
	儿童熟悉之后,可以由儿童来给家长按摩,或者对自己的身体按摩。	家长可以多次分解动作,让儿童练习,对各个动作达到熟练。睡前、睡醒之后均可。	1.儿童能否跟着音乐节拍来进行? 2.儿童能否将所有动作连贯起来做完?
	最后,家长与儿童一起给被子做上面的《伊比丫丫》歌曲动作。叠被子动作分解,每次学一个动作,反复进行。 伊比压、压,伊比伊比压……将被子压平; 伊比推、推,伊比伊比推……将被子拍平; 伊比拉、拉,伊比伊比拉……将被子两端拉动,叠小一半…… 最后儿童独立叠好被子。	1.家长可以先用小枕巾进行练习,再练习叠被子。 2.动作与音乐节拍的一致性要求并不严格。	1.儿童在叠被子过程中是否有厌烦情绪? 2.儿童在叠被子的动作中存在哪些困难? 3.去掉音乐之后,儿童能否独立、主动叠好被子?
活动延展	1.播放音乐时,家长要注意变换动作,在房间里跟着音乐节拍走步子。 2.家长与儿童一起画被子的形状。 3.家长和儿童将被子裹在身上,进行角色扮演。		让儿童将被子视为自己的生活必需品,在生活中不可缺少并且用处多,逐渐在心中将叠被子视为生活的必要事件。

四、动物妈妈的求助

（一）活动目标

1.儿童能够了解社区的基础设施,熟悉所在社区的环境。

2.儿童能够通过基础设施,辨别方向。

3.儿童能够在找不到回家的路的时候主动向人求助。

（二）适用对象

适用于能够独立行走，需要发展社区生活能力的特殊儿童。

（三）活动准备

1. 布偶：大灰狼、两只小鸡、鸡妈妈。

2. 路标模型（若社区较大，有路标则可以直接引导儿童识别、记忆路标）。

（四）重点与难点

1. 儿童能够了解社区基础设施，熟悉所在社区环境。

2. 儿童能够在找不到回家的路的时候主动向人求助。

（五）活动过程及策略

阶段	活动流程	活动建议	家长反思
主体活动	出行 1. 在去商店的路上，妈妈将两只布偶分配好，用布偶跟儿童说："我是鸡妈妈，你是鸡宝宝，我们现在一起去商店买吃的好不好呀？"跟儿童分别扮演鸡妈妈和鸡宝宝，一起快乐地出去觅食。 2. 在路上，可以边走边让儿童看、触摸、轻轻敲打一些社区设施；多注意一些标志性的事物，利于识记路线。	家长带领儿童对社区的设施进行认识，可以结合听敲击声音来帮助识记。	1. 儿童对哪些社区设施感兴趣？ 2. 儿童的基本方向感的发展程度？
	回家 1. 买好食物，"鸡妈妈"带着"鸡宝宝"回家，但是这次不走原来回家的路，故意走错路。 2. "鸡妈妈"表现出担心、难过，问"鸡宝宝"："现在我记不得回家的路了，等下可能会有大灰狼来，怎么办？"然后一手拿出大灰狼布偶要追着另一只手的鸡布偶跑。 3. 鸡妈妈再问"怎么办？"，可以稍微等待儿童做回答，先试着向周围的路人求助问路，也可向爸爸求助（尽量等儿童先想出办法）。 4. 爸爸带着路标，从"鸡妈妈、鸡宝宝"所在地开始放置路标，首先让儿童沿着（摸着）路标牌走，然后仅仅看着路标牌的指示走，再边看路标牌边记住其他标志性建筑物（或植物等）。 5. 边走边扮演路上的社区设施，来帮助记忆。 6. 下次再重复这条路，减少家长的帮助，使儿童慢慢能够独自找到路。	1. 在儿童不熟悉的回家路上，尽量让儿童去探索、识记，想办法求助。2. 路线上的转向、转弯处，结合儿童的身体的（左右）部位来帮助记忆路线的转向。	1. 儿童能够主动向别人求助或想到向家人求助吗？ 2. 儿童在探索道路的过程中会焦虑、害怕吗？
活动延展	1. 回到家中，给儿童展示刚才见过、识记过的设施的图片，让儿童辨认，回忆有多少，根据正确率来给予相应奖励。 2. 可以扮演相应的设施，来认识这些设施的特点、用途。 3. 与儿童一起参照图片画出生活中的社区设施、路线。		儿童一次记忆的量有限，一次进行一到两个设施的扮演、认识即可。

五、我是小小消防员

（一）活动目标

1. 儿童能够练习旋转腕部。

2. 儿童能够控制肢体动作。

3. 学生能够掌握灭火的方法。

4. 面对着火的情况，学生能够主动向人求助。

（二）适用对象

适用于具有基本动作能力、需要提高安全意识的孩子。

（三）活动准备

厨房、打火机、燃气灶、纸水杯、水盆。

（四）重点与难点

儿童能够提高安全和危险意识，识别安全情况，避免危险情况。

（五）活动过程及策略

阶段	活动流程	活动建议	家长反思
主体活动	动作模仿 1.在煲汤时（不需要太多干预的菜），家长带着儿童在厨房，拍手（自己或对方的）、迅速缩回手，带着儿童模仿这一动作。多次进行之后，可以配合节拍、韵律进行，如："拍拍、缩一哒、哒、咚"，"拍、拍、缩、缩一哒、哒、咚、咚"……总之要让儿童在练习"伸、缩"动作的时候觉得有趣。 2.家长在早上洗漱或洗菜的时候，与儿童一起用瓢或杯子接水，倒在水盆里，练习舀水、倒水动作，也可以倒在纸上，让儿童触摸湿纸，了解到水可以将物品变软。	可以在做动作的时候伴随儿歌、用夸张的表情，吸引儿童的兴趣。也可以让儿童仔细观察水流出来的"线条"。	1.儿童在舀水过程中乱倒怎么办？ 2.儿童能认识到水的用途吗？
	感受火 1.家长在做饭的时候，打开火，跟儿童一起观察灶台上的火；跟着火的形态一起摆动作、晃动（视力障碍儿童可以不观察，站远点能感受到热即可）。 2.让儿童先看还未烧制的菜，可以触摸、品尝；再品尝进行翻炒、加工好的菜品，认识到火可以做菜。 3.再与儿童一起，伸出手渐渐靠近火，当手感到有点烫（灼热）了就迅速"缩手"。	家长注意安全为主，不要靠得太近灼烧到水，也注意引导儿童看到火能烧菜，有用处（分步进行，考虑到儿童的接受度）。	1.儿童会怕火吗？ 2.儿童会喜欢火的热量吗？ 3.儿童以后会自己一个人玩火吗？ 4.儿童能一次性认识到火的用途和灼烧的危险吗？
	灭火 1.在厨房，家长悄悄将一张被点燃的纸掉在地上（家长注意用火安全，可以在地上放铁盒子，避免损坏其他物品）。 2.家长带着儿童迅速退后，去舀水扑灭纸上燃着的火。 3.火熄灭之后，家长带儿童闻"纸被烧焦的味道"，看被烧焦的颜色。 4.当只有儿童一人的时候，纸着火，会向其他人请求帮助。	家长尽量不要让儿童看到是家长故意点燃了纸。	1.儿童害怕靠近被点燃的纸吗？ 2.如果儿童知道是家长点燃了纸怎么办？ 3.儿童舀水灭火存在什么困难？
活动延展	1.角色扮演：爸爸扮演火焰来"毁灭"纸张，表现出火的危险性，妈妈和儿童作为消防员来灭火。 2.一起画出"火"，涂色或者剪纸。 3.和父母一起创编关于火的故事。		家长根据儿童的行为水平，一步一步进行：学会躲避动作→了解到火的用途和危险性→学会避开火→学会向他人求助或用水灭火。

六、职场小达人

（一）活动目标

1. 儿童能够遵守基本的日常生活规则。

2. 儿童能够按照指令完成规定的事情。

（二）适用对象

适用于具备基本生活能力、需要提高规则意识的孩子。

（三）活动准备

1. 粉笔、小扫把、骰子、碗、筷子或小手鼓。

2. 按数走步的图示。

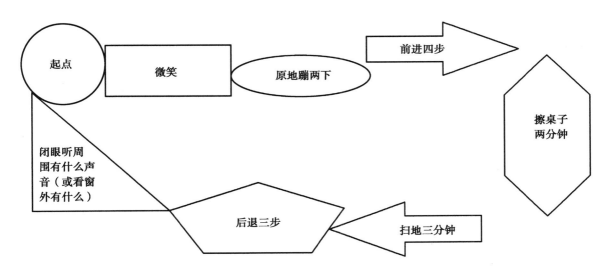

（四）重点与难点

儿童能够按照指令完成规定的事情。

（五）活动过程及策略

阶段	活动流程	活动建议	家长反思
主体活动	认真听指令 1.家长与儿童一起敲碗，从视听触方面进行感受。 2.家长带着儿童分别独自敲，让儿童根据视听触等方面的感受来学，儿童进行模仿。 3.儿童学会之后，一起边走边敲。 4.家长敲则走，不敲则停；儿童进行模仿，敲碗——走，不敲——停。 5.最后达到：家长敲1下——走一步；敲2下——走两步；敲……根据指令来走步子、做动作。 6.待儿童掌握之后，可以换儿童来发指令。	1.建议使用不锈钢碗和筷子，以防摔坏。 2.家长的提示由多到慢慢减少。	1.儿童能否清楚地意识到数字和步数的关系？ 2.怎样让儿童更清楚接收到指令？
	按数走步 1.家长在地板上与儿童画大富翁图形，用骰子来决定走的步数（图见活动准备）。 2.家长带着儿童根据数字走格子，一人投掷一次，各自根据数字走格子并做相应的事情。 3.儿童熟悉规则后，家长与儿童独立投掷，按步数走格子，根据指示做事情。	家长可以根据儿童实际情况来变换大富翁格子中的技能，步骤从带着做到独立做。	1.在儿童做的过程中，是否有及时给予鼓励？ 2.儿童是否理解了评奖的标准——认真、完成度、整洁度？
	家长在儿童能独立进行"大富翁"所示事务后，限定每次做的时间，在规定的时间内让儿童坚持做完。	1.家长用闹钟来提醒时间的开始、结束。 2.在做的过程中，家长多给予儿童鼓励。	儿童怎样才能坚持做一件事？
活动延展	1.角色扮演。儿童扮演清洁工、消防员，感受他们的一天，遵守上下班与作息的时间。 2.儿童记录爸爸或妈妈每天上班的时间，了解守时。 3.家长用"代币制"的方法，对儿童的认真工作进行奖励。		儿童在守时和认真两个态度上，有所体验、行动即可，逐步进行。

七、日常生活社交游戏活动

时间	环节	活动目标	家长反思
早上	1. 起床：到起床时间，使用《拔萝卜》的起床音乐，家长边唱歌边对儿童进行"拔萝卜"，并在一旁说"××（名字）萝卜该起床了"。 2. 起床整理被子：家长和儿童尝试将被子叠成各种样子的造型，最后将被子叠成豆腐块形状。 3. 穿衣服：家长向儿童示范衣服穿错的样子，让儿童尝试着将穿错的衣服纠正过来。 4. 下床穿鞋：先找右脚的小伙伴鞋，再找左脚的小伙伴鞋。 5. 洗漱间洗漱：家长和儿童观察牙齿的外观，用手触摸感受，并跟随《刷牙歌》的动作进行。 6. 吃早餐：摆放餐具时，儿童根据家里的人数拿相对应的碗筷。 7. 跟家长出去买菜：家长和儿童走在路上查看交通信号灯，并背诵"红灯停，绿灯行"，提高安全意识。 8. 买菜准备：家长拿出蔬菜图片，让儿童挑选想吃的蔬菜，在买菜时儿童根据图片购买所选择的蔬菜。	1. 儿童能按时起床。 2. 儿童能在起床后叠被子。 3. 儿童能正确穿好衣服。 4. 儿童能正确穿鞋。 5. 儿童能使用正确的动作刷牙。 6. 儿童能进行餐前餐具摆放。 7. 儿童能遵守"红灯停绿灯行"的交通规则。 8. 儿童能对应图片购买正确的蔬菜。	1. 我是否在儿童的每一个生活细节中设制了技能学习的机会？ 2. 我是否看到儿童已有的能力在哪里？ 3. 我是否及时肯定和欣赏儿童的进步？
中午	1. 休闲活动：儿童选择喜欢的活动，家长陪伴儿童进行休闲、放松。 2. 洗菜：家长带领儿童一起洗菜，洗完之后和儿童检查是否洗干净。 3. 饭前：儿童主动洗手。 4. 吃饭：儿童整理餐具，帮忙盛饭。 5. 饭后午睡，按时起床，增强时间观念。	1. 儿童能够主动选择游戏进行玩耍。 2. 儿童能够提高洗菜等帮厨能力。 3. 儿童能够主动饭前整理餐具。 4. 儿童能够有守时的观念。	在玩耍时，不能干预过多，只需要在有规则时讲清规则即可，需注意安全。
下午	1. 玩耍：邀请儿童去约朋友一起玩，并主动向伙伴主动打招呼，一起做游戏，休闲娱乐。 2. 回家：家长带着儿童按时回家，回家路上带领儿童认识路上的常见建筑物，并告诉儿童其主要功能，也便于儿童记住回家的路。	1. 儿童能够主动玩耍游戏。 2. 儿童能够通过记忆家附近设施来记住回家路线。	对于某些社区设施可让儿童进行敲打节奏来帮助记忆。
晚上	1. 晚饭：儿童根据家里人口准备碗筷。 2. 休闲：儿童在休闲时间，听歌、涂画等。 3. 睡前准备：家长带领儿童洗漱，并按时上床，儿童自己盖好被子睡觉。 4. 睡前故事：可通过绘本故事，让儿童通过看或听的方式，了解安全、人际关系等内容。	1. 儿童能够养成在休闲时间进行玩耍的习惯。 2. 儿童能够通过绘本故事了解安全、人际关系等方面的知识。	家长注重陪伴儿童。

参考文献

[1] 毛颖梅.特殊儿童游戏治疗 [M].北京：学苑出版社，2010.

[2] 梁培勇.游戏治疗的理论与实务 [M].广州：广东世界图书出版公司，2003.

[3] 戴·冯塔纳.教师心理学 [M].王新超，译.3 版.北京：北京大学出版社，2000：45-46.

[4] 鲁宾什坦.智力落后学生心理学 [M].朴永馨，译.北京：人民教育出版社，1987：12.

[5] 徐轶丽.游戏的心理功能 [J].大众心理学，2003（6）：28-29.

[6] 朴永馨.特殊教育辞典 [M].北京：华夏出版社，1996.

[7] 陈欣.心流体验及其研究现状 [J].江苏师范大学学报（哲学社会科学版），2014（5）：150-155.

[8] 刘仁增.体验的生成与体验型阅读教学的构建 [J].中小学教师培训，2004（6）：31-33.

[9] 张福娟，江琴娣.游戏与学龄前特殊儿童的心理发展 [J].心理科学，2003（6）：1119-1120.

[10] 蓝星.想象性游戏的价值研究 [J].湖北社会科学 2006（3）：156-158.

[11] 施良方.学习论——学习心理学的理论与原理 [M].北京：人民教育出版社，2000：405.

[12] 张承芬.教育心理学 [M].济南：山东教育出版社，2000：78.

[13] 洪显利.教育心理学的经典理论及其应用 [M].北京：北京大学出版社，2011：247.

[14] 黄希庭.心理学导论 [M].北京：人民教育出版社，2015.

[15] 林崇德.发展心理学 [M].北京：人民教育出版社，2018.

[16] 张大均，郭成，余林.教育心理学 [M].北京：人民教育出版社，2011.

[17] 张文京.特殊儿童早期干预理论与实践 [M].重庆：重庆出版社，2010.

[18] 王辉.特殊儿童感知觉训练 [M].南京：南京大学出版社，2012.

[19] 王和平.特殊儿童的感觉统合训练 [M].北京：北京大学出版社，2011.

[20] 梁培勇.游戏治疗的理论与实务 [M].广州：世界图书出版公司，2011.

[21] 杜亚洲，普正保.游戏在特殊儿童学习中的作用 [J].新课程教学案例，2007（1）：6-7.

[22] 王辉.培智校学生的感知觉局限于感知觉训练 [J].现代特殊教育，2011（2）：36-39.

[23] 陈健.学习困难儿童感觉统合训练的应用 [J].临床护理杂志，2003（3）：37-38.

[24] 侯如兰，夏莉莉，等.西安市幼儿手精细动作发育状况 [J].中国学校卫生，2004（6）：682-683.

[25] 耿达，张兴利，施建农.儿童早期精细动作技能与认知发展的关系 [J].心理科学进展，2015（2）：261-267.

[26] 罗苏群.智力落后儿童精细动作训练 [J].中国康复理论与实践，2009（3）：291-292.

[27] 王倩.游戏治疗与特殊儿童 [J].康复研究，2007（9）：40-41.

[28] 陈燕琴，兰继军.自闭症儿童精细动作能力训练个案研究 [J].绥化学院学报，2015（4）：82-84.

[29] 张福娟，杨福义.特殊儿童早期干预 [M].上海：华东师范大学出版社，2011.

[30] 刘晶波，丁勇.特殊儿童早期发展支持 [M].南京：南京师范大学出版社，2015.

[31] 张文京，丁勇.特殊儿童生活教育 [M].南京：南京师范大学出版社，2015.

[32] 郭苏晋.游戏活动介入运动疗法对脑瘫儿童粗大动作发展的影响 [D].重庆：重庆师范大学，2012.

［33］吴升扣，姜桂萍，张首文，等.3 ～ 6 岁幼儿静态平衡能力特征及粗大动作发展水平研究［J］.
　　　中国运动医学杂志，2014，33（007）：651-657.

［34］汪小萍，吴睿，钟炜.引导式教育对社区脑瘫儿童粗大运动功能效果的影响［J］.中外医学研究，
　　　2014，12（13）5-7.

［35］李晓庆.智障儿童沟通与交往的研究现状［J］.南京特教学院学报，2014（2）：32-37.

［36］张承芬，曹月勇，常淑敏.学习困难儿童与非学习困难儿童问题行为、社会技能的对比研究［J］.
　　　心理学探新，2000（1），33-37.

［37］刘敏娜，申婷，周银月，等.短程结构式游戏治疗对社交焦虑儿童的干预研究［J］.中国儿童
　　　保健杂志，2013，21（1）：100-103.

［38］王倩.游戏治疗与特殊儿童［J］.现代特殊教育，2007（9），40-41.

［39］张福娟，江琴娣.游戏与学龄前特殊儿童的心理发展［J］.心理科学，2003，26（6）：
　　　1119-1120.

［40］张大均，郭成，余林.教育心理学［M］.北京：人民教育出版社，2015：43-44.

［41］尚俊杰，裴蕾丝.重塑学习方式：游戏的核心教育价值及应用前景［J］.中国电化教育，
　　　2015（5）：40-49.

［42］王美芳.儿童社会技能的发展与培养［M］.北京：华文出版社，2003：4-95.

［43］姜阳春.论学前儿童游戏与社会技能形成的交互作用［D］.长春：吉林大学，2006.

［44］佟月华.国外儿童社会技能研究的新进展［J］.济南大学学报，2003，13（6）：77-79.

［45］李芳.游戏与特殊教育［D］.上海：华中师范大学，2004.

［46］王海梅.幼儿社会技能发展的特点及其培养内容［J］.中国听力语言康复科学杂志，2008（2）：
　　　61-63.

［47］朱瑞，周念丽.如何在游戏中干预自闭症谱系障碍儿童［M］.北京：北京大学出版社，2017.

［48］金星霖，王玮红.游戏治疗在特殊教育领域的应用［J］.中国特殊教育，2012，150（12）：8-11.